刘宝存 主编

比较高等教育研究丛书

初编 第 **7** 册

"一带一路"国家来华留学博士生
教育质量监控体系研究

苏 洋 著

花木兰文化事业有限公司

国家图书馆出版品预行编目资料

"一带一路"国家来华留学博士生教育质量监控体系研究／
苏洋 著 ―― 初版 ―― 新北市：花木兰文化事业有限公司，2022
〔民 111〕
目 4+250 面；19×26 公分
（比较高等教育研究丛书 初编 第 7 册）
ISBN 978-986-518-742-2（精装）
1.CST：高等教育 2.CST：留学教育 3.CST：中国
525.08 110022081

ISBN-978-986-518-742-2

9 789865 187422

比较高等教育研究丛书
初编 第七册 ISBN：978-986-518-742-2

"一带一路"国家来华留学博士生
教育质量监控体系研究

作　者 苏　洋
主　编 刘宝存
企　划 北京师范大学国际与比较教育研究院
总 编 辑 杜洁祥
副总编辑 杨嘉乐
编辑主任 许郁翎
编　辑 张雅淋、潘玟静、刘子瑄　美术编辑 陈逸婷
出　版 花木兰文化事业有限公司
发 行 人 高小娟
联络地址 台湾 235 新北市中和区中安街七二号十三楼
　　　　 电话：02-2923-1455 ／传真：02-2923-1452
网　址 http://www.huamulan.tw 信箱 service@huamulans.com
印　刷 普罗文化出版广告事业
初　版 2022 年 3 月
定　价 初编 14 册（精装）台币 38,000 元 版权所有 请勿翻印

"一带一路"国家来华留学博士生
教育质量监控体系研究

苏洋 著

作者简介

苏洋，女，1990 年生于山东省青岛市，北京师范大学与康奈尔大学联合培养教育学博士，北京师范大学政府管理学院博士后。主要研究方向包括比较高等教育、高等教育国际化、留学生教育、教育援助等。先后主持并参与国家、省部级课题十余项。先后在《比较教育研究》、《高教探索》等学术期刊上发表论文十余篇。

提　　要

　　作为身处来华留学教育体系顶端的留学博士生教育，肩负着为"一带一路"建设提供人才支撑和智力保障的使命。近年来，"一带一路"国家来华留学博士生的数量和比例逐年增加，奖学金政策也日益向"一带一路"国家来华留学博士生倾斜。然而，"一带一路"国家来华留学博士生教育在快速发展的同时亦面临严峻的质量危机。因此，如何在扩大"一带一路"国家来华留学博士生规模的同时保障教育质量，是我国政府和高校当前亟待解决的问题。

　　本研究主要采用个案研究方法和访谈调查法，选取教育部直属高校、中国政府奖学金来华留学生主要接收院校之一的 B 大学作为个案的对象，于 2018 年 10 月至 2020 年 1 月对其开展实地调查和质性研究。本研究以伯顿克拉克的"三角协调模型"理论和约瑟夫·朱兰的质量三部曲理论为基础进行研究设计和数据解释，运用 MAXQDA 12.3.2 质性分析软件对访谈资料进行录入、编码和分析。本研究旨在讨论"一带一路"国家来华留学博士生教育质量监控体系当前存在的问题，分析政府、大学和市场三大主体之间如何对教育质量监控产生影响及相互作用，并在此基础上提出针对性的政策建议和改进措施。

本书系中国博士后科学基金资助项目
"后疫情时代留学生教育的全球格局与
来华留学教育战略选择研究"
（项目编号：2021M690431）成果

《比较高等教育研究丛书》总序

刘宝存

　　20 世纪 80 年代以来，科学技术突飞猛进，知识经济迅猛发展，国际竞争日趋激烈，经济全球化不断深入，文化多元化趋势增强……世界教育面临前所未有的新形势、新问题和新挑战。为了应对这些新形势、新问题和新挑战，以更好的姿态进入 21 世纪，世界各国无不把教育作为优先发展的战略领域，把教育改革与创新作为应对时代挑战和提高国际竞争力的重要举措，在全球范围内兴起了一场教育改革运动。在如火如荼的全球性教育改革中，世界各国都致力于建构世界一流的教育体系和教育标准，推动教育公平，提高教育质量，改进教学模式和方法，推动教育的国际化和信息化，促进教育治理体系和治理能力的现代化，提升教育为社会经济发展服务的能力，满足社会民众日益增长和个性化的教育需求。与以往的教育改革多聚焦于某一个层次或某一个领域的教育不同，世纪之交的教育改革运动涉及学前教育、基础教育、高等教育、职业教育、师范教育、教育管理、课程与教学等各级各类教育和教育的各个领域，是一场综合性的教育改革，而且迄今已经持续三十多年，但是仍然呈方兴未艾之势。

　　高等教育是一国教育体系中的最高层次，在培养高层次人才、开展科学研究和社会服务、推动国际合作与交流等方面发挥着至关重要的作用。从各国高等教育领域的教育改革看，新自由主义教育思潮成为占主导地位的教育思潮，新公共管理和治理理论被奉为圭臬，追求卓越和效率、倡导分权和扁平化管理、强调公民参与和公共责任，成为高等教育管理的价值取向。世界各国在高等教育中追求卓越，致力于创新人才的培养，特别是培养面向 21 世纪的教师、提高博士生培养的质量成为高等教育改革的重点。为了培养创新人才，各国高等学校在人才培养目标、课程设计、教学模式和方法、教学评价等方面进行改革，本科生科研、基于问题的学习、服务性学习、新生研讨课等以探究能力和实践能力为导向的教学模式和方法风行世界，建构高等教育质量保障体系成为各国的共同选择。在信息技术和全球经济一体化的推动下，各国致力于打造智能化校园，促进信息技术与教育教学、大学治理的融合；致力于发展跨境教育和学生流动，提升高等教育的国际竞争力和影响力。

北京师范大学国际与比较教育研究院是中国成立最早、规模和影响最大的比较教育研究机构，也是比较教育学科唯一的国家重点学科依托机构。该院 1999 年获批首批教育部普通高等学校人文社会科学重点研究基地，2012 年获批教育部国别和区域研究基地，2017 年成为教育部高校高端智库联盟成员单位。该院的使命是：（1）围绕世界和我国教育改革与发展的重大理论、政策和实践前沿问题开展研究，探索教育发展的规律，把握国际教育发展的趋势，为我国教育改革与发展提供理论支撑；（2）为文化教育部门和相关部门培养具有国际视野、通晓国际规则、能够参与国际事务与国际竞争的高层次国际化人才；（3）积极开展教育政策研究与咨询服务工作，为中央和地方政府的重大教育决策提供智力支撑，为区域教育创新和各级各类学校的改革试验提供咨询服务；（4）积极开展国际文化教育交流与合作，引进和传播国际先进理念和教育经验，把我国教育改革发展的先进经验和教育研究的新发现推向世界，成为中外文化教育交流的桥梁和平台。60 多年来，该院紧紧围绕国家战略，服务国家重大需求，密切跟踪国际学术前沿，着力进行学术创新，提升咨政建言水平，成为世界有重要影响的国际与比较教育理论创新中心和咨政服务基地；牢牢把握立德树人的育人方向，创新人才培养模式和方法，成为具有全球竞争力国际化人才的培养基地；充分发挥舆论引导和公共外交功能，深化国际交流与合作，成为中国教育经验国际传播中心和全球教育协同创新中心。

为了总结该院在比较高等教育领域的研究成果，我们以该院近年来的博士后报告和博士论文为基础，组织了这套《比较高等教育研究丛书》。《比较高等教育研究丛书》的各位作者现在已经在全国各地的高等学校工作，成为在比较教育领域崭露头角的新秀。首辑丛书包括十四部，具体如下：

黄海啸　美国大学治理的文化基础研究

陈　玥　中美研究型大学博士生教育质量保障体系的比较研究

翟　月　美国大学非营利管理教育课程设置研究

孙　珂　美国高校创新活动的风险治理机制研究

李丽洁　美国营利性高等教育机构的组织学分析

李　辉　美国联邦政府对外国留学生的监管研究

苏　洋　「一带一路」国家来华留学博士生教育质量监控体系研究

尤　铮　美国大学在亚洲的海外办学研究——基于对纽约大学的考察

肖　军　德国大学治理模式变迁研究

褚艾晶　荷兰高等教育质量保证政策研究

徐　娜　俄罗斯提升国家研究型大学国际竞争力的策略研究——以制度
　　　　变迁理论为视角

郑灵臆　芬兰「研究取向」的小学教师教育研究

朋　腾　俄罗斯高等师范教育人才培养模式变革研究

王　蓉　美国高校服务－学习实践的研究

根据我们的设想，《比较高等教育研究丛书》将不断推出新的著作。现在呈现在各位读者面前的只是丛书的第一辑，在条件成熟时我们陆续将推出第二辑、第三辑……。同时我们也希望在第二辑出版时不仅包括北京师范大学国际与比较教育研究院的研究成果，而且希望将国内外其他高等学校的研究成果纳入其中；不但出版基于博士后研究报告和博士论文修改而成的研究成果，而且希望出版高等学校和研究机构教学科研人员的研究成果，不断提高丛书的质量。同时，我们还希望聆听大家在选题方面的建议。

《比较高等教育研究丛书》的出版，得到花木兰文化事业有限公司的大力支持，特别是杨嘉乐女士为丛书的出版花费了许多心血，在此我谨代表各位作者向她们表示衷心的感谢。

刘宝存

2021 年 11 月 28 日

十北京师范大学国际与比较教育研究院

目次

导　论

第一节　研究缘起

高等教育国际化时代，世界范围内呈现出大规模的学生跨国流动趋势。作为当前世界第三大留学生目的地输入国，我国来华留学教育事业蓬勃发展。2018 年，全球共有来自 196 个国家和地区的近 50 万名留学生在我国 1004 所高等院校、科研院所和其他机构中学习、研修、培训。[1]近年来，"一带一路"倡议的提出和深入推进对来华留学教育的发展产生了巨大的影响。在"一带一路"倡议的带动下，我国与"一带一路"沿线国家开展对外教育交流与合作的程度日益密切，致力于将中国打造为辐射"一带一路"沿线国家和地区的高等教育重阵，沿线国家也由此逐渐成为来华留学的主要生源国。

身处来华留学教育体系顶端的留学博士生教育，除了承担学术研究和科研创新的任务外，通常还肩负着衡量和实现高等教育国际化以及创建世界一流大学的重担。近年来，作为高层次来华留学人才的重要组成部分，来华留学博士生的数量和比例逐年增加并且来华留学政府奖学金政策日益向扩大和培养博士研究生倾斜。与此同时，来华留学博士生教育面临日益严峻的质量问题，政府在招收"一带一路"国家来华留学博士生尤其是中国政府奖学金生时出于政治性目的的考虑有时优先于学术性因素，由此导致招生门槛过

1　教育部国际合作与交流司，《2018 来华留学生简明统计》[Z]，北京：教育部国际合作与交流司，2019 年，第 3 页。

低、生源质量良莠不齐，再加之当前我国政府和高校尚未建立完善的来华留学博士生教育质量监控体系，"一带一路"国家来华留学博士生教育在高校中的矛盾日益尖锐。因此，如何在增加来华留学博士生数量的同时保障教育质量，是我国政府和高校当前面临的亟待解决的问题。

一、"一带一路"倡议为来华留学博士生教育带来新的发展契机

2013 年 9 月和 10 月，中国国家主席习近平在出访哈萨克斯坦和印度尼西亚期间分别提出了致力于开创中国全方位对外开放新格局建设的"新丝绸经济路经济带"和"21 世纪海上丝绸之路"的倡议构想，强调相关各国要打造互利共赢的"利益共同体"和共同发展繁荣的"命运共同体"。[2]这一跨越时空的宏伟构想既顺应了全球化时代有关和平、发展、合作、共赢的发展潮流、承载着丝绸之路沿途各国发展繁荣的梦想，同时也给这条古老悠久的丝绸之路赋予了崭新的时代内涵。2015 年 3 月，国家发展改革委、外交部、商务部联合发布了《推动共建丝绸之路经济带和 21 世纪海上丝绸之路的愿景与行动》。自此，中国倡导的"一带一路"有了纲领性蓝图，以"一带一路"为主旋律的外交战略开启新的篇章。[3]文件指出，推动沿线国家民心相通是"一带一路"建设的社会基础，而扩大相互间的留学生规模，开展合作办学是实现民心相通的重要途径。[4]2016 年 7 月，教育部印发《推进共建"一带一路"教育行动》，提出实施"丝绸之路"留学推进计划，致力于将中国打造成为深受沿线各国学子欢迎的留学目的地国，具体包括设立"丝绸之路"中国政府奖学金、为沿线各国专项培养行业领军人才和优秀技能人才、全面提升来华留学人才培养质量等。[5]在这份指导性文件中，重视对来华留学生"质"的培养成为我国与"一带一路"沿线国家的重点合作目标。

"一带一路"倡议对来华留学博士生教育发展的意义不仅仅在于可以从

2　新华网，习近平提战略构想："一带一路"打开"筑梦空间"。[EB/OL]. http://www. xinhuanet.com/politics/2014-08/11/c_1112013039.htm. 2019-06-23.

3　周满生，〈"一带一路"与扩大教育对外开放〉[J]，《比较教育研究》，2015 年第 6 期，第 2 页。

4　中华人民共和国商务部，国家发展改革委、外交部、商务部联合发布《推动共建丝绸之路经济带和 21 世纪海上丝绸之路的愿景与行动》。[EB/OL]. http://www. mofcom.gov.cn/article/resume/n/201504/20150400929655.shtml. 2019-06-26.

5　中华人民共和国教育部，教育部关于印发《推进共建"一带一路"教育行动》的通知。[EB/OL]. http://www.moe.edu.cn/srcsite/A20/s7068/201608/t20160811_274679. html. 2019-06-26.

沿线国家获得各类高、精、尖人才，更重要的是这将成为我国未来开发高水平人才流动的新渠道，从而通过人才互通实现"民心相通"。毫无疑问，"一带一路"倡议为来华留学博士生教育的发展带来了新契机。一方面，"一带一路"倡议为培养来华留学博士生提供了前所未有的发展机遇，来华留学博士生教育的生源比例、地域分布以及培养和管理模式等都将在政府和高校的大力支持、改革以及实施过程中得到不断调整和优化。另一方面，"一带一路"的建设也对来华留学博士生教育提出了新的挑战。当前，来华留学博士生教育面临生源质量参差不齐、生源国分布不均衡、占留学生总数的百分比偏低等问题，这些无疑会成为制约来华留学博士生教育发展和"一带一路"建设深入推进的阻碍。此外，来华留学博士生作为巨大的人才资源库，可谓是"家门口"的国际人才[6]，然而如何发挥他们留学中国的经历和优势、帮助我们讲好中国故事、解决我国当前"一带一路"建设过程中面临的国际化人才资源短缺问题，同样也是来华留学博士生教育发展过程中需要解决的问题。

二、"一带一路"国家来华留学博士生教育对当今社会发展具有重要意义和价值

在我国博士生群体中，来华留学博士生作为特殊的组成部分除了承担学术研究和科研创新的任务外，同时还是衡量和实现高等教育国际化的重要指标与途径之一。因此，留学博士生教育在高等教育国际化的过程中扮演着十分重要的角色：一方面，随着第三次科技革命的到来和全球范围内资本、商品及人力资源的频繁流动，各国对国际顶尖人才和精英人才的争夺愈发激烈，在此背景下高等院校大力发展留学博士生教育成为世界各国吸引全球人才的重要举措；另一方面，留学生是高等教育国际化最明显的体现之一[7]，因此开展留学生教育自然就成为了实现高等教育国际化的重要途径。众所周知，一国学生的学历结构是衡量该国留学吸引力和留学质量的一个重要指标。学历教育（本科教育、硕博研究生教育）比非学历教育（短期访问、语

6 中华人民共和国教育部，"一带一路"下，人才红利怎么挖。[EB/OL]. http://www.moe.gov.cn/jyb_xwfb/moe_2082/zl_2017n/2017_zl38/201707/t20170731_310371.html. 2019-06-22.

7 [美]菲利普·G·阿特巴赫著，人民教育出版社教育室译，《比较高等教育：知识、大学与发展》[M]，北京：人民教育出版社，2001年，第202页。

言进修等）更受留学生的重视，因为选择在一国攻读学位，往往代表了对该国教育的认可与信任。[8]因此，包括博士研究生在内的学历留学生的比例成为衡量一国留学教育的标准之一，同时也是彰显该国高等教育吸引力的重要因素。

除了在高等教育国际化过程中发挥重要作用，培养优秀的来华留学博士生还是我国创建世界一流大学的主要目标之一。2015 年，《统筹推进世界一流大学和一流学科建设总体方案》的颁布将"推进国际交流合作，加强与世界一流大学和学术机构的实质性合作，加强国际协同创新，切实提高我国高等教育的国际竞争力和话语权"作为五项改革任务之一。[9]在"双一流"战略的驱动下，中国大学在来华留学博士生教育中承担起更多使命。一方面，我们的大学只有吸引来自世界各地优秀的高水平学历生来华接受教育，才意味着中国高等院校具备了真正世界一流大学的气质与胸怀。另一方面，我国高校只有培养出更多高质量、高层次的国际人才，才说明我们的大学拥有了与真正的世界一流大学相比肩的能力和实力。否则"我们的一流大学很难成为世界利益共同体航船的航标灯，从而也就失去了我们投入巨资建设世界一流大学的意义。"[10]

最后，来华留学博士生教育为"一带一路"建设提供人才支撑和智力保障。2013 年 9 月"一带一路"倡议构想的提出为我国的发展和外交战略开启了新篇章。在推进"一带一路"建设深入实施的过程中，"人"无疑是最为关键的因素。无论是制定"一带一路"倡议的理论构想、推进建设的深入实施还是与沿线国家展开合作，其重点都离不开人才。因此，人才是"一带一路"建设的支点和关键。[11]第一，"一带一路"倡议从 2013 年最初规划的 65个沿线国家发展到 2021 年与中国签订共建合作文件的国家达到 140 余个，涉及的官方语言近百种，这还是在不包括当地民族和部族语言的情况下。因此，需要大量掌握非通用语种的人才来对接"一带一路"倡议的战略需求。

---

8 王辉耀、苗绿主编，《中国留学发展报告（2017）》[M]，北京：社会科学文献出版社，2017 年，第 151 页。

9 中华人民共和国教育部，国务院关于印发统筹世界一流大学和一流学科建设总体方案的通知。[EB/OL]. http://www.moe.gov.cn/jyb_xxgk/moe_1777/moe_1778/201511/t20151105_217823.html. 2019-07-01.

10 王英杰，〈广义国际化与世界一流大学建设〉[J]，《比较教育研究》，2018 年第 7期，第 3-10+86 页。

11 瞿振元，《"一带一路"建设与国家教育新使命》[N]，光明日报，2015-08-13（11）。

第二，"一带一路"沿线国家也是多元文化的聚集区，在与其进行人文交流和经贸往来的过程中无可避免地要面对不同文化的相互碰撞。这就要求我们必须具有熟知沿线国家历史、国情、文化和政策的人才。第三，"一带一路"倡议建设中的"设施联通、贸易畅通和资金融通"迫切需要包括交通运输、经济贸易、基础设施、能源开发、通讯工程等各领域的专业技术人才，从而为推动产业转型升级、技术创新和经贸往来提供助力。培养"一带一路"来华留学博士生，可以同时满足对上述三类人才的需求。很多留学博士生来自沿线不同国家和地区，他们具备精通当地语言和熟悉当地文化的天然优势，同时他们又在"一带一路"建设的某些领域中掌握突出的专业技能。这种"三合一体"的来华留学高层次人才无疑将成为推进"一带一路"建设的中坚力量。

三、我国高校在吸引"一带一路"国家来华留学博士生方面逐渐具备一定优势

天然的地缘优势和源远流长的中外历史文化交流积淀为我国高校吸引"一带一路"国家来华留学博士生奠定了坚实的基础。从地理位置上来看，我国作为国土面积世界第三大国家，地处亚洲东部和太平洋西岸。中国邻国众多，陆地边界长达 2.28 万公里，东邻朝鲜，北邻蒙古，东北邻俄罗斯，西北邻哈萨克斯坦、吉尔吉斯斯坦、塔吉克斯坦，西和西南与阿富汗、巴基斯坦、印度、尼泊尔、不丹等国家接壤，南与缅甸、老挝、越南相连。东部和东南部同韩国、日本、菲律宾、文莱、马来西亚、印度尼西亚隔海相望。[12]因此，在吸引"一带一路"沿线国家特别是周边国家留学生来华就读方面，我国的地理优势十分突出。除此之外，从历史文化上来说，丝绸之路的起源最早可以追溯到西汉年间，历时悠远，以"张骞出塞"、"玄奘西行"、"郑和下西洋"等为代表的一系列壮举为促进中华民族与其他国家和民族间的人文交流做出了积极的贡献。因此，基于地缘和历史文化因素的双重影响，不同省、自治区和直辖市在招收"一带一路"国家来华留学博士生时均具备各自的倾向和特征。例如：云南、广西等省份的留学生多来自于东南亚国家，是东盟国家学生来华留学的主要目的地；新疆、甘肃和宁夏三省因其特殊的

---

12 中华人民共和国中央人民政府，中华人民共和国版图。[EB/OL]. http://www.gov.cn/test/2005-06/15/content_18252.htm. 2019-06-28.

地理位置和文化宗教习俗，更多地承担了我国与中亚国家教育合作的重任；浙江、江苏、广东等东部沿海省份则在推进"海上丝绸之路"教育交流与合作中独具优势。

此外，我国高校已逐渐具备培养以留学博士生为代表的高层次来华人才的教学和科研实力。近年来，中国高等教育发展迅速，教育质量不断提升，已稳超澳大利亚、法国、加拿大等老牌欧美留学国家，成为仅次于美国和英国之后的世界第三大留学目的地国。[13]以 2018 年 QS 世界大学排行榜为例，中国大陆共有 37 所高校进入前 750 强，21 所高校进入前 500 名；其中，清华大学和北京大学分列第 25 和 38 名，复旦大学、上海交通大学、浙江大学和中国科技大学也进入了前 100 名。[14]与中国高等教育的发展形成鲜明对比的是"一带一路"国家高等教育资源的相对匮乏与不均衡。尽管 2018 年 QS 大学世界排行榜上也有不少高校来自"一带一路"沿线国家，但却主要集中在新加坡、俄罗斯、印度[15]等少数几国。此外，除新加坡南洋理工大学、新加坡国立大学、莫斯科国立大学等和中国的大学外，"一带一路"沿线其他国家鲜有高校进入排名前 100。在前 200 名的大学中，"一带一路"倡议初期提出的沿线 65 个国家中也仅有马来西亚大学（114 名）、以色列耶路撒冷希伯来大学（145 名）、印度理工学院（172 名）、沙特阿拉伯法赫德国王石油与矿业大学（173 名）、印度理工学院孟买校区（179 名）、印度科学学院（190 名）总共 6 所高校入围。[16]由此可见，"一带一路"国家高等教育资源相对匮乏，高等教育水平整体较差，往往无法满足较大的出国留学需求量。鉴于此，中国高校已逐渐具备了吸引"一带一路"国家留学博士生来华就读的实力和优势。

四、"一带一路"国家来华留学博士生教育在快速发展的同时亦面临严峻的质量问题

在经济全球化的推动下，21 世纪进入高等教育国际化时代，世界范围内

---

13 Institute of International Education. Open Doors 2019 Report on International Education Exchange [EB/OL]. https://p.widencdn.net/6tpaeo/Open-Doors-Annual-Data-Release-2019-11-17-Print. 2019-12-31.

14 2018 QS World University Ranking. [EB/OL]. https://www.topuniversities.com/university-rankings/world-university-rankings/2018. 2019-06-28.

15 注：印度属于"一带一路"倡议初期提出的沿线 65 个国家，但实际上直至 2021 年 9 月底，该国并未与中国签订共建"一带一路"双边合作文件。

16 2018 QS World University Ranking. [EB/OL]. https://www.topuniversities.com/university-rankings/world-university-rankings/2018. 2019-06-28.

呈现出大规模的学生跨国流动现象。作为高等教育国际化的主要形式之一的留学生教育发展迅猛，并且在新形势的影响下留学生教育的功能越来越多样化，集经济、政治、文化和人才培养等多种功能于一身。新世纪以来，来华留学教育发展迅速，来华留学生数量总体呈现大幅度增长趋势，中国已成为亚洲最大的留学目的地国。2017 年，共有 48.92 万名外国留学生在我国高等院校学习，规模增速连续两年保持在 10%以上。[17]与此同时，伴随着"一带一路"倡议的不断推进，"一带一路"沿线国家来华留学生的比例也呈现井喷式增长。2017 年，"一带一路"沿线国家留学生 31.72 万人，占总人数的 64.85%，增幅达 11.58%。[18]由此，"一带一路"沿线国家已成为全球来华留学生生源的主要供给区。

近年来，作为高层次来华留学人才的重要组成部分，来华留学博士生的数量和比例逐年增加并且中国政府奖学金政策日益向扩大和培养博士生倾斜。尤其是自"一带一路"倡议提出以来，我国与"一带一路"沿线国家的对外教育交流与合作日益密切。中国相继与蒙古、埃及、印度尼西亚等沿线国家签署协议，设立专项奖学金，鼓励学历研究生特别是博士生来华留学。2017 年，来华攻读博士生学位的留学生总计 22,012 人，分别占来华留学总人数和来华留学研究生总数的 4.50%和 29.06%[19]，而 2008 年来华留学博士生总计只有 3908 人，分别占当年来华留学总人数和来华留学研究生总数的 1.75%和 27.37%。[20]此外，获得中国政府奖学金的来华留学博士生数量从 2008 年的 1693 人增长到 2017 年的 13,815 人，占留学博士生总数和奖学金总人数的百分比分别从 43.32%和 12.53%上升到 62.76%和 23.59%。[21][22]由此可见，尽管当前我国来华留学博士生的数量只占留学生总人数的 5%左右，但多年来一直

17 中华人民共和国教育部，来华留学工作向高层次高质量发展。[EB/OL]. http://www.moe.gov.cn/jyb_xwfb/gzdt_gzdt/s5987/201803/t20180329_331772.html. 2019-06-29.

18 中华人民共和国教育部，来华留学工作向高层次高质量发展。[EB/OL]. http://www.moe.gov.cn/jyb_xwfb/gzdt_gzdt/s5987/201803/t20180329_331772.html. 2019-06-29.

19 教育部国际合作与交流司，《2017 来华留学生简明统计》[Z]，北京：教育部国际合作与交流司，2018 年，第 3、62 页。

20 教育部国际合作与交流司，《2008 来华留学生简明统计》[Z]，北京：教育部国际合作与交流司，2009 年，第 3、35 页。

21 教育部国际合作与交流司，《2008 来华留学生简明统计》[Z]，北京：教育部国际合作与交流司，2009 年，第 182 页。

22 教育部国际合作与交流司，《2017 来华留学生简明统计》[Z]，北京：教育部国际合作与交流司，2018 年，第 274 页。

保持不断增长的发展态势并且三分之二左右皆为中国政府奖学金生,来华留学博士生逐渐成为一个不容忽视的留学群体。

  然而,在各项数据不断上涨的同时,来华留学博士生教育亦面临严峻的质量问题,具体体现在:首先,当前相当比例的留学博士生并不具备来华攻读博士学位的专业基础,49.2%的来华研究生导师认为他们的学生专业基础薄弱,难以满足研究生阶段专业学习的需要。[23]其次,接近80%的中文项目来华留学研究生认为语言障碍是其在留学过程中遇到的最大困难,特别是中文写作。[24]毫无疑问,语言问题极大地影响着来华留学博士生的就读体验和培养质量。最后,来华留学博士生生源质量良莠不齐。目前,大部分来华留学博士生来自于"一带一路"国家(包括绝大多数与我国签订共建"一带一路"合作文件的非洲地区国家),这些国家绝大部分属于发展中国家且教育基础往往较为薄弱,由此导致生源国家的留学博士生的综合能力也相对较弱。这种"先天不足"使高校的生源质量难以得到保障,间接影响了来华留学博士生的学术水平。与此同时,我国政府和高校依然未形成完整、成熟的来华留学博士生教育质量监控体系。来华留学教育事业自起步阶段开始就一直服务和围绕于我国的国家发展战略和外交政策,尽管改革开放后政府下放管理权并开放自费留学生,但发展来华留学教育的初衷并未动摇。特别是近年来随着"一带一路"教育行动倡议的深入实施,为促进与"一带一路"沿线国家的学生流动和教育交流,越来越多的政府间协议奖学金生来华就读,由此导致我国招收"一带一路"国家博士生来华留学动机的政治性有时会优先于学术性。大批质量参差不齐的政府间协议奖学金生的涌入,再加上我国政府和高校尚未建立健全的来华留学生教育质量监控体系,从而导致教育质量受到冲击,政治性与学术性目标不断背离。

  综上所述,近年来"一带一路"倡议对来华留学教育的影响日益深远,"一带一路"国家来华留学博士生教育也因此被越来越多的学者所关注。当前,来华留学博士生教育面临诸多质量问题且有些问题已经对高校教师和管理者带来了诸般困扰,因此有必要对来华留学博士生的教育质量监控体系进

---

23 程伟华、张海滨、董维春,〈"双一流"建设背景下来华留学研究生教育质量研究〉[J],《学位与研究生教育》,2019 年第 1 期,第 70 页。

24 刘水云,〈来华留学研究生培养质量调查〉[J],《学位与研究生教育》,2017 年第 8 期,第 29 页。

行探究，剖析当前存在的主要问题以及政府、大学和市场三者之间如何对教育质量监控产生影响并相互作用，并在此基础上提出建设性的建议，致力于实现"一带一路"国家来华留学博士生教育政治性与学术性的统一。

第二节　研究问题与研究意义

一、研究问题

　　本研究选取我国一所具有招收和培养来华留学生丰富历史和经验的 B 大学作为个案调查的对象并对其开展质性研究，旨在讨论"一带一路"国家来华留学博士生教育质量监控体系当前存在的问题并提出改进建议。因此，本研究将对以下问题进行重点论述：

　　1. 来华留学博士生教育质量监控体系经历了哪些发展阶段？每个阶段的特征分别是什么？

　　2. "一带一路"国家来华留学博士生教育质量监控体系包括哪些主体？这些主体分别发挥了什么作用？

　　3. 当前"一带一路"国家来华留学教育质量监控体系存在哪些问题？

　　4. "一带一路"倡议背景下，如何进一步完善来华留学博士生教育质量监控休系？

二、研究意义

　　来华留学博士生教育作为留学生教育的重要组成部分，肩负着为我国政府和高校吸引、培养和留住高层次创新型人才的重任。在我国积极参与高等教育国际化和建设"双一流"的背景下，来华留学博士生的数量在近 20 年间迅速发展，特别是自 2013 年"一带一路"倡议提出以来，越来越多"一带一路"国家来华攻读博士学位。"一带一路"倡议对来华留学博士生教育影响重大。"一带一路"建设对培养沿线国家高层次来华留学生提出了新的要求，为通过人才互通实现"民心相通"，我国与越来越多的国家签署了资助高层次国际人才来华就读的政府间协议，"一带一路"国家逐渐成为来华留学博士生的主要生源国。然而，为服务我国"一带一路"的对外政策、保障政府间留学博士生顺利来华就读，政府和高校有时不得不采取降低录取门槛、培养标准和毕业要求等方式，"一带一路"国家来华留学博士生教育产生了严峻的质量问题。因此，从某种程度上来说，大批"一带一路"国家政府间博士奖学金生的涌入打破了教育发展的一般规律，政府取代大学成为招收"一带一路"国家来华留学博士生的主导力量。

如何在扩大规模的同时保障质量从而做到真正的"提质增效"，是我国当前"一带一路"国家来华留学博士生教育发展的关键所在。因此，无论是基于深化理论发展还是满足实践需求的角度，"一带一路"国家来华留学博士生教育质量监控体系都是一个极具研究价值的问题。本研究的选题既反映了当前国际留学教育的发展趋势，同时又从国内本土需求出发，瞄准现阶段亟待解决的"一带一路"国家来华留学博士生教育质量监控体系问题。

（一）理论意义

在理论层面，本研究深入剖析"一带一路"国家来华留学博士生教育质量监控体系中存在的问题，有利于丰富高等教育领域有关留学博士生教育质量监控方面的相关认识。目前，有关来华留学生的相关研究主要集中在本科生和研究生群体，虽然来华留学博士生也涵盖于留学研究生的范畴之内，但缺乏对留学博士生的专项研究，特别是"一带一路"作为我国近几年来才提出的发展战略，对"一带一路"国家来华留学博士生群体的研究则少之又少。因此，本研究基于当前"一带一路"国家来华留学博士生的自身特点，选取高等教育国际化程度较高、接收沿线国家留学博士生数量相对较多的 B 大学及该校"一带一路"沿线国家留学博士生作为研究对象，着眼于"一带一路"国家来华留学博士生在课程学习、科学研究等方面存在的问题，讨论如何改进"一带一路"国家来华博士留学生教育质量监控体系。

其次，本研究致力于探索涉及"一带一路"国家来华留学博士生教育质量监控体系的相关理论，拓展比较教育学科的研究内容与研究领域，丰富我国来华留学教育的研究框架。从过往有关来华留学生的相关研究来看，采用实证研究方法的研究往往从留学生个体的角度出发聚焦于讨论留学生跨文化适应、身份认同及就读经验等问题；涉及文献和数据分析的研究，则多数以留学数据为基础从宏观视角对来华留学生教育的相关问题进行整体把握。目前，鲜少有研究通过实证调查从政府、大学等管理层面入手具体分析来华留学生教育面临的诸般问题。

（二）实践意义

伴随着来华留学生数量的突飞猛进，我国政府逐渐意识到当前的留学生教育质量监控体系还未能与快速增长的规模相匹配。因此，近年来教育部逐渐加大了保障来华留学生教育质量的监管力度。2014 年，我国政府首次提出将"出国留学与来华留学并重"作为未来留学工作的指导方针，由此中国留学教育工作进入加速发展时期。2016 年 7 月，教育部印发《推进共建"一带一路"教育行动》，提出实施"丝绸之路"留学推进计划，致力于将中国打造成为深受沿线各国学子欢迎的留学目的地国。[25]2018 年教育部制定了《来华留学生质量规范（试行）》，这是我国首次专门针对来华留学教育制定的质量监管文件，是指导和规范高校开展来华留学教育的全国统一的基本准则，也是开展来华留学内部和外部质量保障活动的基本依据。虽然政府先后出台了一系列政策，但来华留学教育整体的质量状况却并未得到明显提升。对"一带一路"国家来华留学博士生来说，他们中的大多数都面临语言障碍、学术基础薄弱等普遍性问题，与之相伴的是当前我国政府和高校缺乏有效的招生录取、管理、监督及奖学金机制。因此，如何把控"一带一路"国家留学博士生生源质量、提高高校教育质量、完善留学博士生管理机制从而确保质量与规模并行发展，是当前"一带一路"国家来华留学博士生教育亟待解决的问题。

基于此，本研究一方面旨在为政府完善"一带一路"国家博士生来华留学教育质量监控体系提供参考。特别是"一带一路"国家来华留学博士生可能具有较为明显的政治属性，甚至有时招收"一带一路"国家留学博士生的政治意义会优先于学术价值。因此，政府如何平衡上述两者间的关系从而实现政治性与学术性的统一显得至关重要；另一方面，本研究有利于为我国高校构建完善的"一带一路"国家来华留学博士生质量监控体系贡献对策建议。当前，我国高校对于"一带一路"国家来华留学博士生教育普遍缺乏完善的监控体系，面对生源质量不佳以及具体培养过程中存在的诸多问题，绝大多数高校尚未找到有效的解决方案。因此，本研究致力于为高校在"一带一路"国家来华留学博士生教育中的招生与录取、培养目标和培养过程、考核与评估、奖学金资助与管理体系以及构建良好的学术环境与物质环境等方面提出合理化建议。

---

25 中华人民共和国教育部，教育部关于印发《推进共建"一带一路"教育行动》的通知。[EB/OL]. http://www.moe.edu.cn/srcsite/A20/s7068/201608/t20160811_274679.html. 2019-06-26.

第三节　概念界定

本研究主要涉及三个需要界定的核心概念，分别包括"一带一路"国家、来华留学博士生以及来华博士生教育质量监控体系。

一、"一带一路"国家

"一带一路"贯穿亚欧非大陆，一头是活跃的东亚经济圈，一头是发达的欧洲经济圈，中间广大腹地国家经济发展潜力巨大。[26]

所谓"一带"，是指丝绸之路经济带，重点包括三条路径：（1）中国-中亚-俄罗斯-波罗的海；（2）中国-中亚-西亚-波斯湾-地中海；（3）中国-东南亚-南亚-印度洋。

所谓"一路"，是指 21 世纪海上丝绸之路，主要涵盖两个方向：（1）中国沿海港口（经过南海）-印度洋-欧洲；（2）中国沿海港口（经过南海）-南太平洋。

"一带一路"建设具体包含哪些国家？事实上，从"一带一路"倡议提出至今，官方都未公布正式的名单，各方对"一带一路"参与者的界定也不尽相同，因此并没有清晰的答案。但是，在"一带一路"倡议提出和实施之初，一些主流媒体及部委的相关文件中普遍采用了"65 国说"（详见表 0-1），即认为"一带一路"国家主要囊括东亚、东南亚、南亚、中亚、西亚北非以及中东欧地区的 65 个国家。在这里，本研究将"一带一路"倡议初期提出的"65 国"称之为"一带一路"沿线国家。

表 0-1："一带一路"倡议初期规划的沿线 65 国清单

区　域	国家（总计：65 国）
东亚（1 国）	蒙古
东南亚（10 国）	菲律宾、文莱、马来西亚、印度尼西亚、新加坡、泰国、越南、缅甸、柬埔寨、老挝
南亚（8 国）	印度、巴基斯坦、孟加拉、马尔代夫、不丹、斯里兰卡、尼泊尔、阿富汗

---

26 中华人民共和国商务部综合司，《推动共建丝绸之路经济带和 21 世纪海上丝绸之路的愿景与行动》发布．[EB/OL]. http://zhs.mofcom.gov.cn/article/xxfb/201503/20150300926644.shtml. 2019-06-26.

中亚（5 国）	哈萨克斯坦、塔吉克斯坦、吉尔吉斯斯坦、乌兹别克斯坦、土库曼斯坦
西亚北非（19 国）	伊朗、伊拉克、土耳其、叙利亚、约旦、黎巴嫩、以色列、巴勒斯坦、沙特阿拉伯、也门、阿曼、阿联酋、卡塔尔、科威特、巴林、格鲁吉亚、阿塞拜疆、亚美尼亚、（埃及）西奈半岛
中东欧（22 国）	俄罗斯、白俄罗斯、乌克兰、摩尔多瓦、波兰、立陶宛、爱沙尼亚、拉脱维亚、捷克、斯洛伐克、匈牙利、斯洛文尼亚、克罗地亚、波黑、黑山、塞尔维亚、阿尔巴尼亚、罗马尼亚、保加利亚、马其顿（后于 2019 年更名为北马其顿）、希腊、塞浦路斯

资料来源：根据教育部官方网站及部分新闻媒体网站等相关资料整理而成。

实际上，"一带一路"并没有明确划定的地理界限，本质是一个开放的国际合作倡议，向所有志同道合的国家和地区敞开大门。因此，"一带一路"基于但不限于古代丝绸之路的范围，各国和国际、地区组织只要有合作意愿均可参与，让共建成果惠及更广泛区域。[27]从 2013 年 9 月 "一带一路"倡议提出至 2021 年 9 月底，先后共有 146 个国家同中国签订了共建"一带一路"合作文件（详见表 0-2）。在这里，本研究将与中国签订"一带一路"合作文件的国家称之为"一带一路"共建国家。

表 0-2：与中国签订共建"一带一路"合作文件国家清单

洲际区域	国家（总计：144 国）	
亚洲（44 国）	东亚（2 国）：蒙古、韩国	
	东南亚（11 国）：菲律宾、文莱、马来西亚、印度尼西亚、新加坡、泰国、越南、缅甸、柬埔寨、老挝、东帝汶	
	南亚（7 国）：巴基斯坦、孟加拉、马尔代夫、不丹、斯里兰卡、尼泊尔、阿富汗	
	中亚（5 国）：哈萨克斯坦、塔吉克斯坦、吉尔吉斯斯坦、乌兹别克斯坦、土库曼斯坦	
	西亚（19 国）：伊朗、伊拉克、土耳其、叙利亚、塞浦路斯、约旦、黎巴嫩、以色列、巴勒斯坦、沙特阿拉伯、也门、阿曼、阿联酋、卡塔尔、科威特、巴林、格鲁吉亚、阿塞拜疆、亚美尼亚	

---

27 新华网，"一带一路"是什么？包括哪些国家？只是架桥修路？[EB/OL]. http://www.xinhuanet.com/politics/2017-05/08/c_129594081.htm. 2019-06-26.

非洲（45国）	北非（7国）：埃及、苏丹、南苏丹、利比亚、突尼斯、阿尔及利亚、摩洛哥
	东非（9国）：埃塞俄比亚、索马里、吉布提、肯尼亚、坦桑尼亚、乌干达、塞舌尔、卢旺达、布隆迪
	西非（14国）：毛里塔尼亚、塞内加尔、冈比亚、马里、几内亚、佛得角、塞拉利昂、利比里亚、科特迪瓦、加纳、多哥、贝宁、尼日尔、尼日利亚
	中非（5国）：乍得、喀麦隆、赤道几内亚、加蓬、刚果（布）
	南非（10国）：纳米比亚、安哥拉、南非、莱索托、马达加斯加、科摩罗、莫桑比克、赞比亚、津巴布韦、博茨瓦纳
欧洲（27国）	中东欧（23国）：俄罗斯、白俄罗斯、乌克兰、摩尔多瓦、波兰、立陶宛、爱沙尼亚、拉脱维亚、捷克、斯洛伐克、匈牙利、斯洛文尼亚、克罗地亚、波黑、黑山、塞尔维亚、阿尔巴尼亚、罗马尼亚、保加利亚、北马其顿、希腊、塞浦路斯、奥地利
	西欧＆南欧（4国）：葡萄牙、马耳他、意大利、卢森堡
拉丁美洲（19国）	厄瓜多尔、委内瑞拉、秘鲁、智利、乌拉圭、玻利维亚、圭亚那、苏里南、哥斯达黎加、巴拿马、古巴、多米尼克、牙买加、特立尼达和多巴哥、巴巴多斯、格林纳达、安提瓜和巴布达、萨尔多瓦、多米尼亚
大洋洲（11国）	新西兰、密克罗尼西亚联邦、巴布亚新几内亚、所罗门群岛、瓦努阿图、斐济、萨摩亚、基里巴斯、汤加、库克群岛、纽埃

资料来源：中国一带一路网，已同中国签订共建"一带一路"合作文件的国家一览。[EB/OL]. https://www.yidaiyilu.gov.cn/info/iList.jsp?cat_id=10037.2021-09-30.

通过对比上述两份"一带一路"国家清单可知，"一带一路"沿线国家中的绝大多数都先后与中国签署了共建"一带一路"合作文件的双边协议。除此之外，随着"一带一路"倡议的影响力和号召力不断扩大，非洲、南美洲和大洋洲等地区一系列国家先后加入其中，韩国、意大利、葡萄牙和新西兰等越来越多的发达国家也积极参与到"一带一路"建设中来。然而，仍然有少部分国家对"一带一路"倡议持观望态度，例如：在"一带一路"沿线国家中，印度至今未与中国签订共建"一带一路"合作文件的双边协议。

综上所述，本研究所界定的"一带一路"国家的概念由"一带一路"沿线国家和"一带一路"共建国两部分组成。截至2021年9月，"一带一路"国家共计147个。

二、来华留学博士生

通常来说，留学生的概念一般有两种理解：一种是广义的理解，即凡是留居他国学习的人都是留学生。这种理解将在他国出生、在当地中小学就读的侨民子女；或父母因公留居他国（如：外交官、记者、专家等）、在当地中小学就读的随行子女以及利用假期在他国学习的中小学生等都视为是留学生。另一种理解则相对狭义，留学生主要指以学习为目的的留居他国，具有高级中等教育阶段毕业以上的学历或具有同等学历，在接受高等教育机构及其所属的科研机构注册学习或进修，持普通护照，具有独立承担法律责任的非接受国公民。[28]《教育大辞典》将留学生定义为"在其他国家教育或研究机构学习的学生，由各国互相派遣和接收，留学生的目标人群是大学生、研究生、进修人员和访问学者"。[29]教育部、外交部和公安部于 2000 年联合颁发的《高等院校接受外国留学生管理规定》中将外国留学生界定为"持外国护照在我国高等院校注册接受学历教育或非学历教育的外国公民"[30]基于此，如没有特殊说明，本研究采用的留学生概念是相对狭义的理解，即留学生只包括在中国大陆境内学习的外国留学生。

此外，在英语中，留学生有四种表达方式：foreign student、overseas student、mobile student 和 international student。一般情况下，这四种表达方式的含义基本相同，但随着跨国高等教育的发展，在本国接受远程教育的学生，和在本国中两国合作开办的学校就读的学生，有时也被称为留学生（international student）。

我国对于来自各国的国际学生通常将其称为来华留学生或外国留学生，教育部官方说法将来华留学生分为学历来华留学生和非学历来华留学生。"学历来华留学生"指在我国攻读高等学历学位的留学生，包括专科留学生、本科留学生、硕士留学生和博士留学生。"非学历来华留学生"是指不以攻读我国高等学历学位为目的的各类长短期留学生，包括高级进修生、普通进修生、语言进修生和短期留学生。高级进修生指具有硕士及以上学历学

---

28 金晓达，《外国留学生教育概论》[M]，北京：华语教学教育出版社，1998 年，第 1 页。

29 顾明远主编，《教育大辞典》[M]，上海：上海教育出版社，1989 年，第 106 页。

30 中华人民共和国教育部，高等院校接受外国留学生管理规定。[EB/OL]. http://old.moe.gov.cn/publicfiles/business/htmlfiles/moe/moe_621/201001/xxgk_81859.html. 2019-06-26.

位、就某一专题来华进修的留学生，普通进修生指具有大学二年级以上学历的来华进修留学生，语言进修生指以学习、提高汉语语言水平为目的的来华留学生，短期留学生指学习期限少于一个学期的来华留学生。[31]当前，中国大陆高等教育招收的学历留学生主要分为英文授课和中文授课两大类，两种项目在课程设置、培养方案、日常管理等方面存在明显差异。从长远发展看，以母语为主开展留学生教育是我国不可避免的战略选择。因此，本研究选取中文授课留学博士生作为具体的研究对象，英文授课类型则不在讨论范围之内。

综上，本研究将来华留学生博士生的概念界定为在中国大陆高等院校攻读中文博士学位的留学生。

三、来华博士生教育质量监控体系

（一）教育质量与来华留学博士生教育质量

目前，学术界对于"教育质量"这一概念的理解还没有统一的界定，官方和学者们从各自角度出发给出了不同的解释，但也在一些观点上达成了共识。因此，尽管有关来华留学博士生教育质量的定义各有不同，但依然能够在其中发现共性。

《教育大辞典》将教育质量解释为"教育水准高低和效果优劣的程度并最终体现在培养对象的质量上，其衡量标准是教育目的和各级各类学校的培养目标"[32]，因此从这一角度来看来华留学博士生教育质量可以理解为留学博士生教育水平和培养效果的表现。《中国学位与研究生教育发展战略报告（2002-2010）》将研究生教育质量定义为"研究生教育系统所提供的服务满足社会需求的程度"[33]，这意味着可以将来华博士留学生教育质量概括为所培养的留学生需在达到学位要求的同时为社会做出贡献。根据国务院颁布的《关于普通高等院校授予来华留学生我国学位试行办法》，授予来华留学生博士学位需要具备以下条件：通过博士学位的课程考试和论文答辩，成绩合

---

31 教育部国际合作与交流司，《2018 来华留学生简明统计》[Z]，北京：教育部国际合作与交流司，2019 年，说明页。

32 顾明远主编，《教育大辞典　简编本》[M]，上海：上海教育出版社，1999 年，第259 页。

33 《中国学位与研究生教育发展战略报告》编写组，〈中国学位与研究生教育发展战略报告（2002-2010）〉[J]，《学位与研究生教育》，2002 年第 6 期，第 5-20 页。

格；撰写的博士学位论文，应当表明作者具有独立从事科学研究工作的能力，并在科学或专门技术上做出创造性成果；对于基础理论课和专业课，需在本门学科上掌握坚实宽广的基础理论和系统深入的专门知识。[34]潘武玲从培养过程的角度来解析教育质量，认为可以将其分为输入资源的质量、培养过程的质量（培养质量）以及产出成果的质量（学位授予质量、毕业研究生质量）。[35]基于此，来华留学博士教育质量可以由生源质量、培养质量和产出质量三部分构成。陈洪捷则将博士生教育质量界定为博士点及博士生导师培养博士生的教育过程。并提出衡量的指标包括学术指导的质量、学术训练的质量、博士生的研究绩效等方面。[36]

综上，本研究所界定的"来华留学博士生教育质量"是指能够满足来华留学博士生自我发展的需求、学术研究的需求以及有关国家对高级专门人才的需求。

（二）质量监控体系与来华留学博士生教育质量监控体系

按照系统科学理论的基本理论和思想，监控是指"在一定目的或意愿下，在特定的条件支持下，人们采用一定的手段和方法，让系统能够按照确定的方向去发展，以消除其不确定性"[37]，亦或可以将其解释为"控制是为达到施控主体所设定的目标并使受控客体行动能够按照设定目标进行，施控主体施加在受控客体上的这种能动性作用"[38]。简言之，监控是对对象的监测与调控。而在质量目标的执行过程中，为发现质量问题和有效提升质量以保障质量目标的实现，对质量保障对象进行的监测与调控称为质量监控。

体系是"指若干有关事物或某些意识互相联系而构成的一个整体"。[39]

---

34 中华人民共和国教育部，国务院学位委员会关于在部分普通高等院校试行《关于普通高等院校授予来华留学生我国学位试行办法》的通知。[EB/OL]. http://www.moe.gov.cn/srcsite/A22/s7065/199110/t19911024_61088.html. 2019-06-26.

35 潘武玲，《我国研究生教育质量评价体系研究》[D]，华东师范大学，2004 年，第14 页。

36 陈洪捷，《博士质量：概念、评价与趋势》[M]，北京：北京大学出版社，2010 年，第18 页。

37 安文铸，《教育科学与系统科学》[M]，长春：吉林教育出版社，1990 年，第78-97 页。

38 安文铸，《教育科学与系统科学》[M]，长春：吉林教育出版社，1990 年，第126 页。

39 中国社会科学院语言研究所词典编辑室，《现代汉语词典》[M]，北京：商务印书馆，2016 年，第1288 页。

从体系的基本概念的界定可以看出，体系的构成要素既可以是客观事物，也可以是主观意识，亦或是二者兼有，这些主客观因素通过相互联结与联系从而构成了体系。

综上，本研究认为"质量监控体系"是以相关客体为质量监控对象，通过对质量监控对象行为及过程进行有效监测和调控的整体和系统。"来华留学博士生教育质量监控体系"则是指以满足来华留学博士生自我发展的需要、学术研究的需求以及有关国家对高级专门人才的需要作为质量监控对象，并对其行为及过程进行有效监测和调控的整体和系统。

第四节　文献综述

为全面了解"一带一路"国家来华留学博士生教育质量监控体系，本研究通过图书馆及电子资源数据库查询并检索相关研究。中文资料主要来自国家图书馆、北师大图书馆、中国知网数据库、万方数据库、维普数据库、读秀和超星等。外文资料主要通过 Google Scholar、Springer、Eric、Proquest、Web of Science 以及 JSTOR 等电子资源数据库获得相关材料。本研究先后以"来华留学博士生"、"博士留学生"、"来华留学研究生"、"博士研究生"、"来华留学研究生教育质量"以及"来华留学教育质量监控体系"等为关键词进行检索，查询发现有关来华留学生的文献种类复杂多样，但涉及来华留学博士生及其教育质量监控体系的相关研究却十分有限，目前仅有 4 篇文献是直接涉及来华留学博士生，其中 3 篇讨论了来华留学博士生教育质量问题，另外 1 篇则围绕跨文化适应展开论述。因此，本研究进一步将检索范围扩大到涉及"来华留学研究生"或"留学研究生"的相关文献进行梳理，并将现有的涉及"一带一路"来华留学博士生教育质量监控体系的研究进行分类。

需要指出的是，由于"一带一路"倡议自 2013 年提出以来至今不过数年时间，而针对"一带一路"国家来华留学博士生或者研究生的文献也并不算丰富。因此，本研究在综述时不再仅仅局限于针对"一带一路"国家来华留学博士生或研究生，而是将检索和总结范围扩大到来华留学博士生或来华留学研究生。

一、有关来华留学博士生教育质量的发展现状研究

目前，针对来华留学博士生教育质量的研究并不多见，现有的文献研究

主要分为三个部分：第一，有关来华留学博士生整体教育质量现状的研究；第二，有关来华留学博士生课程学习现状的研究；第三，有关来华留学博士生科研现状的研究。

（一）有关来华留学博士生整体教育质量现状的研究

刘水云在大规模实证调研的基础上，发现我国的政府资助来华留学研究生数量稳步增长，对培养质量的满意度比较高，基本达到了预期目标。但是，来华留学研究生依然存在生源质量参差不齐、语言障碍较大、对中国的课堂教学方式不够适应等问题。基于此，刘水云建议要调整发展方向，实现政治性与学术性目标的统一；改变招生策略，提高招生质量；积极发展英文项目，推动教学与评价方式的国际化；强化激励机制，提高院系和教师培养来华留学研究生的积极性。[40]

程伟华等人基于学生发展视角，构建了来华留学研究生"输入质量-过程质量-输出质量-发展质量"四维分析框架，对来华留学在读研究生与毕业研究生教育质量进行问卷和访谈调查。调查显示，我国来华留学研究生教育质量取得了实质性进展，但仍存在生源质量不理想、课程前沿性不足、跨学科课程数量不足、双语教师不足、培养过程监管形式化、职业指导不足、思想道德素养和身心素质教育重视不够等问题。[41]

龚思怡（Siyi Gong）等人讨论了中国高等教育机构大学质量的拉力因素对来华留学生流入的影响。他们指出，中国大学在世界大学排名的位置与"一带一路"国家来华留学生的数量成正相关；教育支出占国内生产总值的比例与"一带一路"国家来华留学生的数量呈正相关；师生比例与"一带一路"国家来华留学生的数量呈正相关。[42]

日本学者黑田千春（Chiharu Kuroda）对北京大学、清华大学、中国人民大学以及复旦大学等中国八所高校来华留学研究生项目进行了调查研究，指出质量改进以及整个普通高等教育系统的融合将是来华留学研究生项目今后

---

40 刘水云，〈来华留学研究生培养质量调查〉[J]，《学位与研究生教育》，2017 年第 8 期，第 26-31 页。

41 程伟华、张海滨、董维春，〈"双一流"建设背景下来华留学研究生教育质量研究〉[J]，《学位与研究生教育》，2019 年第 1 期，第 64-71 页。

42 Gong, S.Y., Huo, W.W., Wu, M.G., Huang, Y., Gong, J.Y. Wang, D. The impact of the Belt and Road Initiative on the Expansion of China's Higher Education in Overseas Markets along the Route. Thunderbird International Business Review, 2020, 62 (3), p.263-277.

疲待解决的问题。[43]

程伟华、张海滨和董维春通过对近十余年来华留学研究生教育发展现状扫描与问题探究，发现新时代来华留学研究生教育应实现由规模扩张的"量变"向提质增效的"质变"、"一部门多职能管理"的特殊化向"多部门趋同化管理"的资源融合共享以及"一维学生身份"向"多维资源价值身份"转型。[44]

庄晓媛以地方高校 F 大学为例调查了该校来华留学研究生的培养问题，发现当前地方高校来华留学研究生主要存在以下问题：数量逐年增加，毕业生数却寥寥无几；汉语水平不高，专业从薄弱；培养方案设置不合理；英文课程覆盖范围有局限；课堂教学形式陈旧；教学管理机构设置不合理，配套机制不健全。[45]

（二）有关来华留学博士生课程学习现状的研究

课程学习体验与教育教学质量是来华留学生教育事业发展的关键，教学质量的高低关系到留学生博士教育的可持续发展和国际竞争力。在一项对上海市四所高校留学生的调查中显示，42.8%的学生认为我国教学质量一般，25%的学生不满意，只有32.3%的学生比较认可。[46]可见，在来华留学生教育的教学与课程方面还有很大的改进空间。来华留学生教育要以教学质量为核心，以优质的教学质量吸引高层次来华留学生。

苏洋通过质性研究方法，对北京师范大学教育学部"一带一路"国家来华留学博士生的课程学习体验及其影响开展个案研究。调查结果显示，多数"一带一路"国家来华留学博士生对所修课程存在较为清晰的认知，但尚未做好充足的课堂准备；多数留学博士生缺乏主动性，课堂氛围融入难度大；难以形成系统的课后反思。影响"一带一路"国家来华留学博士生课程学习

---

43 Kuroda, C. The New Sphere of International Student Education in Chinese Higher Education: A Focus on English-Medium Degree Programs. Journal of Studies in International Education, 2014, 18 (5), p.445-462.

44 程伟华、张海滨、董维春，〈从"规模扩张"到"提质增效"：新时代来华留学研究生教育转型与制度重构〉[J]，《学位与研究生教育》，2018 年第 12 期，第 32-38 页。

45 庄晓媛，〈地方高校来华留学研究生培养问题及对策——以 F 校为例〉[J]，《教育探索》，2020 年第 1 期，第 42-47 页。

46 丁笑炳，〈来华留学生需要什么样的教育——基于上海市四所高校的数据〉[J]，《高等教育研究》，2010 年第 6 期，第 38-43 页。

体验的因素主要包括个人因素（留学生个体的汉语水平、学习投入以及性格和年龄）、刺激因素（任课教师和同伴群体）和环境因素（家庭关系、课程管理制度）。[47]

汪丽琴和郑刚通过分析 2004-2012 年师范院校来华留学生数据，探讨了师范院校来华留学研究生教育发展现状及其改善措施。他们指出，"要重视课程设置的国际化，在设置课程过程中，必须注意同时面向国内外学生，使课程能够培养学生在国际化与多元文化的环境下生存与发展的能力，尽可能使课程具有国际化的观点与开放视野"。[48]

王军指出，目前来华留学研究生课程设置存在不合理现象。受社会结构、文化教育背景以及学科专业设置等方面的差异，来华留学研究生在本国所学的课程与在我国所学的课程存在衔接不上的问题，这会导致他们学习十分困难并且降低来华留学的积极性。因此，王军认为要本着宽口径、厚基础、着力培养研究生创新意识、提高创新思维能力的原则，进行研究生课程体系的设计。[49]

徐宽乐对五所我国农林高校的涉外管理人员、留学研究生导师、来华留学研究生及来华留学研究生同学进行了问卷调查。调查显示，"超过 50% 的导师认为来华留学研究生的加入为课堂带来了新鲜的文化元素，不同文化思维方式的碰撞往往会活跃课堂气氛，提高导师讲课的积极性与学术参与课题讨论的主动性。但是，小部分导师认为来华留学研究生的加入会对传统的授课方式产生冲击。"[50]

（三）有关来华留学博士生科研现状的研究

目前，聚焦于来华留学研究生特别是博士生科研现状和学术能力的分析并不多见，但随着高层次来华学历生的比例不断增加，越来越多的学者开始

47 苏洋，〈"一带一路"背景下来华留学博士生课程学习体验及其影响因素研究〉[J]，《比较教育研究》，2019 年第 9 期，第 18-26+35 页。

48 汪丽琴、郑刚，〈师范院校来华留学研究生教育发展现状及其改善——基于 2004-2012 年师范院校来华留学生数据分析〉[J]，《教育学术月刊》，2014 年第 9 期，第 68-73 页。

49 王军，〈来华留学研究生教育现状分析〉[J]，《中国高教研究》，2006 年第 6 期，第 21-23 页。

50 徐宽乐，《农林高校来华留学研究生教育现状与对策研究》[D]，南京农业大学，2010 年，第 44 页。

关注对对来华留学博士生的科研问题的研究。

在现有的为数不多的相关研究中，邵长斌等学者针对江苏科技大学来华留学研究生培养过程中在学术创新能力方面存在的问题，反思了产生这些问题的原因，以研究生培养体系的关键环节——课程教学为重点，探讨基于研究生培养方案的灵活性课程教学改革模式，并提出要满足基于差别性生源状况的留学生多样化、个性化的学习特点和需求。[51]

朱萍和巩雪认为当前留学研究生的学术基础与我国高校研究生培养脱节的矛盾尖锐，留学生语言水平和查找图书资料能力的不足、课程教学与培养目标脱节以及缺乏对留学生家属安置的政策保障等因素限制了留学生学术能力的发展。[52]

宗晓蕾以 H 大学文科博士留学生为研究对象，采用质性研究方法，通过对 14 名博士留学生和 6 名留学生管理人员与导师的访谈发现：虽然博士生导师一般会有较多的科研项目，但是对于博士留学生来说他们几乎没有机会参与课题或者参与程度不深，留学生希望参与课题的愿望与现实境遇之间存在一些较难跨越的"鸿沟"，例如语言障碍等等。[53]

苏洋选取国内一所拥有接受留学生悠久历史和办学实力的教育部直属高校 B 大学进行个案调查，并对 15 名教育学专业的"一带一路"国家来华留学生以及若干留学生导师和任课教师就当前"一带一路"来华留学博士生的科研现状及影响因素进行了深度访谈。研究发现，"一带一路"来华留学博士生留学文献读取速度较慢，多数面临阅读障碍；多以独立式开展科学研究，课题和科研项目参与度较低；普遍面临论文写作困难，学术成果产量低；在专业学术活动方面持有较高的积极性和参与度。影响"一带一路"国家来华留学博士生的因素主要包括文化环境：来华留学博士生普遍对导师具有较强的依赖性，同辈群体是留学博士生科研活动的助力者，学术氛围是来华留学博士生学术社会化的催化剂；制度环境：大学行政层面制定科研能力考核标准、举办科研与实践活动以及提供奖学金制度等等；物质环境：高校提供的

51 邵长斌、郑尚、于华龙、丹媛媛、田阿利，〈浅谈在华留学研究生科研能力的培养〉[J]，《当代教研论丛》，2018 年第 1 期，第 10-11 页。

52 朱萍、巩雪，〈来华留学研究生学术能力影响因素分析及应对策略〉[J]，《江苏高教》，2016 年第 5 期，第 96-99 页。

53 宗晓蕾，《研究型大学博士留学生教育质量探究——以 H 大学人文社会科学为例》[D]，华东师范大学，2015 年，第 51-52 页。

多方面物质资源支持，包括丰富的图书馆资源以及为设立中文学术写作辅导中心等。[54]

二、有关来华留学生教育的历史发展研究

本研究在该部分主要对来华留学生教育历史发展和"一带一路"国家来华留学生教育的发展研究两部分进行综述。

（一）来华留学生教育的历史发展研究

程家福在《来华留学生教育结构历史研究：1950-2010》一书中分析了近60年来华留学生教育结构的发展演变，认为过去 60 年中来华留学教育的国别结构从单一走向多元，周边国家成为来华留学主要生源国；科类结构从以理工科为主转向人文学科为主，建国后留学生科类结构变化经历了"理工科占主体"、"理工科与文科并行发展"、"文科占主体"和从"学语言"向"学专业"过渡的四个阶段；类别结构的核心由学历生转向非学历生，普通进修生规模占比大；与发达国家相比，来华留学生科类分布不均，教育层次较低。来华留学生中非学历生占到了 60%以上，而研究生占学历生的比例不足 20%。[55]

董泽宇撰写的《来华留学教育研究》一书从高等教育国际化驱动力模型和留学生教育推拉理论的视角出发，构建了在国家与机构层次上的来华留学教育动力分析框架，将来华留学教育驱动力量划分为政治外交、社会文化、学术教育和经济四大类，从动力角度研究了高等教育国际化背景下新中国成立以来来华留学教育及其政策的发展变迁。董泽宇认为，来华留学教育按照驱动力量的变化情况经历了三个发展阶段：以政治外交动力为主的起步与成长期（1950-1977 年）、以社会文化和政治外交动力为主的快速增长时期（1978-1997 年）和以政治文化、学术教育以及政治外交动力为主的加速发展期（1998 年至今）。[56]

于富增、江波和朱小玉合著出版的《教育国家合作与交流史》从教育专

54 苏洋，〈"一带一路"背景下来华留学博士生科研现状及其影响因素研究〉[J]，《高教探索》，2020 年第 2 期，第 83-92 页。

55 程家福，《来华留学生教育结构历史研究》[M]，上海：同济大学出版社，2012 年，第 40-156 页。

56 董泽宇，《来华留学生教育研究》[M]，北京：国家行政学院出版社，2012 年，第 24-160 页。

题史的视角出发，通过对我国出国留学与来华留学历史演变与政策变迁的介绍，揭示了留学政策对留学事业的重要作用。在此基础上，该研究将我国来华留学教育政策的特点归纳为：从无到有、从粗放经营到规范管理、从严格计划到开放与扩大留学生的招收与培养自主权以及从以政府奖学金为主导到自费来华留学生占绝对比例。[57]

另一本由于富增独立出版的《改革开放 30 年的来华留学生教育 1978-2008》内容丰富，系统地介绍了改革开放以来来华留学教育的发展，阐述了来华留学教育与国家政治外交形势的密切联系，并对不同阶段来华留学教育发展的特点规律进行了总结归纳。于富增指出，目前我国来华留学生教育初步建立了开放式的发展体制，初步形成了留学生来源渠道并达到相当规模。但是，我国来华留学生教育仍处在初级发展阶段，主要表现在：单独教学的留学生占多数、尚未建立有效的文化考核制度以及尚未建立实用的汉语培训考核体制。[58]

马佳妮（Jiani Ma）等学者以历史的视角，从理论基础、政府角色和留学生三个方面分析了来华留学生教育的特点。他们指出，从 1949 年新中国成立以来，中国政府在来华留学生教育中的角色逐渐从微观的管理者转变为宏观的战略设计者、监管者和监督者。政府逐步下放权力，高等院校成为负责来华留学生教育的机构。[59]

由王辉耀、苗绿主编的《中国留学发展报告 2017》总结了 2016 年来华留学发展的主要特点与趋势。报告指出，2016 年来华留学生同比增速再次达到两位数、"一带一路"沿线国家成为来华留学发展的增长点、国际学生在华实习就业政策取得新的突破。[60]

程伟华、张海滨和董维春通过对近十年（2005-2015 年）来华留学研究生教育发展现状进行审视，发现在"双一流"战略的引领下来华留学研究生教

57 于富增、江波、朱小玉，《教育国际合作与交流史》[M]，海南：海南出版社，2001年，第1-55页。

58 于富增，《改革开放30年的来华留学生教育》[M]，北京：北京语言大学出版社，2009年，第270-280页。

59 Ma, J.N., Zhao, K. International student education in China: characteristics, challenges, and future trends. Journal of Studies in International Education, 2018, 18 (5), p.445-462.

60 王辉耀、苗绿主编，《中国留学发展报告（2017）》[M]，北京：社会科学文献出版社，2017年，第38-44页。

育的发展特征为：总体规模快速增长，研究生增幅较大；洲际区域规模差异明显，亚洲周边地缘优势显著；学科专业分布逐步趋向合理，工科、管理和经济三大学科占比较高。[61]

（二）"一带一路"国家来华留学生教育的发展研究

陈丽和伊莉曼·艾孜买提分析了"一带一路"沿线国家来华留学教育近十年（2005-2014年）来的发展变化，指出"一带一路"沿线国家是全球来华留学教育规模增速的主体支撑，但却存在以非学历教育为主体、学历层次较低、奖学金总量偏少、区域发展不平衡、学历来华留学教育内源性牵引力不足等结构性失调问题。[62]

刘宝存和张继桥探讨了"一带一路"沿线国家来华留学学历教育的地位、问题与对策，强调"一带一路"沿线国家来华留学学历教育存在的结构性问题包括培养层次偏低、区域布局不合理、国别结构失衡以及中国政府奖学金学生结构不均衡四大问题。[63]

程伟华通过对2005-2014年"一带一路"沿线国家来华留学数据的统计分析，总结过去十年"一带一路"国家来华留学生教育主要呈现"二大""五高"的发展趋势，"二大"指留学生总数和单国家最多生数增幅大，"五高"指学历留学生、获奖学金生、获奖学金学历生、超500人的国家数和排名前10国家数占比高；各区域来华留学生规模逐年大幅增长，东亚国家生源为主体；来华学历留学生占比逐年上升，其中研究生占比偏低在12.3-29.0%之间，但呈逐年较大幅度上升趋势。因此，与"一带一路"国家相比，我国处于"留学顺差"态势，并且"一带一路"国家来华留学"推力"和"拉力"合力效应明显。但是，现阶段"一带一路"国家来华留学生教育发展依然存在培养模式单一，实质性高等教育交流与合作不足；生源质量和培养质量有待提升，吸引高层次优质生源动力不足；来华留学生结构层次不均衡，高层次留学生占比偏低的问题。[64]

61 程伟华、张海滨、董维春，〈"双一流"建设背景下来华留学研究生教育质量研究〉[J]，《学位与研究生教育》，2019年第1期，第70-71页。

62 陈丽，伊莉曼·艾孜买提，〈"一带一路"沿线国家来华留学教育近10年发展变化与策略研究〉[J]，《比较教育研究》，2016年第10期，第27-36页。

63 刘宝存、张继桥，〈"一带一路"沿线国家来华留学学历教育：地位、问题与对策〉[J]，《北京教育（高教）》，2017年第5期，第11-14页。

64 程伟华，〈"一带一路"沿线国家来华留学生教育发展机遇、挑战及应对策略——

总的来说，上述有关来华留学生教育制度发展历程的文献多以编年体的形式罗列为主，并经常以总结来华留学生教育制度的发展趋势、问题和政策建议等形式呈现。虽然有少数研究涉及到国际学生流动的总体发展情况，但都较为零星或片面，缺乏系统地将世界留学生教育的高等教育国际化趋势与来华留学教育的发展情况相结合进行考察。

三、有关来华留学博士生生源质量与招生制度的研究

李海生和龚小娟以生源问题为切入点，阐述了近年来来华留学研究生教育存在生源绝对规模偏小、生源所在学科专业分布集中度较高、生源地分布不均衡以及生源质量不高等问题。他们认为，影响生源质量的主要因素包括留学服务支撑系统不完善、招生宣传不到位、入学考核把关不严、培养规格与国际不完全接轨、高校研究生教育水平总体不高等等。因此，提升留学研究生生源质量的对策主要包括需要高校加强建设优势学科和国际化导师队伍、建立与国际接轨的培养体系、构建入学考试新机制、拓展招生信息渠道、完善奖助政策及留学服务配套系统。[65]

柴三省在简要回顾来华留学生教育发展趋势与特点的基础上，通过对比美国研究生招生考试体系，指出我国来华留学研究生招生考试体系主要存在汉语测试方面不足、专业学能测试缺失以及考试功能的误用等问题。柴三省结合 2001-2016 年来华留学研究生教育规模和学科专业特点，提出了构建我国来华留学研究生招生考试体系的基本策略与开发框架：加强顶层设计，构建以汉语水平和专业学能为基本要求的来华留学研究生招生考试体系；开放专业学能考试路径，即首先开放具有专业招生普遍要求的一般学能考试，在此基础上再根据"规模优先、趋同归类"的原则陆续开发满足不同专业招生要求的学能资格考试。[66]

刘进讨论了"一带一路"背景下的来华留学生招生质量问题。他将留学生招生规模与质量的历史演进分为三重逻辑：第一重逻辑是基于政治和外交

基于 2005-2014 年统计数据的实证分析〉[J]，《高等农业教育》，2017 年第 3 期，第 88-93 页。

65 李海生、龚小娟，〈来华留学研究生教育中的生源问题及对策分析〉[J]，《学位与研究生教育》，2017 年第 8 期，第 32-37 页。

66 柴三省，〈来华留学研究生招生考试体系的构建研究〉[J]，《学位与研究生教育》，2018 年第 9 期，第 60-66 页。

目标的留学生规模扩张，这主要发生在改革开放之前；第二重逻辑是政治外交与高等教育规律部分结合的留学生规模扩张，这主要发生在 1978 年之后一段时间；第三重逻辑是以高等教育规律为主、政治外交为辅的新增长模式，这主要发生在我国高等教育国际化进程加速之后（核心标志是教育部于 2010 年 9 月出台《留学中国计划》），而"一带一路"倡议的提出标志着来华留学生规模逐渐进入高峰期。刘进指出，从历史发展轨迹来看，我国当前已经逐步进入第三重历史发展阶段，在此过程中来华留学生招生数量和招生质量之间的矛盾正不断凸显。主要原因在于，新中国成立以来我国长期推行的留学生奖学金制度对于质量目标的重视不够，以及随之而来的各类制度惯性，可能导致在相当长一段时期内留学生招生质量提升任务艰巨。刘进进一步推测，在"一带一路"倡议稳步推进的过程中，我国仍面临较大的留学生人才缺口，来华留学生规模扩张的内在逻辑已经发生深刻变化，未来必然将走向主要以高等教育办学目标为主和以高等教育市场规律为主的第四重历史发展阶段，推动我国形成新一轮以质量建设为核心的"留学中国潮"。[67]

孙志远和陈小红从中美比较的视角分析了来华留学研究生考试招生制度的改革路径。研究发现，我国来华留学研究生考试招生制度存在以下三方面问题：考试机构服务职能有待加强、语言能力考试的科学性有待提高和学业能力考试有待完善。基于此，孙志远和陈小红分别从调整宏观结构和完善微观结构出发，改革来华留学研究生考试招生制度。宏观结构的调整要坚持"招考分离"的改革原则，扩充和加强国家汉办在语言水平考试服务等方面的职能；微观结构上要规范语言能力考试体系和建立学业能力考试体系。[68]

李秀珍和宋善英以"留学生入口关"为焦点，考察了我国高校选拔留学生制度的现状，指出当前我国来华留学生选拔方式存在以下问题：入学标准过低，影响留学生学习适应；留学生规模发展需求增加，而国际吸引力则不够强。为此，政府和高校要适当调整入学门槛并且改革单一的留学生录取方式。[69]

---

67 刘进，〈"一带一路"背景下如何提升来华留学生招生质量——奖学金视角〉[J]，《高校教育管理》，2020 年第 1 期，第 29-39 页。

68 孙志远、陈小红，〈来华留学研究生考试招生制度改革路径研究——基于中美比较的视角〉[J]，《教育探索》，2019 年第 3 期，第 120-125 页。

69 李秀珍、宋善英，〈来华留学生选拔制度的现状、问题及改善策略〉[J]，《教育学术月刊》，2019 年第 3 期，第 75-81 页。

四、有关来华留学博士生管理制度的研究

张健和张宪从社会、政府和大学三个不同层面，探讨来华留学生教育管理模式的发展趋势，指出大学要想改变管理模式与我国的对外开放程度及经济增长速度成比例，就必须从上至下进行改革，并根据内外部的具体实际情况制定新的留学生政策。他们建议高校成立一个来华留学生教育管理领导小组，由主管外事工作的校领导担任组长，小组成员应由外事处、留学生院、教务处、研究生院、学生处、总务处、保卫处等相关部门组成，以此来协调、指导对华留学生的各项教育管理工作，而具体的留学生日常教学、管理工作责无旁贷地由留学生教育管理部门（留学生院或外事部门）进行操作。[70]

逢成华将高校来华留学生管理模式分为五类，即国际合作交流处模式，国际文化交流学院模式，国际合作交流处与国际文化交流学院合二为一模式，国际合作交流处与国际文化交流学院分工合作模式，国际合作交流处、国际文化交流学院和留学生处立体合作模式。他分析了这五种管理模式的利弊，并从组织学角度提出了针对现有管理模式的改革措施：一是降低管理重心，发挥基层单位积极性。留学生培养工作从部处制转向学院制，尽快将汉语文化教学功能从国际合作交流处中独立出来，保持国际文化交流学院二级实体单位建制，同时鼓励更多的学院参与到留学生教育工作来；二是降低办学重心，采取错位竞争的策略，有所为，有所不为。[71]

鲁烨和鞠斐扬探讨了"一带一路"倡议下的来华留学生事务管理模式，指出"一带一路"国家来华留学生教育管理主要存在教育管理相对分散，尚未实现集约化管理；分类服务教育培养，自我管理服务相对缺失；知识导向强化专业，思想政治教育开展不足三方面的问题。基于现有问题，他们提出了"一带一路"背景下来华留学生管理模式改革的路径：海外教育与普通教育管理联动，实现学生事务管理协同一致；优化留学生组织结构功能，强化自我管理与服务；遴选中华优秀文化感知体验，凸显文化育人引领。[72]

谭清美等人从协同培养的视角对比了来华留学研究生与国内研究生的培

---

70 张健、张宪，〈浅析高校来华留学生教育管理模式的发展趋势〉[J]，《东北财经大学学报》，2002 年第 5 期，第 73-75 页。

71 逢成华，〈论高校来华留学生管理模式〉[J]，《扬州大学学报（高教研究版）》，2011 年第 6 期，第 29-32 页。

72 鲁烨、鞠斐扬，〈"一带一路"战略下来华留学生事务管理模式论析〉[J]，《煤炭高等教育》，2017 年第 3 期，第 95-99 页。

养模式，指出我国未来中外研究生协同培养的路径包括：第一，系统制定以培养目标、招生形式、研究方向、学习年限、课程设置、培养方式、考核方式、学位论文、答辩、质量监测等为内容的中外研究生协同培养方案；第二，多途径开展中外研究生协同培养，具体形式包括"对口帮扶"开展中外研究生学术配对、注重特色实行中外研究生课程交叉训练、形式多样开展中文研究生学术交流、中外结合完善各类考核标准。[73]

在趋同化管理方面，顾莺和陈康令选取全球范围内 8 所高等院校趋同化管理模式进行了比较分析。分析显示，我国大陆高校趋同化管理尚处于发展阶段，主要在学校和基层两个层面设置管理机构和人员，通常采取掌控式的管理模式。相比之下，国外和我国港台地区高校的管理已经相当成熟，欧美高校倾向于在学校层面进行专业化管理，港台高校则同时在学校和基层实行专业化管理。因此，大陆高校应当在"同中有异"现状的基础上，坚定"异少同多"的方向，进一步加大对基层学生组织的扶持力度，巩固和发扬我国高校辅导员制度的优势。[74]

邱海洋指出，在全国 289 所中国政府奖学金院校中有 48 所高校采取趋同化管理，根据趋同的程度可分为半趋同、多数趋同和接近完全趋同三种类型。在已经实施趋同化管理的高校中，以复旦大学为首的 90%以上采取的是半趋同形式；多数趋同是多职能部门+院两级共同管理的趋同化管理，代表高校是清华大学；接近完全趋同化体现在绝大多数学校职能部门与二级学院共同参与国际学生管理和服务，典型代表是厦门大学。邱海洋认为，高校来华留学生趋同化管理取得成绩的同时，也存在趋同理念陈旧、生源质量较低、部门协同不足、工作队伍乏力、思想教育薄弱等问题。[75]

五、有关来华留学博士生奖学金政策的研究

刘进在《"一带一路"背景下如何提升来华留学生招生质量——奖学金视角》一文中讨论了奖学金对来华留学生招生质量的影响及作用机理，并提

---

73 谭清美、王军华、Jhony Choon Yeong Ng，〈来华留学研究生与国内研究生协同培养模式研究〉[J]，《学位与研究生教育》，2018 年第 12 期，第 45-49 页。

74 顾莺、陈康令，〈高校留学生趋同化管理的比较研究——以全球 8 所高校为例〉[J]，《思想理论教育》，2013 年第 9 期，第 86-89 页。

75 邱海洋，〈来华留学生趋同化管理的困境与突破〉[J]，《神州学人》，2020 年第 1 期，第 25-28 页。

出"一带一路"倡议下以奖学金制度改革提升来华留学生招生质量的路径。刘进指出："当前我国已处于留学生招生质量与来华留学生奖学金制度设计的紧密互动阶段，其核心问题表现在教育行政主管部门以及部分高校较为依赖经济资助手段，尤其是较为依赖使用公共教育财政经费，通过单一途径增加奖学金投放。这在促成留学生数量目标达成的同时，存在降低留学生招生质量的可能性，引发招生数量与招生质量脱节、留学生招生质量与入校后培养质量脱节等各类次生问题。"刘进认为，"一带一路"倡议引起的留学生奖学金投放是近年来来华留学规模迅速扩张的关键原因之一，但留学生规模的扩张却和招生质量提升之间存在现实割裂。因奖学金过度投放带来的规模扩张往往伴随着生源质量和留学生学业成就预期的降低，同时还可能导致留学生招生区域失衡和培养质量分化。奖学金大量投放影响留学生招生质量的另一个可能原因在于路径依赖。奖学金大量投放可能会降低申请人对自身教育质量的预期，低质量留学生获得奖学金进入我国高校具有强负面示范作用，并可能通过强关系联结，将其他低质量留学生引入我国。基于此，刘进提出了以奖学金制度改革提升来华留学生招生质量的建议：转变留学生奖学金设置理念，不断增强质量意识；增强奖学金投放效益意识，构建持奖学金来华留学生招生质量标准；形成留学生奖学金使用评价体系，加强对奖学金投放与招生质量的监管。[76]

王传毅和陈晨通过宏观数据分析"一带一路"沿线国家学生来华读研的影响因素发现，"留学生获得奖学金的机会以及两国学位制度互认关系是影响来华留学博士研究生数量的重要因素"。[77]为此，要进一步加大对周边国家留学生的吸引力度、为来华留学生提供良好的制度环境以及进一步加强与国际接轨的国家资历框架建设。

马佳妮和周作宇在对"一带一路"高端留学生教育的研究中发现，提供奖学金是吸引一些留学生来华留学极其重要的因素，但是部分奖学金留学生在中国的学习投入却存在程度低、学习动机不足和学习收获较小的问题，这表明物质利益的给予并没有提高留学生对中国的感知，也并未促进其在中国

76 刘进，〈"一带一路"背景下如何提升来华留学生招生质量——奖学金视角〉[J]，《高校教育管理》，2020 年第 1 期，第 29-39 页。

77 王传毅、陈晨，〈"一带一路"沿线国家学生来华读研的影响因素——基于宏观数据的分析〉[J]，《高校教育管理》，2018 年第 3 期，第 34-42 页。

的学习收获。[78]

　　还有学者探讨了"一带一路"倡议对教育产业可持续发展的影响。萨瓦（MD Sarwar-AAlam）等人采用定量研究方法，随机发放调查问卷的方式对在北京就读"一带一路"奖学金项目的 223 名学生进行了调查，剖析"一带一路"对国际学生教育产业可持续发展（ESD）和终身学习（LLL）的影响。结果表明，"一带一路"奖学金项目为沿线国家留学生提供了很好的学习机会，其中还包括一些创新技术项目，但目前并没有覆盖到所有"一带一路"国家。"一带一路"奖学金的实施无疑代表着中国对跨境教育的支持，能够促进中国与沿线国家的相互理解。然而实施的障碍也非常多，包括跨路线协调不同学生的各种选择。[79]

　　部分学者通过个案研究调查不同院校奖学金留学生政策的实施情况。张吟对江苏省茉莉花奖学金政策进行了个案分析，研究发现"一带一路"战略的深入推进吸引了更多国家和地区的留学生来华求学，刺激了中外合作办学的需求。现行的地方政府奖学金政策存在政策导向不明、缺少政策跟踪反馈机制以及政策推广力度有限等问题，实际影响了来华留学生奖学金的引导与奖励效果，一定程度上阻碍了来华留学工作的进一步发展。面对不断扩大的需求和各种层面的挑战，来华留学生奖学金政策也需不断适应和调整。尤其是各级地方政府制定的来华留学生奖学金更应因地制宜、发挥地方优势，制定一套重点突出、目标明确、切实可行的奖学金政策。[80]

　　马丽华以西双版纳职业技术学院为例，对来华留学生奖学金项目管理现状进行分析，总结了目前我国高校在留学生奖学金管理工作中存在的问题，包括：管理制度不完善，奖学金项目单一；知名度不高，申领机制不健全；发放不及时，影响较小；没有进行有效的跟踪管理，专项考核工作机制落后。马丽华针对上述问题提出了四点对策建议：对制度进行完善，为奖学金提供完善的制度保障，积极扩展奖学金的来源；改进宣传手段，提升知名度，并对奖学金的资质审核进行规范，各项工作要公开透明；重视精神奖励

78 马佳妮、周作宇，〈"一带一路"沿线高端留学生教育面临的挑战及其对策〉[J]，《高等教育研究》，2018 年第 39 卷第 1 期，第 100-106 页。

79 Sarwar-Aalam, M.D., Wang, D., Rafique, K. Chinese One Belt-one Road Scholarship Initiative and Its Impact on Sustainable Development of the Education Industry [A]. InC. ACM International Conference Proceeding Series [C], 2019, p.263-267.

80 张吟，《来华留学生奖学金政策研究》[D]，南京师范大学，2017 年，第 31-46 页。

效果，扩大宣传范围；对奖学金的评审和发放程序进行规范，对奖学金的使用进行引导和跟踪管理，让奖学金项目发挥积极作用，有效提高奖学金使用效益。[81]

涂新以武汉八所高校的蒙古留学生奖学金项目管理作为主要研究对象，通过访谈、问卷调查等方式对留学生奖学金项目管理进行了全面的调查。调查发现，蒙古在汉奖学金项目存在宣传不足和力度不够的问题；奖学金项目评定存在标准不一、流程不详的问题；奖学金项目发放过程中存在手续不清、发放滞后的问题；奖学金项目在实施效果方面存在导向不明、影响力较小的问题。基于此，涂新提出了中国对待奖学金项目优化管理的策略：确定来华留学生奖学金项目的本质和目标，同时增强宣传；制定异国学制转换标准，明确来华留学生奖学金评审规定；对奖学金项目进行评定时要在公正、公开的原则下均衡多方面因素；提高高校教师和留管干部的综合文化素质；加强来华留学奖学金的精神鼓励作用等等。[82]

总的来看，在研究内容上，目前涉及来华留学博士生有关文献的研究主题较为广泛，包括培养目标、课程教学、科研现状、培养质量与管理模式质量以及奖学金等方面。

在研究对象上，当前涉及来华留学研究生特别是博士生的文献还相对较少，绝大多数学者对来华留学博士生的研究往往是涵盖在留学研究生之中，并没有把来华博士留学生从整个留学研究生群体中剥离出来进行单独探究。然而，每个学历层次的留学生都有其独特之处，从研究生整体视角出发会在一定程度上限制对问题的全面和深入分析与认识。

在研究方法上，目前涉及来华留学博士生教育的研究多数以文献研究法和数据分析法为主，从整体角度和宏观性的时代特点进行解释并提出对策建议。少部分学者的研究从实证出发，采用问卷、访谈以及观察法等方式开展调查分析。

---

81 马丽华，《高校来华留学生奖学金管理研究》[D]，云南财经大学，2016 年，第 25-55 页。

82 涂新（AMARTUVSHIN CHINZUL），《中国高校来华留学生奖学金项目优化管理》[D]，华中农业大学，2019 年，第 35-46 页。

第一章　研究设计

研究设计是开展科学研究的前期准备工作，同时也是贯穿整个研究过程的纲领性文本，在整个研究过程中具有十分重要的作用。基于此，本章将全面陈述研究的理论基础、研究方法的选择与实施、研究对象的基本情况以及研究思路，以期为研究的顺利开展奠定基础。

第一节　研究的理论基础

为了对"一带一路"国家来华留学博士生教育质量监控体系进行深入挖掘与剖析，本研究选取美国著名学者伯顿·R·克拉克（Burton R. Clark）的"三角协调模型"理论和约瑟夫·M·朱兰（Joseph M. Juran）的质量三部曲理论作为理论基础，并对上述理论的产生背景、基本内容以及在本研究中的应用进行阐述。

一、"三角协调模型"理论

政府、大学与市场三者之间的关系是影响高等教育发展的一个带有普遍性和全局性的问题，同时也是各国高等教育体制改革的核心问题，因此，对政府、大学与市场三者间动态而复杂的权力关系的探讨，一直是众多学者开展高等教育研究中的重要话题之一。正如英国历史学家哈罗德·帕金（Harold Perkin）所言，高等教育历史发展的一个中心主题就是自由和控制的矛盾。[1]

1　彭湃，〈大学、政府与市场：高等教育三角关系模式探析——一个历史与比较的视角〉[J]，《高等教育研究》，2006 年第 9 期，第 100-105 页。

基于此，对来华留学博士生教育质量监控体系的研究同样需要讨论政府、大学和市场在其中的权力关系。

（一）"三角协调模型"理论产生的背景

在 12、13 世纪欧洲中世纪大学成立之初，教师和学生为了维持自身利益保障正常的教学活动和日常生活，纷纷效仿当地的工商行会组成了自己的团体——学者行会（Universitas），并以此为代表与大学所在地区的教会、行政当局乃至市民进行长期斡旋。在这一过程中，大学与教会和政府之间逐渐形成了一种利益共生的关系。教皇或国王赋予大学具有法人性质的特许状及其他一些权力，成为一个既不附属于教会同时又非听命于行政当局的独立学术机构。因此，自大学成立之初"学术与自由"就是其存在的基本目标与追求，"它摆脱了外界的束缚，放弃了暂时利益，成为保护人们进行知识探索的自律的场所"。[2]

然而，自 14-18 世纪伴随着欧洲一系列文艺复兴、宗教改革等运动以及工业革命的影响，大学世俗化逐渐成为一股无法抵挡的时代潮流，政府希望大学能走出象牙塔为社会服务，大学也越来越被卷入社会发展之中，大学开始成为国家的科研重阵。这一时期，因开展科研活动和维持大学运作而产生的巨额费用学者行会显然无法承担，只有通过政府拨款和社会资助来寻找出路。因此，大学逐渐丧失了开展科学研究和教育的主动权。

资本主义在 19 世纪 70 年代由自由竞争转入垄断时期导致大学的发展需要更加全面地与社会需求相结合，大学从而逐渐具备了社会服务的功能。这一现象发源于美国，继而逐渐被其他国家竞相效仿。同时在国家垄断资本主义时期，市场经济由近代低级形态向现代高级形态迈进，从而加速了高级劳动力的市场化和技术成果的商品化，高等教育运行中市场力量日渐介入和增强。[3]市场力量的强大一方面缓和了政府控制与大学自治之间的紧张关系，政府可以运用市场手段来间接对大学产生影响；另一方面，市场力量的不断涌入容易导致大学在面对市场竞争和选择时面临盲目性、自发性和趋利性等问题，因此政府不得不通过宏观调控强化自身的高等教育职能，进而保证大学

2　[美]约翰·S·布鲁贝克著，王承绪等译，《高等教育哲学》[M]，杭州：浙江教育出版社，2002 年，第 16 页。

3　彭湃，〈大学、政府与市场：高等教育三角关系模式探析——一个历史与比较的视角〉[J]，《高等教育研究》，2006 年第 9 期，第 100-105 页。

社会功能的实现。在这一过程中，高等教育逐渐形成了政府宏观调控、大学自主和市场调节的三大基本特征。

二战后，高等教育大众化兴起为市场进一步注入高等教育提供了内在动力。政府无法为迅速扩张的大学提供足够的财政支持，为了弥补教育经费的不足、减轻政府财政负担，世界范围内各国的高等教育陆续转向收费制。此外，自 20 世纪 70 年代以来西方主要资本主义国家先后面临经济危机，政府自顾不暇不得不通过缩减高等教育经费的方式控制财政支出，高等教育日渐被推向市场那只"看不见的手"。

在上述背景下，美国学者伯顿·克拉克致力于探讨高等教育运行过程中政府、大学与市场的权力关系，并在《高等教育系统：学术组织的跨国研究》一书中提出了"三角协调模型"理论，用以解释和分析国家权力（政府）、学术权威（大学）和社会力量（市场）之间的相互关系。

（二）"三角协调模型"理论的基本内容

伯顿·克拉克认为高等教育的发展主要受国家权力（政府）、学术权威（大学）和市场三种势力的整合影响。政府、市场及学术权威这三种势力合成一个协调三角形，每个角代表一种形式的极端和另两种形式的最低限度，三角形内部的位置代表三种不同程度的结合。[4]（如图 1-1）

图 1-1：伯顿·克拉克三角协调模型

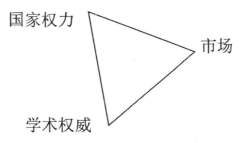

资料来源：[美]伯顿·R·克拉克，《高等教育系统——学术组织的跨国研究》[M]，王承绪等译，杭州：杭州大学出版社，1994 年，第 159 页。

需要指出的是，在现实中完全理想的模式是不存在的，由于各国政府对高等教育的控制程度以及市场力量的介入各不相同，所以其高等教育系统总

---

4 [美]伯顿·R·克拉克，《高等教育系统——学术组织的跨国研究》[M]，王承绪等译，杭州：杭州大学出版社，1994 年，第 159 页。

是偏重于某一种模式进行协调。如果高等教育经费中政府拨款占大部分甚至全部，那么就意味着国家对高等教育的发展占有支配权和话语权；反之，如果市场在高等教育发展中占主导力量，政府对于大学的影响便会相应减弱。纵观世界各国的高等教育系统，苏联属于政府控制模式，即偏向政府权力；意大利基本沿袭了欧洲大学"学术之上"的传统，偏向学术权威；美国作为市场化最彻底的国家，市场对高等教育的影响最为深远。（如图1-2）

图1-2：伯顿·克拉克三角协调模型

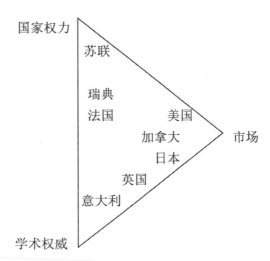

资料来源：[美]伯顿·R·克拉克，《高等教育系统——学术组织的跨国研究》[M]，王承绪等译，杭州：杭州大学出版社，1994年，第159页。

在伯顿·克拉克看来，理想的三角协调模型应是政府权力、学术权威和市场三者之间处于三角鼎立的状态，既它们在互相排斥的同时又互相牵制。在高等教育"三角协调模型"关系中，政府权力代表国家意志，主要通过政策、法律以及拨款等形式对高等教育系统施加影响。国家力量是高等教育发展的掌舵者，把握着高等教育发展的大方向。[5]学术权威则包括来自院校和学术基层的力量，特别是以专家学者和教授为载体的知识代表，其基本诉求是获得大学发展的话语权。市场则一般由消费者市场、劳动力市场和院校市场构成。由于学生需缴纳学费，所以在一定程度上就有了选择大学的自由，消费者市场由此孕育而生。大学为争取学生自然而然会处于相互竞争的状态并

---

5 季玟希，〈新加坡高等教育体系中国家、学术与市场关系探析——基于伯顿·克拉克"三角协调"模型的分析〉[J]，《煤炭高等教育》，2018年第11期，第52页。

积极迎合市场的需求；教授和行政工作人员构成了劳动力市场。所谓劳动力市场是指"国家分配人员到学术岗位，什么地方都不会完全排除教授和行政人员的选择"。[6]大学为扩大消费者市场、吸引更多数量和更高素质的学生，必然要提供良好的教师和管理团队，这一过程逐渐形成了劳动力市场；院校市场是指各事业单位彼此相互影响而不是与消费者或雇佣者相互作用的场所。各院校直接的关系主要由它们消费者和内部劳动力市场的性质以及各校当时所处的地位来决定。在这里，声誉成为主要的交换商品，相对的声望不仅引导和吸引着消费者（学生）和教职工，而且受到高度重视的大学可能会引起其他院校争先模仿和汇聚的学术趋势的潮流。[7]

（三）"三角协调模型"在本研究中的应用

依据伯顿·克拉克的"三角协调模式"理论，"一带一路"国家来华留学博士生教育质量同样遵循着政府、大学和市场三角协调关系的嬗变规律。对"一带一路"国家来华留学博士生教育来说，大学是"一带一路"国家来华留学博士生教育发展的主体；政府拥有最高的控制权和管辖权，往往直接或间接地对"一带一路"国家来华留学博士生的教育质量产生影响，因此"一带一路"国家来华留学博士生教育的发展是以政府为主导；随着我国改革开放，来华留学也日益受到市场机制的影响。市场力量在"一带一路"国家来华留学博士生教育发展过程中主要体现在院校市场和消费者市场两方面，即大学需要通过提升学校声誉和展现优质资源，吸引更多高质量生源。

因此，本研究将首先依据政府、大学和市场三者在"一带一路"国家来华留学博士生教育质量监控体系发展历程中权力关系的变化，并结合发生的标志性事件或关键政策文本，将新中国成立以来的来华留学博士生教育质量监控体系划分为四个发展时期。其次，分别以政府、大学和市场为主体，具体阐述三者在"一带一路"国家来华留学博士生教育质量监控体系中的作用，发现当前"一带一路"国家来华留学博士生教育质量监控体制中的问题，以期提出更具针对性的改进措施。

6　伯顿·R·克拉克，《高等教育系统——学术组织的跨国研究》[M]，王承绪等译，杭州：杭州大学出版社，1994年，第180页。

7　伯顿·R·克拉克，《高等教育系统——学术组织的跨国研究》[M]，王承绪等译，杭州：杭州大学出版社，1994年，第181页。

二、质量三部曲理论

为了对"一带一路"国家来华留学博士生教育质量监控体系进行深度挖掘，本研究选取美国著名质量管理学家约瑟夫·M·朱兰的质量三部曲理论，用以分析政府和大学这两大管理机构在"一带一路"国家来华留学博士生教育质量监控体系中的作用。

（一）质量三部曲理论产生的背景

作为世界著名的质量管理学家，朱兰在对企业产品进行广泛调查与分析后发现，80%的产品质量问题出自于领导责任，只有 20%的问题是出于工人的原因造成的。此外，他还得出结论：80%的质量问题是在 20%的环节中产生的，这就意味着企业中大多数产品的质量问题是由领导管理不善造成的。以上表述构成了朱兰的"80／20原则"。因此，要解决传统管理方式面临的问题，就需要破除传统观念并革新质量管理理念。在此基础上，朱兰提出了"质量三部曲"理论。

朱兰认为要获得质量，最好从建立组织的"愿景"以及方针和目标开始。目标向成果的转化（使质量得以实现）是通过管理过程来进行的，过程也就是产生预期成果的一系列活动。在质量管理活动中频繁地应用着三个这样的管理过程，即质量计划、质量控制和质量改进，这些过程被称之为"朱兰三部曲"。[8]

（二）质量三部曲理论的基本内容

朱兰认为，质量管理是由质量策划、质量控制和质量改进三个互相联系的阶段所构成的一个逻辑的过程，每个阶段都有其关注的目标和实现目标的相应手段。三个过程每一个都具有普遍性，遵循着不变的步骤程序。每一程序适用于各自的领域，不因产业、职能、文化或其他因素而有所不同。[9]

质量策划（quality planning，亦称之为质量计划）是指明确企业的产品和服务所要达到的质量目标，并为实现这些目标所必需的各种活动进行规划和部署的过程。通过质量策划，企业应当明白谁是自己的顾客，顾客的需要是什么，产品必须具备哪些特性才能满足顾客的需要；在此基础上，设定符合

---

8 [美]约瑟夫·M·朱兰，布兰顿·戈弗雷主编，《朱兰质量手册　第5版》[M]，焦叔斌等译，北京：中国人民大学出版社，2003年，第11页。

9 [美]约瑟夫·M·朱兰，布兰顿·戈弗雷主编，《朱兰质量手册　第5版》[M]，焦叔斌等译，北京：中国人民大学出版社，2003年，第11页。

顾客和供应商双方要求的质量目标，开发实现质量目标所必须的过程和工艺，确保过程在给定的作业条件下具有达到目标的能力。[10]具体来看，质量策划的过程主要包括以下几个步骤：设定质量目标；辨识客户是谁；确定客户的需要；开发对应客户需要的产品特征；开发能够生产具有这种特征的产品的过程；建立过程控制措施，将计划转入实施阶段。[11]

质量控制（quality control）指为实现质量目标，采取措施满足质量要求的过程。所谓"控制"，就是制定控制标准、衡量实绩找出偏差并采取措施纠正偏差的过程。控制应用于质量领域便成为质量控制。[12]广泛应用统计方法来解决质量问题是质量控制的主要特征之一。质量控制的过程主要包含以下步骤：评价实际绩效；将实际绩效与质量目标对比；对差异采取措施。[13]

质量改进（quality improvement）指突破原有计划从而实现前所未有的质量水平的过程。实现质量改进的途径主要包括：通过排除导致过程偏离标准的偶发性质量故障，使过程恢复到初始的控制状态；通过排除长期性的质量故障使当前的质量提高到一个新的水平；在引入新产品、新工艺时从计划开始就力求消除可能会导致新的慢性故障和偶发性故障的各种可能性。[14]质量改进的过程主要包括以下几方面：提出改进的必要性；做好改进的基础工作；确定改进项目；建立项目小组；为小组提供资源、培训和激励，以诊断原因和设想纠正措施；建立控制措施以巩固成果。[15]自 20 世纪 80、90 年代起，质量改进被广泛应用到了政府、教育和医疗等在内的众多产业中。质量改进不同于质量控制，但二者却密切相关，质量控制意味着维持其质量水平，是改进的前提；质量改进则意味着质量的突破与提升，它是质量控制的发展。[16]

---

10 陈佳贵，《企业管理学大辞典》[M]，北京：经济科学出版社，2000 年，第 429 页。

11 [美]约瑟夫·M·朱兰，布兰顿·戈弗雷主编，《朱兰质量手册　第 5 版》[M]，焦叔斌等译，北京：中国人民大学出版社，2003 年，第 12 页。

12 陈佳贵，《企业管理学大辞典》[M]，北京：经济科学出版社，2000 年，第 429 页。

13 [美]约瑟夫·M·朱兰，布兰顿·戈弗雷主编，《朱兰质量手册　第 5 版》[M]，焦叔斌等译，北京：中国人民大学出版社，2003 年，第 12 页。

14 陈佳贵，《企业管理学大辞典》[M]，北京：经济科学出版社，2000 年，第 429 页。

15 [美]约瑟夫·M·朱兰，布兰顿·戈弗雷主编，《朱兰质量手册　第 5 版》[M]，焦叔斌等译，北京：中国人民大学出版社，2003 年，第 12 页。

16 陈玥，《美国公立研究型大学博士生教育质量保障研究——基于质量三部曲理论的视角》[D]，北京师范大学，2015 年，第 54-55 页。

（三）质量三部曲理论在本研究中的应用

近年来，"一带一路"国家来华留学博士生数量在蓬勃增长的同时，亦面临严峻的质量问题。如何在扩大规模的同时保障"一带一路"国家来华留学博士生的学习和科研效果，帮助其克服语言、文化、专业基础等各方面的障碍并实现博士生学术社会化，培养出真正高水平的国际人才，这是当前我国很多大学在"一带一路"国家来华留学博士生教育中面临的主要问题。本研究拟从两方面借助朱兰的质量三部曲理论对"一带一路"国家来华留学博士生教育质量监控体系进行深入剖析：

第一，通过质量管理的三部曲——质量策划、质量控制和质量改进，阐述政府和大学这两大管理层在"一带一路"国家来华留学博士生教育质量监控体系中的影响和作用。

第二，借鉴朱兰对不同层次管理者在质量策划、质量控制和质量改进过程中的时间分配的描述。下图 1-3 中的横坐标可以用来表示任何个人或组织的时间分配比率，宽度是 0-100%；纵坐标代表组织的层次。从图中可知，高层管理者把大部分时间花在质量策划和质量改进方面，而花在质量控制上的时间较少，并且集中在一些主要的控制项目上。[17]随着管理层次越来越低，管理人员花在质量策划上的时间越来越少，而花在质量控制和维修工作的时间迅速增加。在企业的基层，控制和维修占据主导地位，但仍有少数时间花在质量策划和质量改进上。

图 1-3：朱兰质量三部曲的时间分配

资料来源：Joseph M. Juran. Management forquality 4th ed [M]. Wilton: Juran Institute, Inc., 1987: 18.

---

17 [美]约瑟夫·M·朱兰，布兰顿·戈弗雷主编，《朱兰质量手册　第 5 版》[M]，焦叔斌等译，北京：中国人民大学出版社，2003 年，第 13 页。

三部曲的时间分配一方面可以解释政府对"一带一路"国家来华留学博士生教育质量的管理多集中于质量策划和质量改进上。另一方面，可以把由校级行政层面和学术基层层面组成的大学管理者分别归入质量三部曲时间分配模型中的中层管理者和基层管理者，用来解释校级行政层面在"一带一路"国家来华留学博士生教育质量监控体系中用于策划的时间比例下降，更多聚集于质量控制和质量改进；而在学术基层层面在"一带一路"国家来华留学博士生教育质量监控体系中多以质量控制为主。

第二节　研究思路与研究方法

一、研究思路

本研究以"一带一路"国家来华留学博士生教育质量监控体系作为研究内容，主要通过伯顿·克拉克的"三角模型协调"理论为研究框架，并结合约瑟夫·M·朱兰的质量三部曲理论进行深入分析，综合运用文献法、个案研究法和访谈法的研究方法，力图对来华留学博士生教育质量监控体系的发展历程以及政府、大学和市场在"一带一路"国家来华留学博士生教育质量监控体系中的作用进行深入剖析，并在此基础上进一步总结政府、大学和市场在影响"一带一路"国家来华留学博士生教育质量监控体系中的权力关系，提出改进"一带一路"国家来华留学博士生教育质量监控体系的对策与建议。

具体来说，本研究主要包括四个部分：首先，研究设计。清晰明确、切实可行的研究设计是后续顺利开展科学研究的基础和前提条件。其次，将新中国成立后至今来华留学博士生教育质量监控体系的发展历程进行梳理，能够有效为进一步的研究奠定基础。再次，运用美国著名学者伯顿·克拉克的"三角模型协调"理论，分别探究政府、大学和市场对"一带一路"国家来华留学博士生教育质量监控体系的影响，并指出当前"一带　路"国家来华留学博士生教育质量监控体系中存在的主要问题。最后，厘清政府、大学和市场在"一带一路"国家来华留学博士生教育质量监控体系中的权力关系，探究"一带一路"国家来华留学教育质量监控体系的提升路径。具体研究思路如图 1-4 所示：

图 1-4：研究思路图

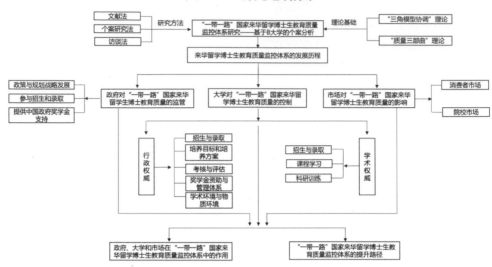

二、研究方法

研究方法是"从事研究的计划、策略、手段、工具、步骤以及过程的总和，是研究的思维方式、行为方式以及程序和准则的集合。"[18]基于研究的特性、需要以及现有的主客观条件，本研究主要采用文献研究法、个案研究法和访谈调查法，对"一带一路"国家来华留学博士生教育质量监控体系进行深入分析和探究。

（一）文献研究法

文献研究法是通过对文献资料进行搜集、查阅、鉴别、整理和分析，从而发现事物的内在规律和本质属性的一种研究方法。根据研究问题和研究条件，文献研究法是本研究采用的主要研究方法之一，并且是贯穿研究始终的重要研究方法。可以说整个研究都将是建立在对国内外相关研究文献和政府、民间教育机构以及高等院校等发布的教育政策和留学数据原始文件分析的基础之上。本研究查阅的文献类型主要包括著作、学术文章、研究报告、政策文本以及电子数据等。

本文主要通过以下方法获取和把握文献资料：首先，通过校图书馆和档案馆资源、国家图书馆资源、电子数据库、教育部和外交部等政府部门官方

---

18 陈向明，《质的研究方法与社会科学研究》[M]，北京：教育科学出版社，2000 年，第 5 页。

网站以及教育部国际合作与交流司每年统计公布的内部文件等，获得国内外留学博士生教育的相关已有研究成果以及有关来华留学博士生的官方统计数据和历年发展状况。其次，由于本研究选取国内一所在招收和培养来华留学博士生方面具有丰富历史和经验的研究型大学作为开展个案研究的对象，故通过登录该校的官网、研究生院网站、院系网站等查询该校来华留学博士生的人员数据、发展战略和培养方案等，从而获取开展个案研究的文本资料。最后，研究者积极与个案调查学校的留学生招生办公室、留学生办公室、以及院系分管留学生工作的教务人员联系，获取该校来华留学博士生的相关信息，包括每年的入学人数、学生的具体信息（国籍、年级、专业、奖学金来源等）、毕业率以及内部文件等，从而为论文撰写提供进一步的支撑。

（二）个案研究法

个案研究法亦是本研究的重要研究方法之一。个案研究法是对某一个体、群体或组织在较长时间内连续进行调查、了解、收集全面资料，从而研究其发展变化的全过程的方法。

鉴于将"一带一路"国家来华留学博士生教育质量监控体系作为讨论的对象，本研究选取了国内一所知名大学"B"大学对其开展个案调查。作为教育部直属高校，该校位列"双一流"、"985 工程"和"211"工程，致力于科学研发和培养高层次创新人才。与此同时，该校也是中国政府奖学金来华留学生主要接收院校之一。B 大学具有一批在国内外颇具影响力的学科，尤其以教师教育、教育科学和文理基础学科为主要特色。为实现建设"世界一流大学"的目标，近年来该校一直积极致力于建设"世界一流学科"，推进教育教学改革，提高国际留学生比例和教育学科办学的国际化水平。本研究以 B 大学留学博士生作为个案研究的对象，通过课程设置、培养方案、学分要求以及考核标准等对该校"一带一路"国家来华留学博士生教育质量影响监控体系进行实证调查和深入分析，力图从实际出发反映影响当前"一带一路"国家来华留学博士生教育质量监控体系的因素，以期为我国高校进一步扩大高等教育国际化和培养"一带一路"国家高层次国际留学生提供借鉴。

（三）访谈调查法

访谈调查法又称访谈法，是指研究者根据事先拟定的计划，围绕约定的相关主题，对被访者进行口头提问，并当场记录回答情况的一种社会研究方法。访谈是一种研究性交谈，与日常谈话存在着本质区别：访谈是一种有特定目的和一定规则的研究性交谈，而日常谈话是一种目的性比较弱（或者说目的主要是情感交流）、形式比较松散的谈话方式。[19]

本研究采用半结构化的访谈调查法获取一手资料，访谈对象涉及 B 大学"一带一路"国家来华留学博士生、留学博士生导师、任课教师以及留学生招生办公室、留学生办公室和院系负责留学博士生日常教务的行政人员。为确保所获信息的全面性，研究者对每位调查对象都进行了长达 90-150 分钟的深度访谈。

1. 访谈数据的收集

访谈数据收集开始前需要进行开一系列的准备工作，这是访谈过程中的重要环节，具备包括制定访谈计划、确定访谈对象以及拟定访谈提纲等方面。

（1）制定访谈计划

制定访谈计划包括明确访谈的目的、主题、方式、内容和访谈进度等方面。本研究的访谈目的是为了了解当前"一带一路"国家来华留学博士生教育质量的现状以及政府、大学和市场对"一带一路"国家来华留学博士生教育质量监控体系中的影响和相互作用；访谈的主题是"一带一路"国家来华留学博士生教育质量监控体系；访谈的内容主要围绕"一带一路"国家来华留学博士生的生源问题、招生和录取以及培养质量的现状（培养目标、课程学习、科学研究以及考核与评估等）等方面展开；访谈方式为面对面的半结构化访谈；访谈进度分为两部分：第一部分历时半年左右，拟定第一批访谈对象并实施访谈。第二部分历时约半年以内，是在对第一批收集的访谈资料进行整理的基础上，发现样本的不足，进而拟定第二批访谈对象并实施访谈。

（2）确定访谈对象

通常来说，来华留学生一般分为学历生和非学历生，学历生包括专科生、本科生、硕士生和博士生，不同层次间在课程设置、培养方案、日常管理等方面存在明显的差异。除此之外，当前中国大陆招收的留学生又分为英文授

---

19 陈向明，《质的研究方法与社会科学研究》[M]，北京：教育科学出版社，2000 年，第 165 页。

课和中文授课两类，这两种留学生培养类型间的差异性则更为显著。从长远发展来看，以母语为主开展我国留学生教育是不可避免的战略选择，也是我国现阶段和未来开展留学生教育的主要趋势。因此，本研究选取 B 大学"一带一路"国家中文授课型来华留学博士生教育作为具体的研究对象。

本研究的访谈调查时间分为 2018 年 10 月-2019 年 2 月和 2019 年 10 月-2020 年 1 月两个时期，整个过程历时约一年左右。本研究的访谈对象主要包括"一带一路"国家来华留学博士生和教师两个群体，总共 31 人。研究者按照"一带一路"国家来华留学博士生所在生源国比例采取分层抽样和目的性抽样，先后对 2016-2019 级 21 名"一带一路"国家来华留学博士生以及 10 名从事来华留学博上生相关工作的教师进行了访谈。

根据 B 大学留学生办公室提供的来华留学博士生数据统计得出，该校 2014-2019 级共录取来华留学博士生 169 名。其中，"一带一路"国家来华留学生共计 157 人，占留学博士生总数的 92.90%。

按照"一带一路"国家来华留学博士生就读专业所在的一级学科进行分类（详见图 1-5），教育学和文学占据了最大比例，分别高达 40.13% 和 26.75%；其余依次为理学（10.83%）、艺术学（7.01%）、哲学（3.82%）、管理学（3.82%）、工学（2.55%）、历史学（2.55%）、法学（1.27%）和经济学（1.27%）。

图 1-5：B 大学 2014-2019 级录取"一带一路"国家
来华留学博士生所在学科数量占总人数的百分例

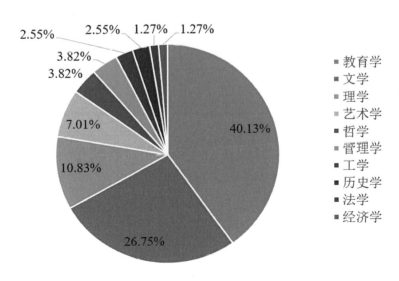

剔除已经毕业和异动离校（因劝退、开除学籍、主动退学等因素中途终止学业）的来华留学博士生，截至 2020 年 1 月，B 大学 2014-2019 级"一带一路"国家来华留学博士生共有 97 人在学就读。如图 1-6，在在学就读的"一带一路"国家来华留学博士生中，教育学专业的留学生依然占比最高，共计 38 人占在校"一带一路"国家来华留学博士生总人数的 39.18%；人数第二多的是文学专业的留学博士生，共计 27 人占在校"一带一路"国家来华留学博士总人数的 27.84%；其余依次是艺术学（9.28%）、哲学（7.22%）、理学（5.15%）、管理学（4.12%）、历史学（3.09%）、工学（2.06%）、经济学（1.03%）和法学（1.03%）。

图 1-6：B 大学 2014-2019 级在校"一带一路"国家来华留学博士生所在
学科数量占在校"一带一路"国家来华留学博士生总人数的百比例

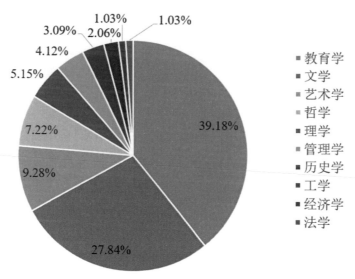

根据上述"一带一路"国家来华留学博士生人数所在学科的百分比，本研究分别选取教育学、文学、经济学、哲学、理学专业各 16 人、2 人、1 人、1 人、1 人，总计 21 人（详见表 1-1）。需要解释的是，之所以选取教育学专业 16 人作为访谈对象且其中 8 人来自蒙古国，是因为 B 大学是"一带一路"中蒙政府间协议奖学金项目的指定合作院校，即在该项目实施之初的前 2-3 年间，如若申请该项目的蒙古留学生需要就读教育学和艺术学专业，则他们必须且只能来 B 大学学习。因此，近年来蒙古留学生特别是硕、博研究生在该校占据了相当大的比例，故本研究将来自蒙古的留学博士生作为重点研究对象之一，以期深入探究"一带一路"政府间协议奖学金项目的实施效果以及政府在招收和培养"一带一路"国家来华留学博士生中的权力和作用。

表 1-1：B 大学中文授课型"一带一路"国家来华留学博士生被访谈者情况统计

编码	性别	国　籍	专　业	年　级	经费来源
IDS01	女	蒙古	课程与教学论	2016 级	中国政府奖学金
IDS02	女	蒙古	比较教育学	2017 级	中国政府奖学金
IDS03	女	蒙古	高等教育学	2017 级	中国政府奖学金
IDS04	女	蒙古	教育学原理	2016 级	中国政府奖学金
IDS05	女	蒙古	教育技术学	2016 级	中国政府奖学金
IDS06	女	蒙古	高等教育学	2017 级	中国政府奖学金
IDS07	女	蒙古	教育政策与法学	2017 级	中国政府奖学金
IDS08	女	蒙古	教育学原理	2017 级	中国政府奖学金
IDS09	女	哈萨克斯坦	教育学原理	2016 级	中国政府奖学金
IDS10	男	哈萨克斯坦	教育经济与管理	2016 级	中国政府奖学金
IDS11	男	苏丹	教育技术学	2016 级	中国政府奖学金
IDS12	男	老挝	教育经济与管理	2016 级	中国政府奖学金
IDS13	女	韩国	教育技术学	2018 级	中国政府奖学金
IDS14	男	印度尼西亚	职业教育学	2018 级	个人自费
IDS15	女	亚美尼亚	教育经济与管理	2018 级	中国学校奖学金
IDS16	女	印度尼西亚	比较教育学	2019 级	中国政府奖学金
IDS17	男	贝宁	世界经济	2019 级	中国学校奖学金
IDS18	女	韩国	语言学及应用语言学	2019 级	地方政府奖学金
IDS19	女	韩国	语言学及应用语言学	2018 级	中国政府奖学金
IDS20	男	尼泊尔	科学思想史与科学社会史	2019 级	中国学校奖学金
IDS21	男	塞内加尔	粒子物理与原子核物理	2017 级	中国政府奖学金

　　综上，基于 B 大学的学科特色和属性以及该校招收和在读留学博士生的学科比例，本研究涉及的"一带一路"国家来华留学博士生调查对象的绝大多数来自人文与社会科学领域，仅有 1 人就读于自然科学领域。

　　除此之外，本研究的访谈对象还涉及部分教师，具体包括留学生导师 5

人、任课教师 2 人、留学生招生办公室教师 1 人、留学生办公室教师 1 人以及院系分管留学生工作的教务人员 1 人（详见表 1-2）。

表 1-2：B 大学受访教师及行政人员情况统计

编 码	性 别	身份／职务	总计（单位：人）
IDSS01	男	留学博士生导师	5
IDSS02	女		
IDSS03	男		
IDSS04	男		
IDSS05	男		
IDSCT01	男	任课教师	2
IDSCT02	女		
IDSAS01	女	留学生招生办公室负责人	3
IDSAS02	男	留学生办公室负责人	
IDSAS03	女	某院系分管留学生工作行政人员	

2. 访谈数据的分析与运用

数据分析是一个在研究中渐进的过程，它涉及分析参与者的信息，在具体研究策略中的研究者采用典型的分析步骤。[20]质性研究数据分析过程实际是从文本和图像数据中提炼认识的过程，它包括以下几个方面：准备待分析的数据，实施不同的分析，逐步深入地理解数据、描绘数据，并对隐含的大量意义进行解释等。[21]本研究对数据的分析，采用了质性研究中数据分析的一般步骤：

第一步：数据分析的组织和准备。主要对访谈录音进行转录，根据信息来源将访谈数据排列在不同的类型之中。被访谈的来华留学博士生大致分为以下几类：政府间协议奖学金博士生；自然科学和人文与社会科学留学博士生；奖学金博士生和自费博士生。

第二步：通读数据。获取所访谈数据的大体意义并据此总结出总体意义，

---

20 [美]约翰·W·克雷斯尔著，《研究设计与写作指导定性、定量与混合研究的路径》[M]，崔延强译，重庆：重庆大学出版社，2007 年，第 162 页。

21 [美]约翰·W·克雷斯尔著，《研究设计与写作指导定性、定量与混合研究的路径》[M]，崔延强译，重庆：重庆大学出版社，2007 年，第 152 页。

具体包括被访谈者所表述的主要意见、他们提出这些意见时的语气，形成对数据的深度、信息的深度、可信度和用途的整体印象。

第三步：数据的编码。"编码"是指把意义带入"模块"前把材料纳入模块的组织步骤。[22]本研究由字母和数字组成的编码代表每位被访者。编码中的字母分别代表来华留学博士生和参与留学博士生相关工作的教师。IDS 代表来华留学博士生，即 International Doctoral Student；IDSS 代表留学博士生导师，即 International Doctoral Student Supervisor；IDSCT 代表任课教师，即 International Doctoral Student Course Teacher；IDSA 代表从事来华留学博士生工作的行政人员，即 International Doctoral Student Administrative Staff。访谈中的数字代表则代表被访者的排序。

第四步：描述。编码过程是为了产生对场所或人的描述，描述包括对研究中的场所、人或事件的信息的细致解释，然后用编码形成主题或范畴。对于本研究采取的个案研究来说，这种分析方法是十分有用的。本研究形成的主题包括：招生与录取、课程学习、科学研究、考核与评价以及奖学金政策等，这些内容将具体程序在本研究的不同章节之中。

第五步：呈现主题。用叙述性段落呈现分析结果。通过 MAXQDA12.3.2 质性分析软件的数据录入和分析已编码后的被访者的叙事性段落来呈现出研究主题。

第六步：这是数据分析的最后一步，对数据进行解释和意义的挖掘。主要在"三角协调模型"理论的框架和"质量三部曲"理论的基础上对"一带一路"国家来华留学博士生在招生与录取、课程学习、科学研究、考核与评价以及奖学金政策等中的叙事性段落进行解释和分析。

第三节　研究伦理

在研究过程中，凡是牵涉到对人的研究就会涉及研究伦理。伦理（ethics）一词源于希腊文 ethos，意指个人的品格（individual character）（无论好坏）或是一个团队的共有习俗（shared custom）。[23]伦理规范则是指帮助研究者捍卫

---

22 [美]约翰·W·克雷斯尔著，崔延强译，《研究设计与写作指导定性、定量与混合研究的路径》[M]，重庆：重庆大学出版社，2007 年，第 153 页。
23 [美]韦恩·C·布斯等著，陈美霞等译，《研究是一门艺术》[M]，北京：新华出版社，2009 年，第 277 页。

所珍视事物的原理和准则。[24]因此，研究伦理指研究所应遵循的道德原则和行为准则。教育学领域的质性研究是研究者与被研究者通过对话和互动而达成相互理解和建构意义的研究[25]，不仅研究的准确性会受到研究者与被研究者之间关系的影响，与此同时确定二者之间的伦理关系还有助于明确双方之间的权力与义务，从而确保研究的合法性以及研究结论的有效性和真实性。

一、获得研究许可

在以美、英等为首的西方国家的高等院校中，当研究者涉及以人为研究对象的研究范畴时，通常需要接受该校伦理审查委员会（Institutional Review Board，IRB）的审查，在得到批准后方可开展调查研究。整个审查流程十分严格，往往需要经过导师修改和同意、提交申请、伦理审查委员会审核、伦理审查委员会给出调整和修改意见、再次修改和导师审阅同意、获得批准授权等一系列环节。

相比欧美国家大学较高的重视程度和严谨的审核流程，我国高校针对研究伦理方面的管理整体相对欠缺。但是近年来随着越来越多的实证研究在高校中开展，部分高校加强了对研究伦理的重视和审核。本研究在对 B 大学进行个案调查时，在获得指导教师签字同意后陆续向留学生办公室、院系行政办公室等部门提交了开展质性研究的知情同意书，并附访谈提纲。获得批准后，研究者才能进一步开展访谈调查并获取涉及该校留学生数据统计的相关信息。

二、对被试对象的保护

对被试对象进行充分保护既是出于遵循科学的研究规范，同时也能在最大程度上获取被研究者的信任，确保研究结果的真实性和可靠性。本研究对被试对象的保护主要体现在以下两个方面：

首先，充分保护和尊重被试对象的知情权和个人意愿。为保障被试对象的个人权利，研究者在正式访谈开始前会向其出示知情同意书并对所要访谈的内容进行充分说明和解释，在征得被试对象同意后再开展研究。此外，研

---

24 [美]伯克·约翰逊，拉里·克里斯滕森著，马健生等译，《教育研究定量、定性和混合方法（第 4 版）》[M]，重庆：重庆大学出版社，2014 年，第 91 页。

25 李玲，〈论质性研究伦理审查的文化适应性〉[J]，《比较教育教育》，2009 年第 6 期，第 7-11 页。

究者还会向被试对象征求是否能够录音的同意，如若得到对方明确拒绝，则仅以笔头记录为主。

其次，对相关数据进行严格保护。研究者会充分保护被试对象的个人隐私，分析和呈现访谈内容时凡是涉及个人信息均会采取匿名处理。此外，无论是在向学校有关部门提交的知情同意书还是面对被试对象个人时，研究者都会强调所有访谈资料和数据均只做研究使用，并对其严格保密绝不外传和泄露。

第二章　来华留学博士生教育质量监控体系的发展历程

　　本章根据影响来华留学博士生教育发展历程中政府、高校和市场间权力关系的变化，结合发生的标志性事件或关键政策文本，将新中国成立以来来华留学博士生教育质量监控体系的发展阶段划分为萌芽时期（1949-1977年）、初创时期（1978-1997年）、完善时期（1998-2012年）以及"一带一路"倡议以来的快速发展时期（2013年至今）。政府、大学和市场三种力量在不同时期的来华留学博士生教育质量监控体系中所占比重和发挥的作用均各有侧重，带有各自所处的时代特征。

第一节　来华留学生博士生教育质量监控体系的萌芽时期

　　从1950年接受第一批来自东欧国家的35名外国留学生起[1]，新中国便开启了来华留学教育建设，初步建立了来华留学教育体系。从建国初期至改革开放前（1949-1977年）是来华留学教育事业的起步和成长阶段，来华留学生教育质量监控体系也由此处于初步探索时期。

　　需要指出的是，由于从新中国成立至改革开放前我国尚未建立学位制度，相应地来华留学博士生教育也就无从谈起。因此，这一阶段是我国来华

1　《中国教育年鉴》编辑部，《中国教育年鉴　1949-1981》[M]，北京：中国大百科全书出版社，1984年，第666页。

留学博士生教育质量体系的萌芽时期，来华留学生教育质量监控体系的初步探索为改革开放后来华博士生教育的确立和发展奠定了基础。

一、来华留学生教育质量监控体系的起步阶段

1949-1965 年是来华留学生教育质量监控体系的起步阶段。

建国伊始，国际局势错综复杂，以苏联为首的社会主义阵营和以美国为首的资本主义阵营互相对峙。与此同时，以美国为代表的西方资本主义国家对中国采取封锁包围的战略。基于此，中国在 20 世纪 50 年代实行向苏联"一边倒"的外交策略。来华留学生教育也正是在上述情形下开始艰难起步。基于当时的国际态势和中国的外交政策，新中国在成立之初积极与苏联和东欧人民民主国家开展留学生交换，同时接受朝鲜、越南和蒙古等周边人民民主国家派遣留学生来华，以促进同这些国家的友好合作关系。1955 年，周恩来总理率领代表团参加在印尼万隆举行的亚非会议。会上，周总理提出"求同存异"的外交方针，并借此契机与广大亚非拉发展中国家加强了联系和友谊。以万隆会议为节点，新中国开启了第二次建交热潮。随着外交成果的不断扩大，越来越多的亚非拉民族独立国家[2]派遣留学生来华。从 1956-1965 年间，共有 40 个亚非拉民族独立国家派遣留学生来华学习。[3]大约在同一时期，中国开始接受少量资本主义国家派遣留学生来华就读。1956 年，教育部和外交部共同出台了《关于接受资本主义国家派遣留学生来我国学习的修改意见》，为接受资本主义国家留学生的各项细节提供了政策依据。从 20世纪 60 年代开始，中苏关系逐渐恶化。1960 年，苏联宣布撤回在华工作的专家，撕毁双方合作协议。1963 年，苏联共产党发表《苏联共产党中央委员会给苏联各级党组织和全体共产党员的公开信》，公开指责中国共产党及其领导人。同年，苏联没有派遣留学生来华学习。[4]迫于苏联政府的压力，东欧社会主义国家在这一阶段同中国的关系出现不同程度的倒退，派遣来华的留学生数量也随之下降。

20 世纪 50、60 年代，我国社会经济发展水平较低，与此同时外交事业

2　注：所谓民族独立国家是指原殖民地国家获得民族独立的国家。

3　于富增，《改革开放 30 年的来华留学生教育》[M]，北京：北京语言大学出版社，2009 年，第 13 页。

4　董泽宇，《来华留学生教育研究》[M]，北京：国家行政学院出版社，2012 年，第 43 页。

也处于初步开拓阶段，因此这一时期的来华留学生教育主要采取政府间合作协定的形式，即两国政府通过签署教育交流协议和交流计划派遣留学生。交换或接受的来华留学生主要来自苏联和罗马尼亚、民主德国、波兰等东欧人民民主国家，朝鲜、越南和蒙古等周边社会主义国家以及亚非拉民族独立国家和少数资本主义国家。在这一时期，教育部先后通过发布一系列政策文件对接受来华留学生的入学条件及手续、费用来源以及教育教学管理工作等做出明确规定，来华留学生教育质量监控体系也由此初步建立（详见表 2-1）。

表 2-1：1949-1965 年涉及来华留学生相关政策概览表

起步阶段	政策文件名称	发布时间
1949-1965 年	中国-罗马尼亚《关于交换留学生问题备忘录》	1950 年
	《关于加强对东欧交换来华留学生管理工作的协议》（草案）	1951 年
	《关于朝鲜学生在中国高等院校及中等专业学校学习的协定》	1953 年
	中德《关于交换研究生和留学生协定书》	1954 年
	《各人民民主国家来华留学生暂行管理办法》（草案）	1954 年
	中国-越南《关于双方互派留学生暂行办法》	1955 年
	《关于各国来华留学生管理工作的注意事项》	1955 年
	《关于接受资本主义国家派遣留学生来我国学习的修改意见》	1956 年
	《关于对外国留学生申请来华学习的条件和手续的规定》	1956 年
	《外国来华留学生经费开支标准》	1958 年
	《关于提高外国留学生奖学金标准问题的通知》	1961 年
	《外国留学生工作试行条例》（草案）	1962 年
	《关于在华自费留学生的经费负担问题的通知》	1963 年
	《关于接收外国留学生入中国高等院校学习的规定》	1963 年
	《关于外国留学生经费开支标准的规定》	1963 年
	《关于外国留学生医疗保健工作的规定（草案）》	1964 年

资料来源：李滔主编，《中华留学教育史录　1949 年以后》[M]，高等教育出版社，2000 年，第 80-89、268-358 页。

（一）入学条件及手续

通过对 1949-1965 年政府颁布的相关文本进行梳理，本研究发现在这一阶段我国接受来华研究生的条件及手续主要存在以下特征：

1. 来华学生进入高等院校研究部者（研究生），须具有高等院校毕业程度，并提供相关证明或证件，入学后的研究方向还应是原来所学专业。

2. 来华研究生需具有汉语基础，并能通过汉语直接进行专业学习。凡不能用汉语直接进行专业学习者，来华后必须先入外国留学生高等预备学校学习汉语一年或二年（中国语言文学、历史、哲学等专业者，须学习中文二年，其他专业者，一般规定学习一年），学习期满，待留学生初步具有听讲、阅读及说话能力并经过结业考试及格后，再由高等教育部根据其本国政府指定的专业，分配入适当学校学习。上述来华学习汉语的年限不包括在入有关学校学习专业的年限内。

3. 来华研究生一般以按照我国学制学习为原则。学习年限一般为三年，学习期满，各科考试成绩及格，通过论文答辩，发给毕业证书，不授予学位。

4. 派遣方负责外国留学研究生的考查和选派工作。派遣方需在规定时间内将留学生的计划、留学生申请来华留学登记表、留学生的学历证明和历年学习成绩证明以及留学生的体检检查证件送交中国教育部。中国教育部收到上述材料经审查同意后，正式通知派遣方接受结果。

（二）费用来源

建国初期，来华留学生从经费来源方面可分为政府性交换留学生、奖学金生和自费生三类。通常来说，我国政府皆为前两者留学生免除学、杂费并免费提供宿舍，但区别在于政府性交换留学生的生活费、来华学习及假期回国休假的往返旅费一般由派遣国承担。派遣国对这些费用的负担方式往往有两种：一种是按照我国规定的标准由我方先行垫付，每年结算；另一种是按其本国规定的标准，由派遣国通过大使馆定期发放。对奖学金生而言，除来华、学成归国和回国休假的旅费由派遣国承担外，在华产生的包括生活费在内的各项费用均由我方负担。这两类来华留学生的其他经费开支还涉及设备补充费（桌椅、床垫、衣柜、书架、餐具等）、被褥装备费、用于冬季取暖的烤火费、医疗费、假期活动补助费、文体活动费、交通费以及实习产生的费用等。[5]这

---

5 李滔主编，《中华留学教育史录　1949 年以后》[M]，高等教育出版社，2000 年，第 339-355 页。

些费用由教育部按照政府规定的相关标准并根据不同学校的留学生数量下拨给各高校，高校统一进行管理。在1958年教育部出台的《外国来华留学生经费开支标准》中规定，政府性交换留学研究生的生活费为每人每月160元；奖学金留学研究生的生活费则为每人每月100元。[6]1963年，教育部与财政部联合颁布了《关于外国留学生经费开支标准的规定》，对1958年的经费政策进行了调整。奖学金研究生的生活费调整为每人每月120元。

（三）教育教学管理

自新中国成立以来，我国政府针对留学生教育教学管理等相关问题先后颁布了一系列政策文件，例如教育部先后于1951年和1954年出台了《关于加强对东欧交换来华留学生管理工作的协议（草案）》和《各人民民主国家来华留学生暂行管理办法》，初步建立起留学生管理体系。1955年，教育部颁布的《关于各国来华留学生管理工作的注意事项》对留学生的学习、生活、思想教育、医疗、安全以及恋爱结婚等管理细则作了明确说明。1962年出台的《外国留学生工作试行条例》（草案）详细规定了留学生接受、教学以及思想工作、生活管理、社会管理、经费开支、组织领导等方面的工作细则。《关于接受外国留学生入中国高等院校学习的规定》（1963年）对留学生的类别、条件、选拔与审查以及费用等进行了详细的解释。此外，《外国来华留学生经费开支标准》（1958年、1963年修订）、教育部《关于提高外国留学生奖学金标准问题的通知》（1961年）、教育部《关于在华自费留学生的经费负担问题的通知》（1963年）等政策的颁布使得这一阶段留学生经费开支方面的规定日臻完善。同时，《关于外国留学生医疗保健工作的规定（草案）》（1964年）则规定了留学生医疗保健、疗养和经费方面的实施细则。由此可见，从1949-1965年间，我国政府通过一系列政策措施初步建立起有关来华留学生的教育教学管理制度。

在管理职责的分配方面，高等教育部负责分配留学生学习的学校，确定统一管理制度，并审查教学计划与工作报告等。此外，凡属变更所学专业、延长或缩短学习期限，以及两个国家的留学生间发生涉及外交关系等重大问题，均由高等教育部会同外交部或政务院文化教育委员会对外文化联络事务

---

6 李滔主编，《中华留学教育史录　1949年以后》[M]，高等教育出版社，2000年，第348-350页。

局转商有关各驻华大使馆解决。[7]而留学生入学后具体的学习、生活及思想工作，则由学校全面负责。凡涉及对外关系或重大问题时须报教育部请示，一般问题由学校根据部里各项原则及办法办理。学校根据学生管理办法的规定，在小组领导下成立留学生专管机构或指定专人负责。

为解决留学生来华就读所面临的语言问题，保障其能够使用相对流利的汉语顺利完成在华的学业，新中国政府十分重视来华留学生的汉语教学并对留学生开展了具有针对性的汉语培训学习。教育部首先于1950年在清华大学成立"东欧交换生中国语言专修班"；随后于1952年暑期将专修班地点调整到北京大学，并改名为"外国留学生中国语文专修班"；再于1953年成立"桂林中国语文专修学校"。60年代初，教育部在"北京外国语学院留学生办公室"的基础上，组建了"外国留学生高等预备学校"，并于1965年正式成立了"北京语言学院"。[8]针对不同留学生的汉语水平，高校采取与分班教学个别辅导相结合的方针。此外，为了更好地帮助留学生提高汉语水平，高校还会根据其自身需求挑选一批较为优秀的中国同学与他们一起住宿，帮助留学生学习中文并尽快熟悉中国情况。

在来华留学生日常管理方面，高校主要遵循"教学上要求严格，生活上适当照顾"的管理原则。1953年，高等教育部在给政务院文化教育委员会提交的《关于各兄弟国家来华留学生的情况报告》中指出，我国对来华留学生的管理工作依据"教学上要求严格、生活上适当照顾的原则"进行。1955年，高等教育部在《关于各国来华留学生管理工作的注意事项》中提到，来华留学生的管理工作是本着"学习上严格要求，生活上适当照顾的方针"。1962年，中央原则批准的《外国留学生工作实行条例》（草案）在总则部分明确规定对来华留学生管理工作的方针是"学习上严格要求、认真帮助，生活上适当照顾、严肃管理"。[9]具体来说，所谓"教学上严格要求"是指要求留学生按照所在学校的教学计划有步骤进行学习，不应该随便选修或免修课程；"生活上适当照顾"是指各校要本着热诚朴素，尽力为留学生解决来华

---

7 李滔主编，《中华留学教育史录 1949年以后》[M]，高等教育出版社，2000年，第300页。

8 李滔主编，《中华留学教育史录 1949年以后》[M]，高等教育出版社，2000年，第288-298页。

9 董泽宇，《来华留学生教育研究》[M]，北京：国家行政学院出版社，2012年，第55-56页。

后生活上面临的问题，使留学生与中国学生打成一片，但不可过于迁就。

二、来华留学生教育质量监控体系的停滞阶段

1966-1972 年，来华留学生教育质量监控体系进入停滞阶段。1966 年 6 月"文化大革命"开始后，我国曾一度停止对外教育交流活动，来华留学生教育也随之进入短暂的停滞时期。

1966 年 9 月，教育部在《给有关驻华使馆的备忘录》中正式提出，"从现在起，在华外国留学生（包括大学生、研究生、进修生）回国休学一年。回国的往返旅费由我国负担。这些留学生返华继续学习的时间，将另行通知"。[10]自此直到 1972 年，我国在这期间没有发布一个有关来华留学方面的政策，仅因政治因素破例与坦桑尼亚和赞比亚签署了招收留学生的合作协议，但实际上并没有招收一个来华留学生，来华留学教育进入全面停滞阶段。

三、来华留学生教育质量监控体系的恢复阶段

从 1973 年到 1977 年，来华留学生教育质量监控体系处于逐渐恢复阶段。1973 年 5 月，国务院批准了由外交部和国务院教科组联合申请的《关于 1973 年接受来华留学生计划和留学生工作若干问题的请示报告》，标志着从 1966 年中断的来华留学教育工作开始恢复。由于这是我国自文化大革命以来第一次大批接受外国留学生，各国要求派来的学生数量很大，不可能完全满足。因此在这一时期规定的接受原则是："照顾重点，兼顾一般"，即对阿尔巴尼亚、越南、朝鲜、罗马尼亚等兄弟国家的要求将尽量满足；对亚、非、拉已建交的友好国家有重点地、少量地赠送给奖学金名额；对欧洲、北美洲、大洋洲、日本等国，根据对等原则，按照有关协议适量接受。[11]这一时期，来华留学生教育质量监控体系处于恢复阶段，相较文革前并未有明显的发展和突破。

总的来说，从新中国成立至改革开放前（1949-1977 年），来华留学生教育在受中央政府直接管控的状态下主要呈现出以下发展特征：

第一，这一时期我国交换或接受的来华留学生具有十分强烈和浓厚的政

---

10 李滔主编，《中华留学教育史录　1949 年以后》[M]，高等教育出版社，2000 年，第 361-362 页。

11 李滔主编，《中华留学教育史录　1949 年以后》[M]，北京：高等教育出版社，2000 年，第 811 页。

治与外交属性。一方面，通过派遣和接受来华留学生可以加强两国之间的政治、文化、经济等方面的联系，促进现实或潜在国家的盟友关系。因此，在历年的招生计划中，我国都将政府奖学金的绝大多数名额分配给同属社会主义阵营的国家或亚、非、拉人民民主国家。另一方面，这一时期中国政府以招收来华留学生的方式作为对第三世界国家进行发展援助的重要途径之一。因此，接受和培养来华留学生从而为第三世界国家培养干部被视为是"我们应尽的国际主义任务"。[12]

第二，由于这一时期我国尚未建立学位制度，故对来华留学生只授予毕业证，不授予学位。由于学位制度的不健全，没有学位授予成为部分留学生放弃来华转而选择其他留学目的地国家的重要原因之一。与此同时，不授予学位也会影响到来华留学生毕业后回国就业以及后续的职业发展等问题。

第三，在招生和选拔方面，这一时期来华留学生的招生工作主要由教育部通过涉外渠道进行，高校并不直接参与前期招生。而在具体的选拔过程中，录取什么样的、录取哪些留学生完全由派遣方负责确定考查和选派的标准，这就意味着我国政府和高校在选拔环节中的参与度极低。因此，这一时期来华留学生的招生和选拔制度存在极大的问题和隐患，留学生生源质量无法得到保障。

基于来华留学生教育呈现出的发展特征，这一时期的来华留学生教育质量监控体系深受国际政治经济形势和我国外交政策的影响并且由政府完全管控。政府"全包"的处理办法使高校的自主权十分有限，高校更多是作为执行机构参与来华留学生教育质量的监控，市场力量更是无从介入。

第二节　来华留学博士生教育质量监控体系的初创时期

20 世纪 70 年代，中国迎来了第三次建交热潮。1971 年，中国恢复了在联合国的合法席位。1972 年，美国总统尼克松访华被喻为"破冰之旅"，中美两国签署了《中美联合公报》。1979 年，中美正式建交。1972 年 9 月，中日邦交实现正常化。此外，中国先后同联邦德国、英国、加拿大、澳大利亚等

---

12 李滔主编，《中华留学教育史录　1949 年以后》[M]，北京：高等教育出版社，2000年，第822页。

西方国家也建立了外交关系。到 70 年代末，我国外交工作打开了新局面，已同世界上绝大多数国家建立了外交关系。与此同时，1978 年 12 月，十一届三中全会的召开意味着我国进入了一个历史性的发展时期。会上，党的工作重心转移到现代化建设上来，确立了改革开放的发展路径，自此中国走上了对外开放的发展道路。在此基础上，改革开放后的来华留学生教育也随之开启了新的篇章。这一时期，我国相继出台了一系列有关来华留学生教育的政策，实现了来华留学生教育领域的制度变革，为后续来华留学生教育的发展奠定了夯实的基础。

国际方面，自 20 世纪 80 年代以来，伴随着经济全球化的不断发展和日益深入，劳动力市场逐渐开放，资本、物品和人口在不同国家间的自由流动成为不可逆转的发展趋势。这一趋势增加了世界各国对新技能和新知识的需求，各国政府越来越希望高等教育能够帮助学生拓宽视野，在加深学生对他国语言、文化和商业运转等方面的理解上发挥作用。基于此，高等教育国际化蔚然兴起，跨境高等教育越来越受到各国的重视，掀起了世界范围内的留学热潮。根据经合组织（OECD）的统计数据显示，1980 年全球留学生人数约为 80 万人，到 1995 年增加到了 130 万人左右；欧盟自 1987 年开始实施的"欧洲共同体共同促进大学生流动计划"（即伊拉斯谟计划，Erasmus Program），到 1995 年为止已经促使约 40 万学生参与交流。[13]

受国内外环境的影响，来华留学博士生教育在这一时期（1978-1997 年）实现了突破性的进展，除政府公开强调加强来华留学高层次学历留学生的培养外，有关来华留学博士生教育质量监控体系的管理条例、招生和管理自主权、学历学位制度、汉语水平等级考试制度等也在此阶段得以正式确立。

一、改革开放初期的来华留学生教育质量监控体系

改革开放初期中国的高等教育主要进行对文革的"拨乱反正"工作，恢复高等教育正常的教学秩序。因此，这一时期（1978-1984 年）的来华留学生教育主要是延续 1973 年以来的做法，并在此基础上相应开放政策扩大招生。

大量派遣留学人员出国，学习国外先进的科学技术和管理经验，是改革开放初期在留学教育领域最先提出并实施的政策之一。1978 年 6 月，邓小平

---

13 董泽宇，《来华留学生教育研究》[M]，北京：国家行政学院出版社，2012 年，第74 页。

在听取清华大学工作汇报时的讲话中强调："我赞成留学生数量增大，主要搞自然科学⋯⋯要成千万地派，不是只派十个八个⋯⋯派遣留学生要千方百计加快步伐，路子要越走越宽"。[14]由于外国先进的科学技术和管理经验主要集中于发达资本主义国家，因此我国派遣留学生的目的国也主要是资本主义国家。当时，我国与资本主义国家互派留学生实行数量对等原则，即在派出留学生的同时相应地要接受相同数量的来华留学生。因此，为满足我国与美国和第二世界各国双边互换留学生的需要，同时为第三世界友好国家培养一部分干部，从我国教育事业发展可能创造的条件出发，1979 年 2 月，教育部、外交部、文化部、财政部、国家计委联合向国务院提出了《关于扩大接受外国留学生规模等问题的请示》，拟从 1979 年至 1985 年共接受外国留学生13,000 人。[15]在当时来说，这是一个很大的增长，因为 1979 年我国外国留学生的规模只有不到 2000 人。[16]

虽然这一时期国家加大了来华的外国留学生数量，但来华留学生教育还处于拨乱反正的调整阶段，研究生群体依然还未受到特别的关注。1980 年出台和 1983 年补充版本的《关于外国留学生入中国高等院校学习的规定》中，均没有就接受来华留学研究生做出具体的说明。这一时期，"国内现正拟定研究生的条例，如有要求作为研究生来华学习者，作为个别问题报国内研究后决定"。[17]

二、来华留学博士生教育质量监控体系的正式确立时期

1985-1997 年是来华留学博士生教育质量监控体系的正式确立阶段。在这一时期，政府逐渐意识到培养高层次来华学历留学生的重要性，开始注意招收和培养学历研究生。与此同时，随着开放普通院校接受自费留学生、扩大高等院校对留学生的招生权和管理权、建立学位条例制度、实施汉语水平等级标准和汉语水平考试制度以及开设外语授课等，来华留学博士生教育质量监控体系在这一阶段正式确立。

---

14 邓小平，《《邓小平文选》第二卷》[M]，北京：人民出版社，1993 年，第 133 页。

15 李滔主编，《中华留学教育史录　1949 年以后》[M]，北京：高等教育出版社，2000年，第 831 页。

16 于富增，《改革开放 30 年的来华留学生教育》[M]，北京：北京语言大学出版社，2009 年，第 71 页。

17 李滔主编，《中华留学教育史录　1949 年以后》[M]，北京：高等教育出版社，2000年，第 832 页。

（一）开始注意招收和培养来华留学博士研究生

20 世纪 80 年代末 90 年代初，为更好地为第三世界培养合格人才，中央在不断总结经验的基础上明确指示接受外国留学生应开始向高层次发展，即接受具有大专以上学历水平的在职人员和应届大学毕业生来华深造，攻读硕士或博士学位。[18]

1988 年 9 月，国家教委颁布了《关于招收和培养外国来华留学研究生的暂行规定》，指出招收和培养外国来华留学研究生是开展对外交流合作、为友好国家培养高层次人才的重要途径之一。"凡申请攻读博士学位者，须具备相当于中国硕士学位的学历，并向申请入学的院校提交学历证书，研究课题计划和两名教授的推荐信。学校经资格审查后，用汉语或外语命题，但有关中国语言文学和历史方面的专业必须用汉语命题，经考试录取。外国研究生的入学考试，免试马克思主义理论和外语；业务课为 2-3 门。用外语命题和指导的语种目前限英语。"[19]

1990 年，为更有效地培养发展中国家特别是非洲国家来华留学生，国家教委对招生对象的结构层次和招生办法作了重大调整，侧重接受这些国家具有相当于我国大专以上学历的人员来华攻读硕士、博士或进修、研究某一专题。为适应这一转变，中央采取了一系列有关措施。1990 年 4 月，国家教委派出工作组赴非洲诸国，与派遣方有关部门进行接触、商谈，并召开了驻外使馆片会，研究了落实这一转变的有关问题。1990 年 5 月，国家教委邀请贝宁、布隆迪、喀麦隆、加蓬、几内亚、马里、卢旺达、扎伊尔等八个非洲国家负责派遣来华留学生主管部门的官员来华访问。国家教委副主任何东昌会见了代表团，介绍了我国教育发展情况，表示中国作为发展中国家，愿意以有限的资金、较短的期限、有效的方式为非洲友好国家培养高层次人才。1991年，继续接受发展中国家特别是非洲国家高层次的来华留学生，在录取的非洲学生中，高层次学生已占 88%。[20]

1992 年，为顺利贯彻中央关于"高层次、短学制、高效益"接受来华留

---

18 李滔主编，《中华留学教育史录　1949 年以后》[M]，北京：高等教育出版社，2000年，第 841 页。

19 《中国教育年鉴》编辑部，《中国教育年鉴　1989》[M]，北京：人民教育出版社，1990 年，第 771 页。

20 《中国教育年鉴》编辑部，《中国教育年鉴　1992》[M]，北京：人民教育出版社，1993 年，第 266 页。

学生的方针，国家教委发布了《接受外国来华留学研究生试行办法》。《办法》规定，录取外国来华留学生研究生，要根据我国入学的基本要求并结合我对外政策及具体国家的经济、文化、教育发展水平的不同情况等综合考虑。与此同时，对纳入政府计划的第三世界来华留学研究生的录取，应予以适当照顾。[21]这样的招生政策体现出当时发展来华留学博士生教育主要从维护世界和平、加强各国人民之间的友谊和交往的高度出发，通过为第三世界国家培养高层次人才从而提供智力开发援助的工作。

（二）开放普通院校接收包含博士生在内的自费留学生

改革开放前，来华留学生主要是两国之间的交换留学生和我国政府单方面提供的奖学金生，留学生的绝大部分费用都由我国政府承担。当时，我国只接受了极少数外国留学生，并且虽然名义上为自费，但实际上"除伙食费自行负担外，学费、住宿费以及教材费等费用我国政府均免收"。[22]

1987 年 9 月，我国开始实行来华留学生新的招生办法，即将招收日本自费生的工作权利下放到学校，由学校直接录取。[23]这算是对招收自费留学生的初步尝试。1989 年 6 月，国家教委发布了《关于招收自费外国来华留学生的有关规定》。《规定》把自费生定义为"来华留学生在华的一切费用（包括学费、住宿费、医疗费、教材费及教学计划之外的实验、实习、专业参观等）均由本人负担者，称自费生。""自费留学生要求来华学习，由其本人直接向招生院校提出申请，招生学校根据有关规定决定录取事宜。"[24]这一规定进一步扩大了接收来华留学生的高等院校的范围，并赋予高等院校自主招生的权力；将高等院校对自费留学生的招生范围扩大到所有自费来华留学生，包括学历生（本科生、研究生）和非学历生（进修生、短期留学生）；高等院校接收来华留学自费生的资格审批不再需要教育部审批，而是由省、自治区、直辖市政府有关部门负责；赋予高等院校自主招生的权力，使我国高等院校能

---

21 《中国教育年鉴》编辑部，《中国教育年鉴　1993》[M]，北京：人民教育出版社，1994 年，第 297 页。

22 李滔主编，《中华留学教育史录　1949 年以后》[M]，北京：高等教育出版社，2000 年，第 928-929 页。

23 《中国教育年鉴》编辑部，《中国教育年鉴　1988》[M]，北京：人民教育出版社，1989 年，第 385 页。

24 《中国教育年鉴》编辑部，《中国教育年鉴　1990》[M]，北京：人民教育出版社，1991 年，第 385-385 页。

够直接面对国际留学生市场。[25]

（三）扩大高等院校来华留学博士生招生和管理自主权

自新中国成立至改革开放前，有关各级各类来华留学生的招生和管理权限，基本由政府控制，高等院校的自主权很小。改革开放以来，政府将权力日渐下移，高等院校的招生自主权和管理自主权得以逐步扩大。

1. 扩大高等院校来华留学博士生招生自主权

改革开放前，我国高等院校在政府高度集中的管理体制之下对招收包括各级各类来华留学生工作基本上并没有多少可以发挥的空间。当时我国招收来华留学生的制度是：由教育部制订每年接收来华留学生的计划，包括国家奖学金生和自费留学生计划；教育部通过我国驻外使领馆或有关驻华使馆与有关国家商谈留学生名额、招生要求和条件；有关国家根据商定的条件确定来华留学生名单，并提交教育部；教育部与有关高等院校联系落实接收工作。[26]

改革开放后，国家逐渐扩大了高等院校对来华留学生的招生权限。1979年颁布的《外国留学生工作试行条例（修订稿）》第十一条规定"凡政府派来的留学生，由教育部出面接受；凡其他途径派来的留学生，由有关部门或学校商教育部后接受"[27]，一定程度上提高了我国高等院校对招收非政府途径派遣的来华留学生的参与度；第十二条规定"出面接受留学生的驻外机构和单位，应要求派遣留学生的政府或单位根据上述条件提出推荐名单，并提供有关留学生的必要材料；我驻外机构和单位按照规定的要求进行考试、选拔，报教育部审查批准"[28]，适当地赋予了我国高等院校对来华留学生进行考试和选拔的权限。

1985年，由国家教委、外交部、文化部、公安部和财政部联合制定颁布的《外国留学生管理办法》进一步扩大了我国高等院校接受外国留学生的自

---

25 丁富增，《改革开放 30 年的来华留学生教育》[M]，北京：北京语言大学出版社，2009 年，第 79 页。

26 于富增，《改革开放 30 年的来华留学生教育》[M]，北京：北京语言大学出版社，2009 年，第 72 页。

27 李滔主编，《中华留学教育史录　1949 年以后》[M]，北京：高等教育出版社，2000 年，第 894 页。

28 李滔主编，《中华留学教育史录　1949 年以后》[M]，北京：高等教育出版社，2000 年，第 894 页。

主招生权。该办法第六条明确规定，"凡以政府名义接受的留学生，由国家教育委员会审批；各院校在完成国家任务的前提下，通过校际交流或其他途径接受的留学生，由接受院校审定，报上级主管部门和国家教育委员会备案"，一是将高等院校完成国家任务之外自主招生的来华留学生范围由短期扩大到全体来华留学生，二是将通过政府以外的"校际交流或其他途径"接受留学生的审定权赋予学校，极大地扩大了我国高等院校招收来华留学生的自主权。[29]1992 年，为适应建立社会主义市场经济和高等教育改革的需要，国家教委国际合作司制定了接受和培养外国留学生新的改革措施，其中一项是改进招生办法。"今后，外国留学生的录取不再由政府出面，而是由国家教委根据申请人的志愿将申请材料转发给各有关高等院校，学校根据学生本人提供的学习成绩单、学业证书和推荐信，以及本人申请的学习计划等进行研究，决定是否录取，被录取的学生凭学校发的录取通知书报道。"[30]1993 年，国家教委对来华留学招生工作采取了进一步的改革措施：由国家教委将各国申请奖学金的人选提供给有关高等院校，由各高等院校自主选择录取，然后向国家教委推荐享受奖学金的具体人选，录取权在学校，录取通知书由接受院校发放。[31]

2. 扩大高等院校来华留学博士生管理自主权

在一定程度上将留学生管理权下放给高等院校是这一时期我国来华留学博士生教育质量监控体系发展的另一大重要特征。从新中国成立至改革开放前期，我国都将培养留学生特别是来自第三世界国家的留学生作为支持其民族独立、社会经济发展的重要组成部分，甚至出于政治友好的立场优待这些国家的留学生。因此，无论是 1964 年制定的《外国留学生工作试行条例（草案）》规定"学校应根据考勤、考核制度对留学生进行考核。凡留级、开除学籍者，必须报备教育部批准；其他处理由学校决定，报教育部备案"[32]，还是

---

29 董泽宇，《来华留学生教育研究》[M]，北京：国家行政学院出版社，2012 年，第 94-95 页。

30 《中国教育年鉴》编辑部，《中国教育年鉴 1993》[M]，北京：人民教育出版社，1994 年，第 297 页。

31 《中国教育年鉴》编辑部，《中国教育年鉴 1994》[M]，北京：人民教育出版社，1995 年，第 342 页。

32 李滔主编，《中华留学教育史录 1949 年以后》[M]，北京：高等教育出版社，2000 年，第 313 页。

1979 年颁布的《外国留学生工作试行条例（修订稿）》指出"学校应根据考勤、考绩制度对留学生进行考核。需要作休学、退学处理者，必须报教育部同意；留级或其他处理，由学校报省、市、自治区高教（教育）局决定，报教育部备案。留学生改变专业、延长学习时间、转学、提前结业和中途请假回国等，经派遣方提出，由教育部批准。"[33]可见，当时高等院校在留学生管理权方面十分有限。

1985 年，为响应国家教育体制改革，经国务院批准转发的国家教委等中央有关部门联合制定了《外国留学生管理办法》，取消对留学生学习不及格开除学籍以及因严重违纪基于开除处分须上报主管部门批准的规定，把这些权力归还给高等院校。"对留学生的考核、升级与留（降）级、休学与退学的管理，原则上应当与中国学生相同。"[34]1987 年公布的《关于加强和改进外国来华留学生管理工作的通知》则提出"对留学生违反校纪事件，以学校为主按校纪处理；违反法律的事件，由当地公安、司法部门为主依法处理，有关院校应予以协助"[35]，进一步扩大了高等院校在留学生管理方面的自主权。1992 年，为适应建立社会主义市场经济和高等教育改革的需要，国家教委国际合作司制定了接受和培养外国留学生的新的改革措施，规定留学生到校后的一切教学、学籍、纪律、奖惩方面的各种问题由学校全权处理，高等院校在管理外国留学生工作方面的权限相比之前又有所增多。[36]1993 年，来华留学生的管理工作逐渐向"校内管理校园化，校外管理社会化"转变，打破长期以来封闭式管理的模式，使管理工作进一步法制化。[37]

（四）建立来华留学博士生学位条例制度

改革开放前，我国高等院校没有学位制度成为制约留学生特别是高层次学历留学生来华就读的重要阻碍。1962 年，一些非洲留学生要求退学的理由

---

33 李滔主编，《中华留学教育史录　1949 年以后》[M]，北京：高等教育出版社，2000 年，第 894 页。

34 李滔主编，《中华留学教育史录　1949 年以后》[M]，北京：高等教育出版社，2000 年，第 914 页。

35 李滔主编，《中华留学教育史录　1949 年以后》[M]，北京：高等教育出版社，2000 年，第 917 页。

36 《中国教育年鉴》编辑部，《中国教育年鉴　1993》[M]，北京：人民教育出版社，1994 年，第 297 页。

37 《中国教育年鉴》编辑部，《中国教育年鉴　1994》[M]，北京：人民教育出版社，1995 年，第 342 页。

之一便是我国高等院校没有学位制度。[38]为解决这一问题，1980 年 2 月，第五届全国人民代表大会常务委员会第十三次会议通过了《中华人民共和国学位条例》，正式建立了我国的学位制度。1981 年 5 月，国务院批准《中华人民共和国学位条例暂行实施办法》后，中国开始实行学位制度。自此，我国于 20 世纪 80 年代初建立了新中国的第一个学位制度。经过研究和准备，我国留学生教育于 1984 年开始接受硕士研究生和博士研究生。[39]

1991 年 10 月，国务院学位委员会批准下发了《关于普通高等院校授予来华留学生我国学位试行办法》。此办法的制定和颁布，对促进我国高等教育的国际交流与合作、保证我国普通高等院校授予来华留学生学士、硕士和博士学位的质量具有重要作用。文件中明确提出了授予来华留学博士生的具体要求和规则。"授予博士学位，不管来华留学生来自哪个地区的国家，都应按照本试行办法的有关规定，严格要求，保证质量。"[40]

首先，对授予留学生博士生学位提出了规范性的质量要求。"普通高等院校培养的来华留学博士生，符合本试行办法的规定，通过博士学位的课程考试和论文答辩，成绩合格，达到学位条例第六条规定[41]的学术水平者，授予博士学位。"具体来看：一方面，来华留学博士生撰写的博士学位论文，应当表明作者具有独立从事科学研究工作的能力，并在科学或专门技术上做出创造性成果。在工程技术、临床医学以及其他应用学科、专业毕业的来华留学博士生提交的博士学位论文，应具有重要的实际价值，同时表明作者具有独立从事科学研究工作或从事专门技术工作的能力。另一方面，来华留学博士学位申请者应在学习期间通过本专业规定的课程考试：1. 基础理论课和专业课。要求在本门学科掌握坚实宽广的基础理论和系统深入的专门知

38 于富增，《改革开放 30 年的来华留学生教育》[M]，北京：北京语言大学出版社，2009 年，第 84 页。

39 金晓达，《外国留学生教育学概论》[M]，北京：华语教学出版社，1998 年，第 84 页。

40 中华人民共和国教育部，国务院学位委员会关于在部分普通高等院校试行《关于普通高等院校授予来华留学生我国学位试行办法》的通知。[EB/OL]. http://www.moe.gov.cn/srcsite/A22/s7065/199110/t19911024_61088.html. 2019-12-21.

41 注：高等院校和科学研究机构的研究生，或具有研究生毕业同等学力的人员，通过博士学位的课程考试和论文答辩，成绩合格，达到下述学术水平者，授予博士学位：1. 在本门学科上掌握坚实宽广的基础理论和系统深入的专门知识；2. 具有独立从事科学研究工作的能力；3. 在科学或专门技术上做出创造性的成果。

识；2. 汉语课。《中国概况》应作为来华留学博士生的必修课来安排和要求；3. 一门外国语（除派遣国母语、汉语以外）。要求具有阅读本专业资料的初步能力。可作为选修课来安排要求。凡未达到上述任何一项要求者，不能参加论文答辩。

其次，试行办法还就来华留学博士生的汉语能力做出规定："对于在我国获得硕士或学士学位、再次申请来华攻读博士学位者，要求具有使用生活用语和阅读本专业汉语资料的能力；对于在他国获得相当于我国硕士学位学术水平的学历证书者，要求具有使用生活用语和阅读本专业汉语资料的初步能力。"

再次，对授予普通高等院校培养来华留学博士生学位，试行办法提出了两种培养规格，由高等院校自行选择。一是脱产培养，整个培养过程均在我国完成；二是在职培养，其课程学习和撰写论文可以在我国和他国完成。

最后，对来华留学博士生撰写论文的语言，试行办法规定："攻读我国哲学、经济学、法学、教育学、文学、历史学以及艺术、中医和临床医学等专业的留学生，应用汉语撰写和答辩论文。""攻读其他学科、专业的来华留学生，其博士学位论文可以用汉语、英语和法语撰写和答辩。"

（五）建立汉语水平等级标准和汉语水平考试制度

掌握一定水准的汉语能力是来华留学博士生开展专业学习、从事科学研究的关键。1963 年以前，来华留学生的基础汉语培训主要由专门的外国留学生高等预备学校负责。此后，一些专业院校逐渐开始为来华留学生开设汉语课程。

为了规范汉语水平考试，20 世纪 80 年代末至 90 年代初，政府通过制定和颁布一系列政策，对汉语的等级标准和水平考试进行规范化管理，建立了初步的汉语等级标准和汉语水平考试制度。1988 年，国家汉办颁布《汉语等级标准和等级大纲》，为编写对外汉语教学大纲和教材、实施汉语水平考试提供了依据。1989 年，国家教委颁布《汉语水平考试（HSK）大纲》，针对来华留学生的汉语水平考试开始正式实施。1992 年，国家教委出台《中国汉语水平考试（HSK）办法》，明确规定了汉语水平考试的性质、等级、效力、流程以及考务工作等具体细则。

（六）对留学生实施外语授课

1989 年，为了在较短的期限内为发展中国家培养出高水平的人才，以满足这些国家建设和发展的需要，国家教委开始从巴基斯坦招收直接用英语授课的博士生，并派出教育考察团赴伊朗考察，准备于 1990 年接受伊朗博士生来华学习。[42]这一举措打开了我国对留学生采用外语授课的先河。

1990 年，国家教委在《关于 1990-1991 学年度招收来华留学生工作的通知》中决定，"本学年我委将在部分院校为第三世界国家试办用外语或汉语授课的专业班，今年招收的第三世界国家的学生（除个别国家外），大多数要进入这些专业班学习"[43]，正式提出采用外语授课的办法。针对这一办法的提出与实施，"教育部强调，使用外语教授留学生是一种特殊安排，不是作为国家接收外国留学生的长期政策或方针"。[44]由此可见，在这一时期我国使用外语为来华留学生授课，其主要目的是基于对第三世界国家发展援助的角度考虑，避免"智力外援"过程中产生的不良影响。

总的来看，这一时期的来华留学博士生教育质量监控体系处于政府放权、高校自主权逐渐加强时期。在经历了改革开放初期的恢复发展后，伴随着开放普通高等院校接收自费来华留学博士生、扩大来华留学博士生高等院校招生和管理自主权、建立来华留学博士生学位条例和汉语水平等级标准和汉语考试制度，来华留学博士生教育质量监控体系在 20 世纪 80 年代末至 90 年代初得以正式确立。

第三节　来华留学博士生教育质量监控体系的完善时期

1998-2012 年，我国社会主义各方面建设取得的空前成就，为来华留学博士生教育质量监控体系的完善铺设了更加有利的发展环境。1998 年，我国开始实施高等教育扩招政策，高等教育自此进入大规模加速发展时期，高等

---

42 《中国教育年鉴》编辑部，《中国教育年鉴　1990》[M]，北京：人民教育出版社，1991 年，第 385 页。

43 李滔主编，《中华留学教育史录　1949 年以后》[M]，北京：高等教育出版社，2000 年，第 842 页。

44 于富增，《改革开放 30 年的来华留学生教育》[M]，北京：北京语言大学出版社，2009 年，第 88 页。

院校学生数量迅速增加。全国各类高等教育在学总规模[45]从 1998 年的 360 余万人迅速增加到 2012 年的 3325 万人；在学研究生从 1998 年的 19.9 万人增加到 2012 年的 172 万人左右，涨幅高达 764.3%；在学博士生人数从 1998 年的 4.5 万增长到 2012 年的 28.4 万，涨幅达到 531.1%。[46][47]由此可见，在这一时期我国高等教育已跨入大众化发展阶段，具备了接受和培养一定数量留学博士生的能力。在国际方面，和平与发展成为时代的主题，良好的国际环境为跨境高等教育的发展和全球学生流动提供了便利的条件。截至 2012 年底，与我国建立外交关系的国家已达到 175 个[48]，为来华留学生生源国的多样性提供了保障。与此同时，全球一体化的日益深化和不断扩大带动了世界范围内知识的跨界流动，高等教育国际交流日趋频繁。

从新中国成立至 20 世纪 80 年代末，我国都将开展包括博士生在内的来华留学生教育视为为发展中国家培养人才的国际主义义务，是为第三世界国家提供智力开发援助的重要组成部分。然而，从 1990 年我国确立普通高等院校可以接受自费来华留学生之日起，外国留学生来华学习的数量便开始呈现大幅度增长，来华留学生教育不再由政府全权把控，而是愈发向一个开放的国际留学生市场靠拢，因为"你只有敞开大门，人家才会找上门"[49]。

一、来华留学博士生教育质量监控体系的逐步完善

自 20 世纪末至 21 世纪初以来，来华留学生教育进入快速发展时期，来华留学生教育越来越成为政府实施对外开放、服务国家战略的重要组成部分。在这一时期，来华留学生教育的重心逐渐向培养高层次国际人才倾斜。一系列涉及来华留学博士生教育质量政策文本的出台和保障措施的执行，使

---

45 注：包括研究生、普通本专科、成人本专科、网络本专科、高等教育自学考试本专科等各种形式的高等教育在学人数。

46 中华人民共和国教育部，1998 年全国教育事业发展统计公报。[EB/OL]. http://www.moe.gov.cn/s78/A03/ghs_left/s182/moe_633/tnull_842.html. 2019-12-31.

47 中华人民共和国教育部，2012 年全国教育事业发展统计公报。[EB/OL]. http://www.moe.gov.cn/srcsite/03/S180/moe_633/201308/t20130816_155789.html. 2019-12-31.

48 中华人民共和国中央人民政府，中华人民共和国与各国建立外交关系日期简表。[EB/OL]. http://www.gov.cn/guoqing/2017-06/14/content_5202420.htm. 2019-12-31.

49 于富增，《改革开放 30 年的来华留学生教育》[M]，北京：北京语言大学出版社，2009 年，第 107 页。

来华留学博士生教育质量监控体系逐步走向完善。

（一）来华留学博士生教育质量监控体系的政策文本

21 世纪初，我国政府愈发重视来华留学博士生教育的发展，先后通过颁布一系列政策文本不断规范与完善来华留学博士生教育质量监控体系，将来华留学生教育的重心逐渐转向培养高层次来华学历生。

2004 年 3 月，国务院批转了教育部《2003-2007 年教育振兴行动计划》。文件中首次提出了"实施中国教育品牌战略"的设想，同时按照"'扩大规模、提高层次、保证质量、规范管理'的原则，积极创造条件，扩大来华留学生的规模。深化政府奖学金管理制度改革，完善外国留学生教学与生活管理制度。"[50]

2008 年，为落实《国家教育事业发展"十一五"规划纲要》，满足新时期对外工作和教育事业的新需要、新发展，中国政府决定在"十一五"期间大幅扩大中国政府奖学金来华留学规模，今后的三年每年增加 3000 名左右，主要鼓励接受高层次来华留学生。[51]

2010 年，教育部颁布《国家中长期教育改革和发展规划纲要（2010-2020)》并指出"进一步扩大外国留学生规模。增加中国政府奖学金数量，重点资助发展中国家学生，优化来华留学人员结构。实施来华留学预备教育，增加高等院校外语授课的学科专业，不断提高来华留学教育质量。"[52]纲要指明现阶段我国来华留学教育工作的重点是扩大规模、优化结构、提升质量以及增加奖学金数量。

为进一步贯彻落实《国家中长期教育改革和发展规划纲要（2010-2020年)》，推动来华留学工作进一步发展，教育部于 2010 年 9 月制定了《留学中国计划》，提出"到 2020 年，使我国成为亚洲最大的留学目的地国家。建立与我国国际地位、教育规模和水平相适应的来华留学工作与服务体系；造就

---

50 国务院，国务院批转教育部 2003-2007 年教育振兴行动计划的通知。[EB/OL]. http://www.gov.cn/gongbao/content/2004/content_62725.htm. 2019-12-26.

51 中华人民共和国教育部，2007 年来华留学生人数突破 19 万 2008 年中国政府奖学金将大幅度增加。[EB/OL]. http://www.moe.gov.cn/jyb_xwfb/gzdt_gzdt/moe_1485/tnull_32735.html. 2019-12-26.

52 中华人民共和国教育部，国家中长期教育改革和发展规划纲要（2010-2020 年）。[EB/OL]. http://old.moe.gov.cn/publicfiles/business/htmlfiles/moe/info_list/201407/xxgk_171904.html?authkey=gwbux. 2019-12-26.

出一大批来华留学教育的高水平师资；形成来华留学教育特色鲜明的大学群和高水平学科群；培养一大批知华、友华的高素质来华留学毕业生”的来华留学教育中长期发展目标。[53]

（二）来华留学博士生教育质量监控体系的保障措施

自 21 世纪开始，我国政府逐渐重视教育质量在来华留学生教育中的重要性，并采取了与教育政策相配套的质量保障措施。例如：教育部国际合作与交流司于 2004 年决定建立全国来华留学管理干部培训制度，并发布《关于建立全国来华留学管理干部培训制度暨 2004 年培训计划的通知》。该《通知》指出，为落实《2003-2007 年教育振兴行动计划》，完成来华留学事业发展目标，适应我国来华留学工作迅速发展的需要，建设一支职业化的来华留学管理干部队伍已经成为当前来华留学工作的重中之重。《通知》还规定，“全国来华留学管理干部培训制度由综合业务培训、专项业务培训和境外培训三部分组成，分别就来华留学政策、业务及来华留学管理干部（以下简称留管干部）的基本要求、专项技术性工作和国际视野等方面进行强化学习。每次培训均颁发证书，为今后我司安排培训内容和方案及留管干部本人进修、学习或流动提供依据。今后五年内，要求全国留管干部每人至少参加过一次业务培训，全面提高业务能力和综合素质。培训情况将纳入接受外国留学生高等院校教育管理质量评估指标。”[54]

尽管政府逐渐意识到来华留学博士生教育质量的重要性，但在这一时期有关留学博士生教育质量保障方面的政策文本数量依然较少，尚未建立起一套系统的来华留学博士生教育质量监控体系。

二、来华留学博士生教育发展的成就与问题

1998-2012 年的十五年间是来华留学博士生教育质量监控体系的完善时期。在这一阶段，来华留学博士生从数量、生源国、专业（类）选择以及奖学金方面相比之前有了较为显著的发展。一方面，随着高等教育水平的提高和

---

53 中华人民共和国教育部，教育部关于印发《留学中国计划的通知》的通知。[EB/OL].
　　http://www.moe.gov.cn/srcsite/A20/moe_850/201009/t20100921_108815.html. 2019-
　　12-26.

54 中国教育和科研计算机网，关于建立全国来华留学管理干部培训制度暨 2004 年
　　培训计划的通知。[EB/OL]. http://www.moe.gov.cn/srcsite/A20/moe_850/201810/
　　t20181012_351302.html. 2019-12-26.

市场经济的影响,越来越多的高等院校开始自主接受来华留学博士生,从1999年的89所扩大到2012年的207所,增幅达到了57.00%[55][56];另一方面,政府逐渐意识到培养高层次国际人才的重要性,奖学金逐渐向来华留学博士生倾向,导致自费留学博士生的比例逐年下降,由此显现出政府的宏观调控职能。

(一) 来华留学博士生数量逐年增多,但占留学生总数的百分比与绝对规模较低

总的来说,这一时期来华留学博士生数量逐渐增多。过去十五年间,来华留学博士生的数量从1998年的850人增长到2012年的8303人,增幅高达89.8%。特别是从2006年开始,留学博士生的数量开始呈现大比例增加态势。(详见图2-1)

图2-1:1998-2012年来华留学研究生数量及占留学生总数的百分比

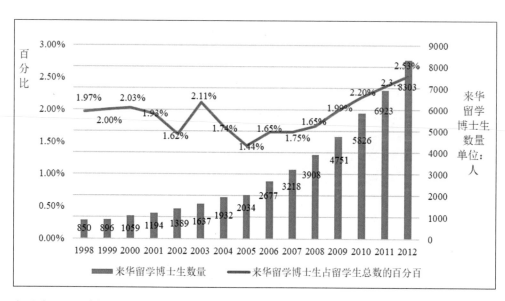

资料来源:《中国教育年鉴》编辑部,《中国教育年鉴 1999》[M],北京:人民教育出版社,1999年,第383页。

　　　　教育部国际合作与交流司编写的1999-2012年《来华留学生简明统计》

55 教育部国际合作与交流司,《1999来华留学生简明统计》[Z],北京:教育部国际合作与交流司,2000年,第80-90页。

56 教育部国际合作与交流司,《2012来华留学生简明统计》[Z],北京:教育部国际合作与交流司,2013年,第184-207页。

　　然而，来华留学博士生占历年留学生总数的百分比与绝对规模却很低。1998 年来华留学博士生占留学生总数的百分比为 1.97%，直到 2012 年这一占比依然也只有 2.53%，特别是这期间百分比还出现过两次非常明显的下降趋势（2000-2002 年，2003-2005 年）。由此可见，来华留学博士生在留学生整体中始终是非常小的一个组成部分，并未对来华留学升生教育产生关键影响，未来拥有巨大的发展空间。

（二）来华留学博士生多来自亚洲和非洲地区，主要生源地既有发展中国家也有发达国家

　　随着来华留学博士生规模的不断扩大，留学博士生生源地也逐年增多，1999-2012 年间[57]，来华留学博士生来源国从 73 个增长到 158 个，涨幅高达53.80%。[58][59]尽管如此，这一时期来华留学博士生生源地在区域分布上却依然存在严重的不均衡问题。以 2012 年为例，来华留学博士生数达到或超过100 名的国家和地区共有 18 个，（占当年留学博士生总数的 69.61%）。其中，大多数来自于亚洲国家，占留学博士生总数的 58.02%；其余依次是非洲（10.19%）、美洲（4.85%）和欧洲（1.65%）。大洋洲则没有国家和地区的来华留学博士生数量超过 100 名。

　　从具体的国别分布来看（详见表 2-2）：首先，由于地缘关系和对外政策等因素，1999-2012 年间来华留学博士生主要生源地（前 10 名）主要来自周边的亚洲国家和第三世界的非洲国家，具体涉及韩国、日本、巴基斯坦、越南、伊拉克、蒙古国、新加坡、马来西亚、也门、朝鲜、泰国、伊朗、苏丹、马里、埃及。除此之外，位于北美洲地区的美国和加拿大也是来华留学博士生的主要生源国，但位于欧洲和大洋洲的国家和地区的留学博士生数量却依然较低；其次，1999-2012 年间韩国一直遥遥领先位于来华留学博士生生源国之首，且一度在留学博士生总数中占有相当大的比例。例如：1999 年和 2000年的占比分别高达 50.33% 和 51.60%，这意味着来华留学博士生中约有一半

57 注：由于教育部国际合作与交流司历年颁布的《来华留学生简明统计》始于 1999年，且笔者未从其他现有可查资料中找到有关 1998 年来华留学博士生生源国的具体资料，因此对来华留学博士生生源国的统计从 1999 年开始。

58 教育部国际合作与交流司，《1999 来华留学生简明统计》[Z]，北京：教育部国际合作与交流司，2000 年，第 39-45 页。

59 教育部国际合作与交流司，《2012 来华留学生简明统计》[Z]，北京：教育部国际合作与交流司，2013 年，第 119-126 页。

左右都来自韩国。但是，随着其他国家来华留学博士生数量的日益增多，韩国留学生的比例呈现逐年下降趋势。到 2012 年，虽然韩国依然处于留学博士生生源国榜首位置，但占留学博士生总数的百分比已下降至 14.14%；再次，从 2003 年开始，巴基斯坦超越日本成为第二大来华留学博士生生源国且人数日趋增多，到 2012 年留学博士生数量已直逼韩国。日本的排名则逐渐靠后，并于 2011 年开始掉出前 10 名排行榜；最后，美国的排名一直相对稳定，一直在来华留学博士生数量中占有一席之地。总的来说，虽然来华留学博士生生源国的分布相对聚集，但这其中既有美国、日本、加拿大、韩国、新加坡等发达的资本主义国家，也有因为地理位置和政治因素以巴基斯坦、越南、朝鲜、苏丹等为代表的发展中国家。

表 2-2：1999-2012 年来华留学博士生前 10 名生源国家和地区

年份	来华留学博士生生源地及数量（单位：人）									
	01	02	03	04	05	06	07	08	09	10
1999	韩国 451	日本 46	伊拉克 38	巴基斯坦 22	美国 19	苏丹 19	也门 18	马里 18	新加坡 16	肯尼亚 15
2000	韩国 547	日本 54	伊拉克 42	巴基斯坦 29	也门 26	苏丹 23	美国 21	新加坡 18	埃及 18	马里 17
2001	韩国 575	日本 66	伊拉克 42	越南 35	埃及 29	巴基斯坦 27	苏丹 27	美国 25	也门 25	新加坡 24
2002	韩国 621	日本 74	越南 48	美国 46	伊拉克 44	新加坡 35	巴基斯坦 33	苏丹 33	朝鲜 27	也门／马里 26
2003	韩国 659	巴基斯坦 86	日本 71	美国 68	越南 57	朝鲜 43	伊拉克 42	新加坡 38	马里 37	苏丹 34
2004	韩国 695	巴基斯坦 144	日本 85	越南 81	美国 75	新加坡 62	朝鲜 46	伊拉克 44	也门 34	苏丹 39
2005	韩国 759	巴基斯坦 221	美国 118	日本 104	越南 86	新加坡 70	加拿大 51	朝鲜 54	伊朗 47	马来西亚 49

2006	韩国 817	巴基斯坦 275	美国 124	日本 118	越南 114	新加坡 81	加拿大 65	朝鲜 63	马来西亚 51	泰国 49
2007	韩国 904	巴基斯坦 335	美国 150	越南 130	日本 123	新加坡 85	加拿大 84	马来西亚 66	朝鲜 66	泰国 65
2008	韩国 1015	巴基斯坦 409	越南 222	美国 177	日本 113	加拿大 106	新加坡 106	泰国 85	马来西亚 80	苏丹 80
2009	韩国 1072	巴基斯坦 458	越南 356	美国 197	蒙古国 132	泰国 121	加拿大 113	苏丹 112	日本 111	新加坡 111
2010	韩国 1174	巴基斯坦 610	越南 521	美国 219	蒙古国 195	泰国 171	苏丹 150	马来西亚 131	埃及 119	日本 115
2011	韩国 1177	越南 771	巴基斯坦 751	蒙古国 253	美国 239	泰国 213	苏丹 184	新加坡 149	埃及 145	马来西亚 139
2012	韩国 1174	巴基斯坦 1051	越南 942	蒙古国 307	泰国 275	美国 257	埃及 178	伊朗 176	法国 880	马来西亚/新加坡 154

资料来源：根据教育部国际合作与交流司编写的 1999-2012 年《来华留学生简明统计》整理而成。

（三）工科、文学和中医成为来华留学博士生的主要专业（类）选择

由表 2-3 可知，从 2000 年起，来华留学博士生就读的主要专业（类）一改之前文学占据半壁江山的现状（1999 年，来华留学博士生中攻读文学专业的占 57.7%），工科一跃位于学习人数最多的专业（类）。此后，就读工科的来华留学博士生比例不断增加，到 2012 年已占留学博士生总数的四分之一左右（25.6%）。虽然选择文学专业（类）的来华留学博士生比例有所下降，但依然有相当数量的留学博士生在该专业（类）就读，其占比从 2000-2012 年间一直在 11.0-21.6% 之间浮动。此外，作为具有中国特色的传统学科，中医在这一时期也是来华留学博士生相对青睐的专业（类）选择，所占比例在 2005 年曾高达 15.9%，直到 2010 年开始才逐渐呈现下降趋势。除中医外，法学、理科、管理这些专业的就读留学博士生的比例也相对稳定，一直处于首选的几大专业（类）之一。

除上述提及的专业（类）之外，西医、历史、经济、农科、哲学、教育、汉语言、艺术和体育等也属于来华留学博士生就读的范畴。

表 2-3：1999-2012 年来华留学博士生专业（类）分布及占当年来华留学博士生总数的百分比[60]

年　份		1999	2000	2001	2002	2003	2004	2005
专业（类）/ 占当年来华留学博士生总数的百分比	01	文学 57.7%	工科 18.5%	文学 21.6%	文学 20.7%	工科 21.4%	工科 20.4%	工科 22.0%
	02	工科 18.3%	文学 15.4%	工科 17.3%	工科 17.4%	中医 14.1%	文学 14.0%	文学 18.2%
	03	理科 7.8%	中医 10.0%	历史 10.0%	中医 10.7%	文学 11.9%	中医 13.0%	中医 15.9%
	04	中医 4.8%	法学 9.1%	理科 8.5%	理科 6.8%	法学 9.8%	法学 8.5%	理科 11.2%
	05	西医 4.0%	历史 9.0%	法学 7.9%	经济 6.6%	理科 6.7%	理科 8.3%	法学 8.5%
	06	农科 4.0%	汉语言 7.7%	哲学 6.9%	历史 6.4%	经济 6.5%	经济 6.9%	经济 7.2%
	07	艺术 2.9%	理科 7.5%	中医 5.9%	法学 5.6%	历史 6.5%	管理 6.1%	历史 5.7%
	08	体育 0.4%	经济 5.1%	经济 5.1%	哲学 4.9%	汉语言 4.6%	历史 5.1%	西医 4.4%
	09		哲学 5.0%	农科 4.1%	农科 4.8%	农科 4.5%	哲学 4.3%	管理 4.2%
	10		农科 4.2%	汉语言 3.5%	西医 4.2%	西医 4.2%	农科 4.0%	农科 4.0%
	11		西医 2.9%	管理 3.5%	管理 4.0%	哲学 3.5%	西医 3.0%	哲学 3.2%
	12		管理 2.7%	西医 3.0%	汉语言 3.7%	管理 2.9%	艺术 2.0%	汉语言 2.9%
	13		教育 1.5%	教育 1.9%	艺术 1.7%	艺术 2.0%	汉语言 1.9%	艺术 2.2%
	14		艺术 1.4%	艺术 0.7%	教育 1.7%	教育 1.9%	教育 1.8%	教育 2.1%
	15		体育 0.4%	体育 0.6%	体育 0.9%	体育 0.7%	体育 0.8%	体育 1.0%

---

60 缺少 1998 年统计数据的原因同上。

年 份		2006	2007	2008	2009	2010	2011	2012
专业（类）／占当年来华留学博士生总数的百分比	01	工科 20.3%	工科 19.0%	工科 20.0%	工科 21.3%	工科 23.1%	工科 24.7%	工科 25.6%
	02	文学 13.2%	中医 12.7%	文学 12.3%	文学 11.0%	文学 14.2%	文学 13.7%	文学 12.6%
	03	中医 12.3%	文学 12.1%	中医 11.8%	中医 9.8%	理科 10.0%	管理 10.7%	管理 11.8%
	04	法学 10.1%	理科 11.2%	理科 10.1%	法学 9.2%	管理 9.1%	理科 9.4%	理科 10.4%
	05	西医 10.1%	法学 10.4%	法学 9.6%	理科 7.9%	法学 8.9%	法学 8.3%	法学 7.7%
	06	经济 6.5%	经济 6.5%	管理 7.5%	经济 6.8%	中医 7.5%	中医 6.7%	农科 6.5%
	07	历史 4.8%	管理 6.3%	经济 6.7%	管理 6.6%	经济 6.6%	经济 6.3%	经济 6.3%
	08	农科 4.7%	农科 5.3%	农科 5.5%	汉语言 6.5%	农科 6.0%	农科 6.2%	中医 6.0%
	09	管理 4.5%	历史 4.2%	历史 4.0%	农科 5.2%	西医 4.8%	西医 4.1%	教育 4.1%
	10	西医 3.2%	西医 3.1%	西医 3.6%	西医 3.9%	教育 4.1%	教育 4.1%	西医 3.8%
	11	艺术 3.0%	艺术 2.8%	艺术 2.4%	历史 3.5%	历史 3.3%	历史 2.8%	历史 2.6%
	12	哲学 2.8%	哲学 2.1%	哲学 2.3%	教育 2.4%	哲学 2.0%	哲学 1.9%	哲学 1.7%
	13	教育 2.1%	教育 1.9%	教育 2.0%	艺术 2.3%	汉语言 0.8%	汉语言 0.9%	汉语言 0.9%
	14	汉语言 1.7%	汉语言 1.8%	汉语言 1.1%	哲学 2.2%			
	15	体育 0.9%	体育 0.8%	体育 1.0%	体育 1.2%			

资料来源：根据教育部国际合作与交流司编写的 1999-2012 年《来华留学生简明统计》整理而成。

（四）来华留学博士生自费比例不断下降，中国政府奖学金日益向来华留学博士生倾斜但区域分布差异大

过去十余年间，来华留学博士自费生的比例从 1999 年的 62.95%下降到 2012 年的 45.49%。与此相反，来华留学博士奖学金生的比例则从 1999 年的

37.05%上升到 2012 年的 54.51%。[61][62]由此可见，从 20 世纪 90 年代后期开始，我国政府逐渐意识到培养高层次来华留学人才的重要性，加大了对来华留学博士生的奖学金投入和宏观调控。

奖学金方面，从 1999-2012 年间[63]，获得中国政府奖学金的来华留学博士生数量逐年增多，从 332 人增加到 4526 人；与此同时，留学博士奖学金生占奖学金生总数的百分也呈现逐年上升趋势，从 6.37%增长到 15.73%，涨幅高达 59.50%（详见图 2-2）。然而，尽管如此，来华留学博士奖学金生占奖学金总数的比例依然偏低。

图 2-2：1999-2012 年来华留学博士奖学金生数量
及占留学奖学金生总数的百分比

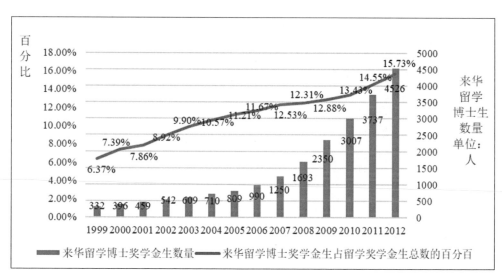

资料来源：根据教育部国际合作与交流司编写的 1999-2012 年《来华留学生简明统计》统计而成。

从奖学金的洲际区域分布来看，亚洲一直以大比例优势位居留学博士奖学金生源地榜首且显现出不断扩大的发展势头，从 1999 年的 51.50%增加到 2012 年的 65.84%；非洲虽位居第二，但留学博士生奖学金覆盖率却逐年下

---

61 教育部国际合作与交流司，《1999 来华留学生简明统计》[Z]，北京：教育部国际合作与交流司，2000 年，第 97 页。

62 教育部国际合作与交流司，《2012 来华留学生简明统计》[Z]，北京：教育部国际合作与交流司，2013 年，第 216 页。

63 缺少 1998 年统计数据的原因同上。

跌，从 1999 年的 46.08%降低到 2012 年的 24.50%；欧洲、美洲和大洋洲的留学博士奖学金的比例相对较低但呈现逐年增加的趋势，三洲所占百分比之和从 1999 年的 2.41%逐渐扩大到 2012 年的 9.66%。[64][65]

最后，从奖学金的国别分布来看，来华留学博士奖学金生的生源国数量不断扩大，从 1999 年的 54 个增加到 2012 年的 143 个，增幅为 62.24%。排在来华留学博士奖学金生前 10 位的生源国多聚集于巴基斯坦、越南、韩国、蒙古国、苏丹、伊拉克、泰国、日本、斯里兰卡、孟加拉国、朝鲜、也门、马里、埃及、尼日利亚和肯尼亚等。[66]这些国家绝大多数位于亚洲，其余来自非洲地区，美洲、欧洲和大洋洲均未有国家上榜。由此可见，来华留学博士奖学金生分布不平衡，洲际间区域发展差异较大。

总的来说，从 20 世纪 90 年代末至 21 世纪初期，来华留学博士生教育质量监控体系经历了"变被动为主动"的发展历程。在这一时期，自费来华留学博士生数量的大幅增加改变了去过政府奖学金博士生"一刀切"的局面，市场机制得以在来华留学博士生教育质量监控体系中发挥作用，大学招生和管理的自主权进一步加强。与此同时，政府宏观调控引导来华留学博士生教育质量监控体系发展的能力也在不断增强。

第四节　"一带一路"倡议下来华留学博士生教育质量监控体系的快速发展时期

"一带一路"倡议构想的提出为中国对外发展战略开启新篇章的同时，也对来华留学生教育的发展和走向产生了巨大的影响。伴随着我国"一带一路"倡议的不断推进和实施，来华留学生教育迈上新台阶，由此进入全面发展时期。基于此，本研究将 2013 年作为分界点，剖析"一带一路"倡议下的来华留学博士生教育质量监控体系。

---

64 教育部国际合作与交流司，《1999 来华留学生简明统计》[Z]，北京：教育部国际合作与交流司，2000 年，第 91-97 页。

65 教育部国际合作与交流司，《2012 来华留学生简明统计》[Z]，北京：教育部国际合作与交流司，2013 年，第 211-216 页。

66 根据教育部国际合作与交流司出版的 1999-2012 年《来华留学生简明统计》而成。

一、"一带一路"倡议成为来华留学博士生教育质量监控体系发展的关键节点

教育部部长陈宝生先生曾表示，"一带一路"是中国教育国际交流合作的顶层设计、中国教育走向世界舞台中央的路线图，是在更高层次、更大范围、更广领域推进教育国际合作交流的重要抓手。[67]"一带一路"倡议自然也就成为了近年来来华留学博士生教育发展的关键节点。"一带一路"建设需要大批优秀的高层次国际人才作支撑，由此对来华留学博士生教育提出了新的发展要求。自 2013 年以来，我国与"一带一路"国家政府间合作协议奖学金项目日趋增多，来华留学博士生数量和比例逐渐向"一带一路"国家倾斜，来华留学博士生教育质量监控体系由此也进入了新的发展时期。

教育部于 2016 年 7 月印发《推进共建"一带一路"教育行动》，正式提出实施"丝绸之路"留学推进计划，设立"丝绸之路"中国政府奖学金、为沿线各国专项培养行业领军人才和优秀技能人才、全面提升来华留学人才培养质量等。[68]为实施"一带一路"教育行动，教育部自 2016 年起相继与 18 个省（区、市）签署了部省（区、市）共建"一带一路"教育行动合作备忘录。中国高校积极与"一带一路"国家大学开展校际间合作，成立高校战略联盟。教育部和众多省、直辖市和自治区纷纷设立面向"一带一路"国家的奖学金，鼓励"一带一路"国家留学生来华就读。

基于"一带一路"倡议政府和高校开展的各项行动无疑会对来华留学博士生教育质量监控体系产生深远影响，具体内容将在本研究的第三、四、五章中进行详细阐述。

二、"一带一路"倡议下来华留学博士生教育发展的成就与问题

"一带一路"倡议实施以来，来华留学博士生教育进入快速发展时期。从发展的整体态势来说，来华留学博士生在这一阶段数量迅猛增长；生源地更趋多样化；工科、理科和管理成为主要专业（类）选择；政府奖学金向来

---

67 中华人民共和国教育部，全面推进共建"一带一路"教育行动。[EB/OL]. http://www.moe.gov.cn/jyb_xwfb/gzdt_gzdt/moe_1485/201902/t20190219_370193.html. 2019-06-22.

68 中华人民共和国教育部，教育部关于印发《推进共建"一带一路"教育行动》的通知。[EB/OL]. http://www.moe.gov.cn/srcsite/A20/s7068/201608/t20160811_274679.html. 2019-12-26.

华留学博士生持续倾向，周边及"一带一路"国家来华留学博士生奖学金生占比高。与此同时，"一带一路"倡议下的来华留学博士生教育依然存在诸多问题，例如：来华留学博士生占留学生总数的百分比与绝对规模依然偏低、"一带一路"国家成为来华留学博士生主要生源地导致生源分布不均衡等。

（一）来华留学博士生持续快速增长，但占留学生总数的百分比与绝对规模依然偏低

总体来看，这一时期来华留学博士生教育发展态势良好，占留学生总数的百分比逐年攀升。2013-2018 年，留学博士生数量呈现不断上涨的趋势，来华留学博士生数量从 9774 人增长到 2.56 万人，涨幅约 2.6 倍左右；来华留学博士生占留学生总人数的百分比也逐年提高，从 2013 年的 2.74%增长到2018 年的 5.20%。（详见图 2-3）

图 2-3：2013-2018 年来华留学博士生数量及占留学生总数的百分比

资料来源：根据教育部国际合作与交流司编写的 2013-2018 年《来华留学生简明统计》整理而成。

然而，作为世界第三大留学目的地国家的中国[69]，来华留学博士生占留学生总数的百比例与绝对规模和西方发达国家的数值相比较仍然存在一定距离。经合组织（Organization for Economic Co-operation and Development，

---

69 Institute of International Education. Open doors 2019 Report on International Education Exchange [EB/OL]. https://p.widencdn.net/6tpaeo/Open-Doors-Annual-Data-Release-2019-11-17-Print. 2019-12-31.

OECD）于 2017 年公布的一项调查结果显示，在经合组织国家中，平均而言国际学生约占整个高等教育招生总数的 5.6%，但在这 5.6%中超过四分之一的比例为博士留学生。[70]这就意味着在大多数经合组织国家中，博士生已成为高等教育跨境流动的主要组成部分之一。因此，就留学博士生的占比和绝对规模而言，我国 5.20%（2018 年）的百分比距离国际水平尚有不小的差距。

（二）来华留学博士生生源地更趋多样但区域分布不均衡，"一带一路"国家成为来华留学博士生教育发展的主要增长点

2013 年以来，随着来华留学博士生规模的快速发展，留学博士生生源地更趋多样。从 2013-2018 年间，来华留学博士生来源国从 164 个增长到 171 个[71][72]，所覆盖的国家和地区日趋全面。虽然如此，这一时期来华留学博士生生源地仍然面临区域分布不均衡的问题。以 2018 年为例，来华留学博士生数达到或超过 100 名的国家和地区共有 41 个（占当年留学博士生总数的 87.47%）。其中，大多数来自于亚洲国家，占留学博士生总数的 63.17%；其余依次是非洲（19.03%）、欧洲（2.62%）、美洲（2.10%）和大洋洲（0.55%）。[73][74]

从具体的国别和地区分布来看（详见表 2-4），首先，"一带一路"沿线国家逐渐成为来华留学博士生教育发展的增长点和主要生源供给区。2013-2018 年间，来华留学博士生前 10 名生源国排行榜中"一带一路"沿线国家通常占据 60-80%，所涉及的国家主要包括巴基斯坦、越南、蒙古国、泰国、孟加拉国、伊朗、埃及等。其次，这一时期我国政府依然关注对非洲第三世界国家高层次人才的培养，苏丹、加纳和埃塞俄比亚等近年来与中国签订共建"一带一路"合作协议的非洲国家的博士留学生往往成为来华就读的主要力量之一。再次，近年来巴基斯坦稳坐来华留学博士生第一大生源国且留学

70 OECD. Education at a Glance 2017. [EB/OL]. http://www.oecd.org/education/education-at-a-glance/. 2019-12-11.

71 教育部国际合作与交流司，《2013 来华留学生简明统计》[Z]，北京：教育部国际合作与交流司，2014 年，第 127-135 页。

72 教育部国际合作与交流司，《2018 来华留学生简明统计》[Z]，北京：教育部国际合作与交流司，2018 年，第 157-164 页。

73 教育部国际合作与交流司，《2013 来华留学生简明统计》[Z]，北京：教育部国际合作与交流司，2014 年，第 127-135 页。

74 教育部国际合作与交流司，《2018 来华留学生简明统计》[Z]，北京：教育部国际合作与交流司，2018 年，第 157-164 页。

生数量遥遥领先，其至到 2018 年占据来华留学博士生总数的近 30%。[75]最后，除来自"一带一路"沿线的发展中国家外，韩国和美国两大发达国家也在来华留学博士生数量中占有一席之地。但是，韩国留学博士生的数量已趋于稳定、增长缓慢，且逐渐被越南超越跌落至排行榜第 3 位；美国的排名则不断靠后并最终于 2017 年跌出前 10 名排行榜。总的来说，这一时期来华留学博士生生源国的分布随着我国对外政策的实施更加具有倾向性，"一带一路"沿线国家成为来华留学博士生教育的主要增长点，与此同时，西方发达国家的留学博士生数量虽然逐年上升但占比呈现下降趋势。

表 2-4：2013-2018 年来华留学博士生前 10 名生源国家和地区

年份	来华留学博士生生源地及数量（单位：人）									
	01	02	03	04	05	06	07	08	09	10
2013	巴基斯坦 1522	韩国 1197	越南 984	泰国 359	蒙古国 343	苏丹 312	美国 283	伊朗 238	埃及 192	孟加拉国 175
2014	巴基斯坦 2346	韩国 1186	越南 1069	泰国 420	苏丹 407	蒙古国 404	伊朗 343	美国 298	孟加拉国 243	埃及 225
2015	巴基斯坦 3238	韩国 1101	越南 1062	泰国 467	蒙古国 455	苏丹 453	伊朗 434	美国 325	孟加拉国 312	加纳 303
2016	巴基斯坦 4582	越南 1124	韩国 1065	蒙古国 593	泰国 543	苏丹 540	伊朗 497	孟加拉国 446	加纳 438	美国 367
2017	巴基斯坦 6156	越南 1161	韩国 1071	蒙古国 694	加纳 608	苏丹 606	泰国 598	孟加拉国 579	伊朗 532	埃及 478
2018	巴基斯坦 7617	越南 1212	韩国 912	加纳 829	蒙古国 781	孟加拉国 727	埃及 711	泰国 651	苏丹 636	埃塞俄比亚 621

资料来源：根据教育部国际合作与交流司编写的 2013-2018 年《来华留学生简明统计》整理而成。

---

75 教育部国际合作与交流司，《2018 来华留学生简明统计》[Z]，北京：教育部国际合作与交流司，2018 年，第 65-66 页。

（三）工科、理科和管理成为来华留学博士生的主要专业（类）选择

由表 2-5 可知，首先，随着"一带一路"倡议在交通运输、基础设施、能源开发以及通讯工程等多领域的全面展开，近年来工科一直是留学博士生来华就读的主要专业（类）选择且比例稳步上升，所占来华留学博士生总数的百分比从 2013 年的 26.0%上升到 2018 年的 30.6%。其次，理科和管理学的排名相对稳定，通常位于来华留学博士生专业选择的第二、三名。因此，工科、理科和管理学成为近年来来华留学博士生的主要专业（类）选择。

除此之外，以中医、文学、历史和法学等为代表的传统学科的百分比呈现逐渐下降趋势；农科、西医专业的占比不断上升；经济和教育专业的占比浮动相对稳定；汉语言、哲学和艺术专业就读留学博士生的百分比则一直较低，三者之和的占比一般不超过 5%。

表 2-5：2013-2018 年来华留学博士生专业（类）分布及占当年来华留学博士生总数的百分比

年 份		2013	2014	2015	2016	2017	2018
专业（类）/占当年来华留学博士生总数的百分比	01	工科 26.0%	工科 27.1%	工科 27.6%	工科 28.9%	工科 28.9%	工科 30.6%
	02	管理 12.4%	理科 13.3%	理科 14.7%	理科 15.3%	理科 15.5%	理科 13.7%
	03	理科 11.79%	管理 12.9%	管理 13.2%	管理 13.1%	管理 12.2%	管理 13.5%
	04	文学 9.6%	文学 8.1%	文学 8.0%	农科 7.1%	农科 7.6%	农科 10.3%
	05	法学 7.3%	农科 7.3%	农科 6.9%	文学 7.0%	文学 6.3%	法学 6.2%
	06	农学 6.8%	法学 7.0%	法学 6.5%	法学 6.5%	经济 6.1%	经济 5.5%
	07	经济 6.2%	经济 6.0%	经济 6.0%	经济 5.8%	法学 6.1%	西医 5.1%
	08	中医 5.3%	中医 4.7%	教育 4.0%	西医 4.3%	西医 4.3%	文学 4.8%
	09	教育 3.9%	教育 3.7%	西医 3.9%	教育 4.2%	教育 3.7%	教育 3.7%
	10	西医 3.8%	西医 3.5%	中医 3.8%	中医 3.7%	中医 3.6%	中医 2.9%

11	历史 2.4%	历史 2.0%	历史 1.8%	历史 1.4%	历史 1.4%	汉语言 1.4%
12	艺术 2.1%	艺术 1.6%	艺术 1.3%	哲学 1.2%	汉语言 1.2%	历史 1.3%
13	哲学 1.6%	哲学 1.6%	哲学 1.3%	艺术 1.1%	哲学 1.0%	艺术 0.9%
14	汉语言 0.8%	汉语言 1.5%	汉语言 0.9%	汉语言 0.2%	艺术 1.0%	哲学 0.7%

资料来源：根据教育部国际合作与交流司编写的 2013-2018 年《来华留学生简明统计》整理而成。

（四）政府奖学金继续向来华留学博士生倾斜，周边及"一带一路"国家博士奖学金生占比高

近年来，来华留学博士自费生的比例较前些年依然呈现持续下降的发展趋势，百分比从 2013 年的 44.12%下降到 2018 年的 40.37%；与此同时，来华留学博士奖学金生的比例则稳定上升，从 2013 年的 55.88%上升到 2018 年的 59.63%。[76][77]由此可见，自"一带一路"倡议以来，中国政府持续加大对来华留学博士生的奖学金支持力度并采取进一步的宏观调控措施，先后与马来西亚、蒙古等沿线国家签署政府间协议奖学金，鼓励沿线国家留学博士生来华学习，培养"一带一路"建设所需的各项国际专门人才。

具体来看，从 2013-2018 年间，来华留学研究博士生奖学金数量逐年增多，从 5461 人增加到 15275 人，涨幅高达 64.25%；与此同时，留学博士奖学金生占奖学金生总数的百分比也在不断提高，从 16.39%增长到 24.23%（详见图 2-4）。这意味着 2018 年来华留学博士生占到了奖学金总名额的近四分之一，相比 1999 年的 6.37%和 2012 年的 15.73%都有了较大的提升。

其次，从奖学金的洲际区域分布来看，亚洲继续以大比例优势居于留学博士奖学金生源地首位且显现出不断扩大的发展势头，从 2013 年的 66.40%增加到 2018 年的 68.96%；非洲依然位居第二，留学博士生奖学金的覆盖率一般在 22.77-24.14%之间徘徊；由于"一带一路"倡议的提出，中国政府奖学金加大了对沿线国家的投入，而增加支持力度的国家多来自亚洲，故欧

76 教育部国际合作与交流司，《2013 来华留学生简明统计》[Z]，北京：教育部国际合作与交流司，2014 年，第 228 页。

77 教育部国际合作与交流司，《2018 来华留学生简明统计》[Z]，北京：教育部国际合作与交流司，2019 年，第 282 页。

洲、美洲和大洋洲的留学博士奖学金的比例自 2013 年开始有所下调，三洲所占百分比之和在 2013 年达到高峰（10.18%）后逐渐递减，2018 年该百分比降至为 6.90%。[78][79]

图 2-4：2013-2018 年来华奖学金博士留学生数量
及占奖学金留学生总数的百分比

资料来源：根据教育部国际合作与交流司编写的 2013-2018 年《来华留学生简明统计》统计而成。

最后，从奖学金的国别分布来看，来华留学博士奖学金生的生源国数量持续扩大，从 2013 年的 144 个增加到 2018 年的 163 个，排在来华留学博士奖学金生前 10 位的生源国多聚集于巴基斯坦、越南、蒙古国、苏丹、韩国、泰国、孟加拉国、伊朗、俄罗斯、朝鲜、也门、埃及和埃塞尔比亚等国家。[80]除俄罗斯外，这些国家均位于亚洲和非洲地区，美洲和大洋洲仍未有国家上榜。由此可见，来华留学博士奖学金生分布依然不平衡，洲际间区域发展差异大。

---

78 教育部国际合作与交流司，《2013 来华留学生简明统计》[Z]，北京：教育部国际合作与交流司，2014 年，第 228 页。

79 教育部国际合作与交流司，《2018 来华留学生简明统计》[Z]，北京：教育部国际合作与交流司，2019 年，第 282 页。

80 根据教育部国际合作与交流司出版的 2013-2018 年《来华留学生简明统计》而成。

　　总的来说，随着"一带一路"倡议的提出和深入实施，大量国别双边奖学金和"一带一路"专项奖学金项目的投入使得这一时期政府在来华留学博士生教育质量监控体系中的作用显著增强。随着来华留学自费博士生百分比的减少，市场竞争机制力量被不断弱化。

第三章 政府对"一带一路"国家来华留学博士生教育质量的监管

从权力与权威作为制度的基础结构来看，政府机制一般可以分为集权制和分权制两种类型，它们广泛存在于世界各国之中。集权体制普遍将国家政府体系置于一个最高权力机关的领导之下，其显著特征表现为体制上的整齐性，推动平等与社会公正的目标实现的有效性，对形成和推动全国范围内、影响深远的大型社会改革运动的不可或缺性。[1]与此相对应，分权体制则不设立全国最高权力机关，而是将国家权力划分到立法、行政、司法三部门，通过"三权分立"使各部门互不干扰各司其职。因此，分权制的基本特征为以分权、制约和平衡作为自身制度依存的基础。我国实行的是集权制的政治体制。与此相对应，一国高等教育体制的运行机制普遍与本国政治体制相一致。基于此，我国一般采用的是集权体制的高等教育管理模式。在此管理模式下，政府作为国家意志的代表和体现，往往直接或间接对培养人才的高等教育机构施加影响。正如弗兰斯·范富格特（Frans Van Vught）认为的那样，政府介入大学运行管理之中主要表现为两种形态，即"起促进作用的国家"形态和"起干预作用的国家"形态。[2]

政府作为代表国家和社会利益的权力主体，一般存在两个层面的价值诉

---

1 张丽，《伯顿·克拉克的高等教育思想研究》[M]，武汉：华中师范大学出版社，2008 年，第 187 页。

2 [荷兰]弗兰斯·F·范富格特主编，《国际高等教育政策比较研究》[M]，王承绪等译，杭州：浙江教育出版社，2001 年，第 6 页。

求：一是作为统治阶级的代言人，政府试图加强国家意志对高等教育的干预与渗透；二是作为社会事务的主要管理者，政府试图通过引导高校实现其社会服务的功能。因此，"一带一路"国家来华留学博士生教育作为高等教育发展中的组成部分，不只是高等教育的内部事务，而是与本国发展休戚与共、与普通民众切身利益息息相关的事务。在教育领域，教育部及其各级教育行政部门代表着国家力量。国家力量把握着高等教育发展的脉络走向，是高等教育发展的掌舵者。在"一带一路"国家来华留学博士生教育中，政府一般通过颁布法律法规、出台政策文件、提供财政资助等形式对"一带一路"国家来华留学博士生教育质量进行干预和影响。

第一节　政府在"一带一路"国家来华留学博士生教育质量中的规划

政府政策和优先发展战略的调整会对学生流动产生影响。正如美国著名比较教育学者阿特巴赫（Philip G. Altbach）所言，"政治、经济和教育因素决定了中国对留学生的政策。中国的留学政策听命于最高的政府政策，并且有关留学的个人或制度上的决策余地是很有限的——有时政策的改变是为了与政治和经济的优先发展战略保持一致。"[3]对"一带一路"国家来华留学博士生教育来说，政府负责为高等院校制定其发展的基本路线和坚持的根本原则，即教育部规划"一带一路"国家来华留学博士生教育的发展计划，包括发展方针、政策、内容、方法以及规则制度等等。这意味着所有高等院校需在政府规定的范围内开展"一带一路"国家来华留学博士生教育。因此，政府在"一带一路"国家来华留学博士生教育质量中的首要作用就是规划发展政策与战略。

一、引导"一带一路"国家来华留学博士生教育的发展方向

政府主要依据国家发展战略的需要，提出重要意见并规划和出台涉及"一带一路"国家来华留学博士生教育的规划纲要和政策文本，引导"一带一路"国家来华留学博士生教育质量监控体系的发展。伴随着"一带一路"倡议的提出来华留学生教育由此进入快速发展时期，政府越来越将发展"一

3　菲利普·G·阿特巴赫著，人民教育出版社教育室译，《比较高等教育：知识、大学与发展》[M]，北京：人民教育出版社，2001年，第228页。

带一路"国家来华留学教育作为实施对外开放、服务国家战略的重要组成部分，并且在这一过程中愈发重视对高层次国际人才的培养。政府先后通过出台政策文件和发展规划纲要、签署"一带一路"教育行动合作备忘录以及积极组织与沿线国家的双边协议与学位互认等措施，为"一带一路"国家来华留学博士生教育质量监控体系的发展确立方向。

（一）出台政策文件和发展规划纲要

2013 年，习近平主席提出了致力于开创中国全方位对外开放新格局和构建全球命运共同体的"新丝绸经济路经济带"和"21 世纪海上丝绸之路"的倡议构想。随后，国家发展改革委、外交部、商务部于 2015 年联合发布了《推动共建丝绸之路经济带和 21 世纪海上丝绸之路的愿景与行动》，为与"一带一路"国家开展来华留学生教育提供了纲领性的蓝图。文件指出，推动沿线国家民心相通是"一带一路"建设的社会基础，而扩大相互间的留学生规模，开展合作办学是实现民心相通的重要途径。[4]

2015 年 7 月，教育部等五部门联合印发的《2015-2017 年留学工作行动计划》进一步强调新时期我国来华留学工作方针是"扩大规模、优化结构、规范管理、保证质量"，并制定"打造来华留学国际品牌"的工作目标。其中，文件特别强调要"加强来华青年杰出人才培养，完善来华留学高层次人才培养办法和机制，实施中国政府'卓越奖学金项目'，逐步推动'博士学术精英'和'青年领袖短期访学'等项活动的开展，为我国外交发展和中国经济'走出去'战略提供人脉资源"。[5]这份文件将来华留学生教育的重心引向培养高层次人才，为后续开展"一带一路"国家来华留学博士生教育提供了政策保障。

2016 年中共中央办公厅和国务院办公厅印发的《关于做好新时期教育对外开放工作的若干意见》强调提升来华留学质量，优化来华留学生源国别、专业布局，构建来华留学社会化、专业化服务体系，打造"留学中国"品牌，是新时期我国来华留学工作的关键所在。[6]同年 3 月，我国提出希望以

4　中华人民共和国商务部，国家发展改革委、外交部、商务部联合发布《推动共建丝绸之路经济带和 21 世纪海上丝绸之路的愿景与行动》。[EB/OL]. http://www.mofcom.gov.cn/article/resume/n/201504/20150400929655.shtml. 2019-06-26.

5　教育部等五部门关于印发《2015-2017 年留学工作行动计划》的通知。[EB/OL]. http://gjjlhzc.bzmc.edu.cn/info/2215/4343.htm. 2019-12-27.

6　国务院，中共中央办公厅、国务院办公厅印发《关于做好新时期教育对外开放工

　　"一带一路"倡议为外交新支点构建人类命运共同体。在此背景下，加强与"一带一路"沿线国家的联系成为当前我国来华留学教育发展的重心。随后教育部于 2016 年 7 月印发《推进共建"一带一路"教育行动》，正式提出实施"丝绸之路"留学推进计划，强调未来我国来华留学教育的工作重点是"全面提升来华留学人才培养质量，把中国打造成为深受沿线各国学子欢迎的留学目的地国"，具体包括设立"丝绸之路"中国政府奖学金、为沿线各国专项培养行业领军人才和优秀技能人才、全面提升来华留学人才培养质量等。[7]在这份指导性文件中，重视对来华留学生"质"的培养成为我国与"一带一路"沿线国家的重点合作目标。

　　2019 年，中共中央、国务院印发《中国教育现代化 2035》，进一步提出"开创教育对外开放新格局"的战略任务，全面提升国际教育交流合作水平，扎实推进"一带一路"教育行动。具体指出要"实施留学中国计划，发挥政府奖学金作用，改进资助方式和选拔办法，优化留学生就读学科专业结构，提高学历生比重，建立并完善来华留学教育质量保障机制，全面提升来华留学质量。构建来华留学社会化专业化服务体系，打造'留学中国'品牌。"[8]《中国教育现代化 2035》为"一带一路"国家来华留学博士生教育的发展指明了方向，"提质增效"成为未来发展的主要目标。

　　综上，从"一带一路"倡议以来我国政府颁布的若干重大教育战略规划和政策文本来看，现阶段规模、结构、管理与质量成为当前我国来华留学生教育发展的焦点。"一带一路"国家来华留学博士生教育作为来华留学生教育的重要组成部分，自然也不例外。特别是近年来国家愈发强调对来华留学高层次学历人才的培养，再结合"一带一路"的实施，培养"一带一路"国家来华留学博士生逐渐成为未来来华留学生教育发展的重点之一。

（二）签署"一带一路"教育行动国际合作备忘录

　　为实施共建"一带一路"教育行动，在 2016 年 9 月的首届丝绸之路国际

作的若干意见》。[EB/OL]. http://www.gov.cn/home/2016-04/29/content_5069311. htm. 2019-12-26.

7　中华人民共和国教育部，教育部关于印发《推进共建"一带一路"教育行动》的通知。[EB/OL]. http://www.moe.gov.cn/srcsite/A20/s7068/201608/t20160811_274679. html. 2019-12-26.

8　国务院，中共中央、国务院印发《中国教育现代化 2035》。[EB/OL]. http://www. gov.cn/xinwen/2019-02/23/content_5367987.htm. 2019-12-26.

文化博览会开幕会上，教育部与甘肃省政府共同签署了开展《"一带一路"教育行动合作备忘录》。备忘录以服务"一带一路"建设、构建"一带一路"教育共同体为总体目标，紧密结合甘肃省区位优势和地方特色以及在"丝绸之路经济带"中的战略定位，对未来五年内甘肃省推进"一带一路"教育行动做出整体规划，致力于打造"留学甘肃"品牌，提出要将甘肃建设成"面向中亚、南亚、西亚国家的中外人文交流基地和教育国际合作交流高地"[9]，精心培养大批共建"一带一路"的急需人才。同年10月，教育部又与宁夏回族自治区签署了备忘录。紧接着，同年11月，教育部在京与福建、海南、广西、云南、贵州和新疆六省（区）签署了"一带一路"教育行动国际合作备忘录，指导六省（区）在"一带一路"框架下立足自身优势，协调国内外优质资源，部署"一带一路"教育新政策。至此，教育部与第一批共计8个省（区）"一带一路"教育行动国际合作备忘录的签署工作已全部完成。

2017年4月，教育部与内蒙古、黑龙江、吉林、陕西、青海五省（区）及青岛市在北京共同签署了开展"一带一路"教育行动国际合作备忘录。2019年，教育部又与山东省、辽宁省、重庆市以及宁波市在京共同签署了《推进共建"一带一路"教育行动国际合作备忘录》。

自2016年起，教育部陆续与18个省（区、市）签署了部省（区、市）共建"一带一路"教育行动合作备忘录。至此，在中央的牵头努力促进下，我国位于西北、西南和东北的大多数省份已与教育部共同制定了针对"一带一路"教育行动的合作备忘录，教育部与主要节点省份（区、市）的"一带一路"教育行动网基本形成。通过中央搭建省（区、市）部的合作模式有利于"一带一路"教育行动倡议的深入推进，统筹协调中央和地方层面的相关配套措施，为各省（区、市）在中央宏观指导下开展"一带一路"国家来华留学博士生教育奠定基础。

（三）促进双边协议与学历学位互认

相关研究表明，"两国学位制度互认关系是影响来华留学博士研究生数量的重要因素"。[10]由此，为促进"一带一路"民心相通并为其提供人才支

9　人民网，教育部与甘肃省政府签署开展"一带一路"教育行动合作备忘录。[EB/OL]. http://gs.people.com.cn/n2/2016/0922/c183283-29040677.html. 2019-12-26.

10　王传毅、陈晨，〈"一带一路"沿线国家学生来华读研的影响因素——基于宏观数据的分析〉[J]，《高校教育管理》，2018年第3期，第34-42页。

持，近年来教育部加紧同"一带一路"国家开展教育合作，扫除高等教育国际化发展面临的诸多障碍，为更多沿线国家留学生来华就读创造有利条件。

留学目的国的学位学历是否能在本国获得承认往往是留学生选择留学生目的地的重要因素。[11]因此，为了获得更多来自"一带一路"国家官方对我国高等教育的认可、吸引更多高水平留学生来华就读，近年来中国积极同世界诸多国家签订双边协议与学历学位互认协定。截至 2017 年，我国先后同世界上 46 个国家和地区签订了学历学位互认协议，其中有 24 个隶属于"一带一路"国家，包括：中东欧 8 国、中亚 5 国、东南亚 5 国、独联体 3 国以及南亚、东亚北非各 1 国（详见表 3-1）。[12]

表 3-1：与中国学历学位互认的"一带一路"国家名单一览表

区　域	国　家
中东欧（8 国）	波兰、立陶宛、拉脱维亚、爱沙尼亚、匈牙利、保加利亚、罗马尼亚、捷克
中亚（5 国）	哈萨克斯坦、吉土库曼斯坦、尔吉斯斯坦、乌兹别克斯坦、亚美尼亚
东南亚（5 国）	泰国、越南、马来西亚、菲律宾、印度尼西亚
独联体（3 国）	俄罗斯、白俄罗斯、乌克兰
南亚（1 国）	斯里兰卡
东亚（1 国）	蒙古
北非	埃及

资料来源：中华人民共和国教育部，与 46 个国家和地区学历学位互认！"一带一路"教育在行动。[EB/OL]. http://www.moe.gov.cn/s78/A20/moe_863/201706/t20170620_307369.html. 2019-12-26.

二、完善"一带一路"国家来华留学博士生教育质量保障体系

正如朱兰"质量三部曲"理论中提及对不同层次管理者在时间分配中的解释，国家作为最高一级的管理者对"一带一路"国家来华留学博士生教育质量的管理多集中于质量策划和质量改进方面。再加上近年来高等院校在招

---

11 王辉耀、苗绿主编，《中国留学发展报告（2017）》[M]，北京：社会科学文献出版社，2017 年，第 163 页。

12 中华人民共和国教育部，与 46 个国家和地区学历学位互认！"一带一路"教育在行动。[EB/OL]. http://www.moe.gov.cn/s78/A20/moe_863/201706/t20170620_307369.html. 2019-12-26.

收和录取留学生时表现出的盲目追求规模和效益而忽视质量等问题，加强质量监控在政府出台的发展规划和政策文本中必然得到重视和体现。因此，为推动高等教育内涵式发展，提高来华留学生高等教育质量，近年来我国政府开始致力于完善质量保障体系。

教育部等五部门联合印发的《2015-2017 年留学工作行动计划》指出，要"加强来华留学质量保障，委托第三方开展来华留学教育质量认证工作，构建来华留学质量监控和督导体系，培育良性循环的竞争环境。"[13]紧接着，中共中央办公厅和国务院办公厅于 2016 年印发的《关于做好新时期教育对外开放工作的若干意见》文件中再次特别强调要打造"留学中国"品牌，加强来华留学教育质量建设，完善来华留学政策制度和体制机制。[14]

在上述背景下，教育部于 2016 年委托中国教育国际交流协会作为第三方机构在全国高校范围内开展来华留学教育质量评估工作。中国教育国际交流协会成立于 1981 年，是中国教育界开展民间对外教育合作与交流的全国性组织。[15]整个来华留学教育质量评估工作是在由政府主导制定国家标准、学校依照标准开展来华工作、第三方社会组织独立开展质量认证活动的大思路框架下进行的。[16]在教育部指导下，中国国际教育交流协会于 2016 年起开始在部分高校进行试点认证。2016-2018 年间，全国共有 93 所高校分三批接受了试点认证。[17]

2018 年，教育部制定了《来华留学生质量规范（试行）》，这是我国首次专门针对来华留学教育制定的质量规范文件，是指导和规范高校开展来华留学教育的全国统一的基本准则，也是当前开展来华留学生内部和外部质量保障活动的基本依据。[18]具体来看，《来华留学生质量规范（试行）》对人才培养

---

13 中华人民共和国教育部，教育部等五部门关于印发《2015-2017 年留学工作行动计划》的通知。[EB/OL]. http://gjjlhzc.bzmc.edu.cn/info/2215/4343.htm. 2019-12-27.

14 国务院，中共中央办公厅、国务院办公厅印发《关于做好新时期教育对外开放工作的若干意见》。http://www.gov.cn/home/2016-04/29/content_5069311.htm. 2019-12-26.

15 中国教育国际教育交流协会，关于协会-概况。[EB/OL]. http://www.ceaie.edu.cn/guanyuxiehui/14.html. 2019-12-27.

16 生建学，〈中国教育国际交流协会来华留学工作〉[J]，《世界教育信息》，2016 年第 24 期，第 39-40+48 页。

17 中国教育国际教育交流协会，试点认证学校名单。[EB/OL]. http://www.ceaie.edu.cn/sdrzxxmd/179.html. 2019-12-27.

18 中华人民共和国教育部，教育部关于印发《来华留学生高等教育质量规范（试

目标，入学标准、录取和预科教育，专业设置、学校层次的人才培养目标、培养方案、师资队伍、教学设施和资源、学生指导和课外教育、教学管理、质量保障等教育教学相关内容，管理体制和服务支持、办学资源和条件支持、档案和信息管理、安全教育和保障、移民和出入境事务管理和服务、学生权益保护、校友工作等管理和服务支持相关内容，均作了明确的规定，从而期望以《规范》为准绳改进来华留学教育工作，提高来华留学教育质量和管理服务水平。《规范》中涉及"一带一路"国家来华留学博士生的部分主要包括三方面：第一，语言能力上：以外语为专业教学语言的学科、专业中，毕业时博士研究生的中文能力应当至少达到《国际汉语能力标准》三级水平。这是我国第一次针对英文授课型留学博士生提出了毕业时必须掌握一定汉语水平的要求；第二，强调培养来华留学博士生的跨文化能力和全球胜任力。博士层次来华留学生应当在本学科领域中具有宽阔的国际视野，能够在世界范围内创新运用和发展本学科的理论、技能和方法，在国际事务中具有竞争优势；第三，对来华留学博士生入学标准的最低学历提出明确规定：博士研究生入学要求获得硕士学位或具有同等学历（参照"成功完成特定的《国际教育标准分类法（ISCED 2011）》7 级课程"的要求）。总的来说，《来华留学生质量规范（试行）》的颁布对来华留学教育事业的发展具有里程碑式的意义，不仅填补了我国有关来华留学教育质量规范的空白，同时代表着现阶段政府正努力促使来华留学生教育向"提质增效"转型。

基于《中华人民共和国认证认可条例》、《来华留学生质量规范（试行）》和《学校招收和培养国际学生管理办法》等相关政策文件和法律法规，中国国际教育交流协会于 2018 年 10 月出台了《高等学校来华留学质量认证办法（试行）》，并在此基础上于 2019 年 5 月发布实施《高等学校来华留学质量认证规则》。由此，中国国际教育交流协会开展的来华留学质量认证得到了国家认证认可监督管理委员会的正式批准。2019 年，全国 33 所高校作为首批单位参加了正式认证，其中 22 所高校通过了来华留学质量认证。[19]

近年来，为促进以规模优先但质量相对滞后的来华留学生教育发展模式向提质增效型模式转变，教育部逐渐加大了对包括来华留学博士生教育在内

行）》的通知。[EB/OL]. http://www.moe.gov.cn/srcsite/A20/moe_850/201810/t2018 1012_351302.html. 2019-12-26.

19 湖北工业大学，我校通过全国高等学校来华留学质量认证。[EB/OL]. https://sie. hbut.edu.cn/info/1040/2111.htm. 2019-12-26.

的所有留学生教育质量的重视和监督。这种观念和态度上的转变是令人欣慰的。然而，由于国家政治结构、高等教育管理体制等多重因素的影响，我国一直无法像一些欧美国家一样建立强有力的第三方市场监督机制，特别是在"一带一路"国家来华留学博士生绝大多数为政府奖学金生的情况下，政府对"一带一路"国家来华留学博士生教育质量宏观调控的力度远远超越了市场力量。由于政府无法直接参与到"一带一路"国家来华留学博士生培养和管理当中，因此便难以清晰、深入地了解到不同高校来华留学生教育质量面临的具体问题，从而导致政府层面制定的来华留学生质量监督方面的一些标准和流程自然也会存在不适切性。基于此，如何准确地把握当前各级各类高等院校来华留学生教育质量发展中存在的问题，并据此建立起一整套系统的来华留学生质量监督与质量保障机制，是我国政府当前构建"一带一路"国家来华留学博士生教育质量保障体系过程中亟待完善的部分。"现在'上面'来评估的时候他们有一套标准，但这个标准可能不适用于我们 B 大学。所以，有时候我们也会产生质疑，为什么一定要按照'上面'规定的这个标准来打分呢？因为有一些打分的这个标准确实是不符合我们学校实际情况的"（IDSAS02）。

第二节　政府在"一带一路"国家来华留学博士生招生与录取中的参与

近年来，随着政府经费投入日益向"一带一路"国家来华留学博士生教育倾斜，"一带一路"国家来华留学博士生已成为获得中国政府奖学金的主要生源国，且呈现不断扩大趋势。2018 年，获得中国政府奖学金的"一带一路"国家[20]来华留学博士生的数量为 14,500 人，分别占来华留学中国政府奖学金博士生和来华留学博士生总人数的 94.93%和 56.60%。[21]由此可知，"一带一路"国家来华留学博士生中获得中国政府提供的奖学金的比例已达到来华留学博士奖学金生生总数的九成之多。这意味着政府在招收和录取"一带一路"国家来华留学博士生上的调控力度不断增强。基于此，政府在"一带

---

20 根据本研究所界定的 147 个"一带一路"国家统计而成。

21 教育部国际合作与交流司，《2018 来华留学生简明统计》[Z]，北京：教育部国际合作与交流司，2019 年，第 297-304、282 页。

一路"国家来华留学博士生教育质量中的主要作用之一便是参与招生和录取环节。更进一步来说，政府的参与会直接对"一带一路"国家来华留学博士生的生源质量产生至关重要的影响。

一、招生宣传

招生宣传担负着传递招生信息、激发留学动力、影响留学生选择学校的重要职能。[22]当前，政府参与的有关来"一带一路"国家华留学博士生招生宣传工作一般有三种组织形式：第一，线上或线下国际留学展和境外留学说明会；第二，网络宣传和招生媒介——官方认证的国家留学基金管理委员会；第三，以孔子学院（孔子学院总部现更名为教育部中外语言交流合作中心）和孔子课堂为宣传媒介的招生渠道。

（一）国际留学展和境外留学说明会

一直以来，定期举办线下国际留学展和和组织境外留学说明会是我国政府宣传"一带一路"国家来华留学博士生教育、发展高层次人才培养和科研合作、吸引优质生源的传统方式之一。

当前，政府层面经中国教育部批准组团赴境外（参）办中国教育展机构及展览的名称分别为：国家留学基金管理委员会秘书处——中国教育展；中国教育国际交流协会秘书处——21世纪中国高等教育展；中国留学服务中心——留学中国教育展。[23]

以留学中国教育展为例，为宣传我国高等教育、促进来华留学生教育事业发展、加强来华留学服务、扩大来华留学生源，在国际教育服务的大环境下，谋求中国教育品牌的发展，经教育部批准，教育部留学服务中心从1999年开始先后在日本、韩国、泰国、德国、法国等等30多个国家40多个城市举办了"留学中国教育展"。从1999-2013年，留学服务中心共组织展，览团组80余个，举办展览（说明会、研讨会、论文）150余场，参团学校1600余所累计参观人数超过35万人次，参展院校来自全国30个省、自治区、直辖市和特别行政区。[24]具体展览的类型包括：1. 参加国际教育展：泰国国际教

---

22 金晓达，《外国留学生教育概论》[M]，北京：华语教学教育出版社，1998年，第100页。

23 中国留学网，传统教育展。[EB/OL]. http://studyinchina.cscse.edu.cn/publish/portal19/tab826/info1378.htm. 2019-12-26.

24 中国留学网，留学中国教育展（1999-2013）。[EB/OL]. http://studyinchina.cscse.edu.

育博览会；西班牙 AULA 国际教育博览会；荷兰国际教育展；法国 Salon de l'education 教育博览会；俄罗斯 21 世纪教育与就业国际博览会；2. 在印度尼西亚、日本、美国、意大利、德国等国家自办展览。在举办留学中国教育展的过程中，留学服务中心为提高办展的可信度，以我国驻当地使、领馆和当国教育交流机构为依托；为吸引更多参观者，展览结合多媒体放映、汉语演出活动、模拟汉语课堂、来华留学讲座、汉语人才就业分析等多种多样的举办形式；为扩大交流，通常还会结合研讨会（论坛）、留学人员招聘活动、小型说明会、中介见面会、学校参观交流活动；注重开展留华毕业生的联系联谊活动；统一设计展台，统一展刊制作，发放象征两国友好的纪念品等，达到广告宣传效果。

然而，在全球化和信息化不断加深的背景下，传统的国际留学展和境外留学说明会等来华留学推介形式，已无法满足留学群体对国际教育信息的需求，特别是"一带一路"涉及众多发展中国家，这些国家往往占地面积和人口密度都较小，分布也相对分散，前往当地举办传统国际留学展和境外留学说明会成本高且性价比低。因此，尽管教育部每年定期组团辗转世界多个国家和地区推介来华留学博士生教育，然而作为来华留学信息发布的主渠道的海外留学展，正面临国际教育市场化、信息化的激烈竞争，传统的留推介模式正遭遇挑战。一项基于留学生的调查显示，被调查者中仅有 15.3%是通过中国大学境外留学展和留学说明会获得来华留学信息的，与留学展高昂的信息发布成本相比，宣传效率较低。[25]基于此，近年来教育部不断与时俱进推出了基于网络的线上国际教育展。以中国教育国际交流协会为例：除每年定期举办大型中国国际教育展外，中国教育国际交流协会专门为此开设了名为"中国国际教育展"的网站，供海内外留学生第一时间查询相关留学信息。[26]

（二）国家留学基金管理委员会

通过国家留学基金委员会（China Scholarship Council，简称 CSC）获得奖学金是"一带一路"国家留学博士生来华学习的主要途径之一，凡是中国

---

cn/publish/portal19/tab843/info1317.htm. 2019-12-26.

25 刘建丰等，《国际留学教育研究报告 2012》[M]，北京：教育科学出版社，2014 年，第 83-84 页。

26 中国国际教育交流协会，中国国际教育展。[EB/OL]. https://www.chinaeducationexpo.com. 2019-12-26.

政府奖学金博士生项目的申请者，都必须通过国家留学基金委员会网站进行注册、填报个人信息以及上传申请材料等等。

在国家深化改革开放和建立社会主义市场经济体制的新形势下，根据中央、国务院的指示，原国家教委在多年准备和广泛听取各方意见的基础上，从 1995 年起进一步将出国留学工作和来华留学工作纳入法制化管理轨道。1996 年 6 月，经中央主管部门批准成立国家留学基金管理委员会具体负责改革工作的实施。1996 年 12 月中旬，国家教委根据《中国教育改革和发展纲要》的要求，进一步转变政府职能，在做好各种准备工作的基础上对外正式宣布：自 1997 年 1 月 1 日起，中国政府奖学金留学生的招生和日常管理等事务性工作及咨询服务工作将由国家留学基金管理委员会具体承担。1997 年，国家留学基金管理委员会编印了《"中华文化研究奖学金"指导教授名录》、《外国留学生招生工作指南》以及《中国接受外国留学生院校及专业介绍》（修订版）等文字材料。国家留学基金管理委员会和中国留学服务中心还分别在各自的主页上开设专栏，通过计算机国际互联网免费提供留学中国的有关信息。[27]

国家留学基金管理委员会是直属于教育部的非盈利性事业法人机构，主要来源于国家财政拨款，也接受并积极争取国内外捐助。国家留学基金管理委员设委员会和秘书处。委员会为咨询审议机构，委员单位有教育部、财政部、国家发展计划委员会、人事部、公安部、外交部、中国科学院、中国工程院、中国社会科学院、国家自然科学基金委员等部门；秘书处为常设工作机构，基金委秘书处下设办公室、基金与财务部、法律与综合事务部、信息资源部、来华事务部、出国留学选培部、合作项目部、欧亚非事务部、美大事务部等部门。[28]

国家留学基金管理委员会的宗旨是：根据国家的法律、法规和有关方针政策，负责中国公派出国留学和外国公民来华留学的组织、资助、管理等工作，以利于发展中国与各国教育、科技、文化交流和经贸合作，加强中国与世界各国人民之间的友谊与了解，促进中国社会主义现代化建设和世界和平事业。[29]

27 《中国教育年鉴》编辑部，《中国教育年鉴 1998》[M]，北京：人民教育出版社，1999 年，第 307-308 页。

28 国家留学基金委员会，机构设置。[EB/OL]. https://www.csc.edu.cn/about/jigoushezhi. 2019-12-26.

29 国家留学基金委员会，机构简介。[EB/OL]. https://www.csc.edu.cn/about. 2019-12-26.

国家留学基金委员会的主要任务是：根据国家的需要，按照公派工作的原则，用法制和经济手段管理、使用国家留学基金委，确定有关资助项目与方式，制定管理规章，发挥基金使用效益；受委托管理各项与国外双边、多边交换或单项奖学金，并接受境内外有关组织、机构和个人的委托，管理有关教育交流和科技合作方面的其他事务，资助有益于发展中国家教育事业和对外友好关系项目；争取境内外捐赠、资助，扩宽基金来源，加强基金管理，增加基金积累；与境内外相应机构建立联系，开展交流与合作。[30]

（三）孔子学院和孔子课堂

孔子学院[31]作为中外合作建立的非营利性教育机构，致力于适应世界各国（地区）人民对汉语学习的需要，增进世界各国（地区）人民对中国语言文化的了解，加强中国与世界各国教育文化交流合作，发展中国与外国的友好关系，促进世界多元文化发展，构建和谐世界。截至 2020 年 2 月，全球已有162 国家（地区）设立了 541 所孔了学院和 1170 个孔子课堂，致力于开展汉语教学、培训汉语教师以及提供中外文化交流等活动。[32]除开展汉语教学和中外教育、文化等方面的交流与合作的功能外，孔子学院和孔子课堂还是我国开展面向"一带一路"国家开展来华留学宣传的重要手段。孔子学院和孔子课堂为培养大批懂汉语、熟悉中国文化且向往来华留学的"一带一路"国家来华留学博士生打下了夯实的基础。教育部于 2010 年 9 月制定的《留学中国计划》中曾明确指出要"大力加强来华留学宣传和推介力度。整合国内国外各方资源，充分发挥国内有关机构和我驻外使（领）馆、海外孔子学院（孔子课堂）等在来华留学宣传方面的作用。加强'留学中国网'及各来华留学教育机构外文网站建设"。[33]作为面向"一带一路"国家来华留学博士

---

30 《中国教育年鉴》编辑部，《中国教育年鉴 1999》[M]，北京：人民教育出版社，1999 年，第 384-387 页。

31 注：2020 年 6 月，孔子学院总部更名为教育部中外语言交流合作中心，不再对外使用"国家汉办（英文：HANBAN）"名称，而在海外成立并运营的孔子学院其名称则并未更换，并由"中国国际中文教育基金会"全面负责运营全球孔子学院品牌。

32 孔子学院／课堂，关于孔子学院／课堂。[EB/OL]. http://www.hanban.org/confuc-iousinstitutes/node_10961.htm. 2020-02-29.

33 中华人民共和国教育部，教育部关于印发《留学中国计划的通知》的通知。[EB/OL]. http://www.moe.gov.cn/srcsite/A20/moe_850/201009/t20100921_108815.html. 2019-12-26.

生宣传媒介的招生渠道之一，孔子学院／国家汉办主要通过设立孔子新汉学计划奖学金招收来华留学博士生来华就读人文学科和社会科学专业领域。[34]

二、选拔与录取

政府对高等教育的影响是广泛而深刻的，即使在像美国那样以市场为导向的国家，政府对公办大学仍拥有拨款、校长任命、招生计划宏观控制等权力，只不过它的权力是集中在州政府的层面上。[35]对我国而言，尽管改革开放后中央政府将来华留学管理权下放，由完全控制转为宏观调控，大学作为独立法人拥有对来华留学博士生招收与录取、培养和管理等方面的自治权，但我国中央集权的管理体系意味着政府依然对来华留学博士生教育拥有相当程度的影响力和控制力。在"一带一路"国家来华留学博士生的录取过程中，政府通常以设立政府间双边协议奖学金项目、提供奖学金支持的形式参与选拔和录取，进而对留学生生源国、留学生数量和生源质量进行把控。

（一）政府参与"一带一路"国家来华留学博士生选拔与录取的基本环节

政府主要通过与"一带一路"国家官方机构签订双边或多边协议开展留学生交流与互换，并通过向来华留学博士生提供中国政府奖学金的方式参与到选拔与录取中来。现阶段，适合绝大多数"一带一路"国家来华留学博士生申请的中国政府奖学金项目主要涉及国别双边项目和中国高校自主招生项目，此外，还包括中国-AUN（东盟大学组织）奖学金项目、太平洋岛国论坛项目等等。除国别双边项目需申请人向本国留学生派遣部门提交申请并取得推荐资格外，其余奖学金项目申请人均可直接向承担自主招生的中国高校或负责的相关机构提交申请。因此，"国别双边项目"是政府能够直接参与"一带一路"国家来华留学博士生选拔与录取的奖学金项目，这意味着政府主导着整个项目的运作，对调整录取数量、生源质量和来源国走向具有极强的把控力。

基于此，本研究在这一部分将着重剖析政府在国别双边奖学金项目中参

---

34 孔子新汉学计划，孔子新汉学计划项目说明。[EB/OL]. http://ccsp.chinese.cn/article/2014-07/02/content_543202.htm. 2019-12-26.

35 王宾齐，〈关于政府、大学和社会三角关系的定量研究假设——对伯顿·克拉克"三角协调模式"的物理学解析〉[J]，《黑龙江高教研究》，2011年第5期，第13-16页。

与"一带一路"国家来华留学博士生选拔与录取的基本环节，即政府在这一过程往往通过留学生接受国和派遣国官方机构根据双边或多边协议接受留学生的渠道。[36]具体操作上，一般由派遣国政府的主管代表机构与接受国政府主管代表机构直接洽谈，决定"一带一路"国家来华留学博士生的录取计划（包括招生数量、就读专业和院校、奖学金待遇等方面），接受国驻外使、领馆教育处协助派遣国政府的主管机构负责选拔和推荐留学博士生申请人，接受国政府的主管机构协助安排接收院校。通过上述途径接收的"一带一路"国家来华留学博士生往往享有奖学金资助，这种资助有来自派遣国的也有来自接受国的，亦有接受双边资助的。

1. 与"一带一路"派遣国政府确定录取计划，即政府间合作协议奖学金

自新中国成立我国开展来华留学教育以来，来华留学博士生政府间合作协议奖学金项目一直围绕着我国对外政策和国家战略的需要，被用以对周边社会主义国家和第三世界发展中国家进行发展援助。对发达国家的来华留学博士生来说，改革开放前一般采取对等交换适当给予奖学金的策略。改革开放以来，政府将来华留学博士生录取权下放给高等院校，学校可以自行根据意愿招收学生，但政府间合作协议奖学金项目依然存在且越来越向来华留学博士生倾斜。特别是随着"一带一路"倡议的深入推进，我国与"一带一路"国家高等教育合作日益密切，跨境高等教育蓬勃发展，为培养"一带一路"建设所需的各项高精尖人才以及与沿线国家开展对口合作，中国先后同蒙古、印尼等众多沿线国家签署资助高层次学历人才来华就读的政府间合作协议。

2. 我国驻外使、领馆等相关部门协助"一带一路"派遣国主管部门共同开展对申请人的审核与选拔工作

通常来说审核与选拔的过程一般分为一轮或两轮。第一轮，审核申请人资料。派遣国主管部门或我国驻外使、领馆等相关部门就申请者提交的个人基本信息、学历学位证明、成绩单、语言成绩证明（该项在很多奖学金项目中是非必须选项）、学科背景等进行筛选。

第二轮，复试。我国驻外使、领馆等相关部门通常与"一带一路"国家

---

36 金晓达，《外国留学生教育概论》[M]，北京：华语教学教育出版社，1998 年，第101 页。

来华留学博士生派遣国主管部门共同组织复试。复试一般分为面试和笔试两种方式，不同项目根据派遣国申请人情况决定是采取面试还是笔试，或二者皆有。需要强调的是，并非我国所有驻外使、领馆等相关部门都会参与到"一带一路"国家来华留学博士生的选拔与录取之中，部分"一带一路"国家依然由当地主管部门来决定推荐人名单，我国驻外使、领馆等相关部门只负责对提交的名单进行核查。

3. 国家留学基金管理委员会负责协调"一带一路"国家来华留学博士生就读院校

首先，"一带一路"国家来华留学博士生申请人符合申请资格后，按照中国政府奖学金申请办法要求，登录国家留学基金管理委员会网上平台报名，填写申请信息，并将申请表格打印后连同其他材料一式两份寄送到所在国负责派遣留学生的部门、机构、学校或中国驻所在国大使馆（总领事馆）。原则上国家留学基金委员会不接受个人申请。

其次，国家留学基金委员会接收到相关派遣部门递送的申请人资料后，对于部分政府间合作协议奖学金项目的指定院校，将申请人信息直接转递指定院校审核，院校确定接收后则视为录取完成；对于没有指定院校的政府间作协议奖学金项目，国家留学基金管理委员会根据申请人填写的录取意愿，按填写学校和意向导师的先后志愿顺序递送给有关高校进行审核。

（二）政府参与"一带一路"国家来华留学博士生选拔与录取的个案分析

政府作为最上位的管理者，主要通过经费投入即设立中国政府奖学金特别是政府间合作协议奖学金的方式参与到来华留学博士生的选拔与录取之中。鉴于开展个案调查的对象 B 大学自 2015 年起录取了大批中蒙政府间合作协议博士奖学金生，故本研究以"一带一路"中蒙政府专项奖学金项目为例，阐述政府如何制定留学博士生的招生计划、参与选拔与录取的过程以及基于项目实施效果进行政策调整。

1. "一带一路"中蒙政府专项奖学金项目的设立

蒙古国地处东亚，是位于中国与俄罗斯两个大国之间的内陆国家，东西两边分别与俄罗斯的远东地区和中亚形成对中国东北与新疆北部三面包围的态势，因而地理位置十分重要。中蒙关系具有悠久的历史传统，两国于1949年建立外交关系，迄今已携手走过70年发展历程。经历了新中国成立后受中苏关系影响从友好同盟到紧张对抗的关系变化，中蒙两国终于在 20 世纪 90 年代苏联解体后实现正常化邦交。[37]

中蒙教育交流始于 1952 年蒙古国第一次向中国派遣 14 名大学生，自此打开了两国在教育领域的长期合作互动。近年来，中蒙两国在教育领域的合作交流日趋频繁，特别是中国和蒙古国分别于 2013 年和 2014 年相继提出致力于开创对外开放新格局的"一带一路"倡议和旨在打造中俄蒙经济走廊的"草原之路"计划后，两国关系迈入新的发展时期。近年来，蒙古国已成为来华留学生主要生源国之一。以 2017 年为例，共有 10,305 名蒙古国学生来华留学，位列来华留学生来源国第 12 名，同比上一年增长 21.12%。[38]

2014 年 8 月，习近平主席对蒙古国进行了国事访问，并与蒙古国总统勒贝格道尔吉签署《中蒙关于建立全面战略伙伴关系的联合宣言》。该文件指出，自 2015 年起的 5 年内，中方每年邀请 100 名蒙古国青年访华，向蒙方提供 1000 个培训名额，增加提供 1000 个中国政府奖学金名额，邀请 250 名蒙方新闻媒体代表访华。[39]自此，伴随着"一带一路"倡议的深入实施，两国在教育文化领域的交流合作步入新阶段。作为"一带一路"倡议背景下启动的教育交流合作项目，中蒙交流专项奖学金的设立和实施具有新时代发展的专属烙印，旨在为中蒙双方开展"一带一路"建设提供人才支撑。

针对联合宣言中提出的"增加提供 1000 个中国政府奖学金名额"，中蒙两国教育部随后于 2015 年 4 月在乌兰巴托签署《关于合作设立中蒙交流专项奖学金项目备忘录》。中方承诺未来 5 年内每年将向蒙方提供 200 个专项奖学金新生名额，主要以培养硕博研究生为主，专业涉及教育、艺术、地质、建筑、农业工程等学科。[40]

2. "一带一路"中蒙政府专项奖学金项目的实施与调整

"一带一路"中蒙交流专项奖学金项目的起始时间为 2015-2020 年，截至研究者展开调查之际该项目已进行 4 年多之久，最后一批招生与录取工作

37 巴图吉日嘎勒.《"多支点"外交视阈下蒙古国国际教育交流与合作研究》[D]，吉林大学博士论文，2018 年，第 49 页。

38 教育部国际合作与交流司，《2017 来华留学生简明统计》[Z]，北京：教育部国际合作与交流司，2018 年，第 5-9 页。

39 新华网，中蒙关于建立全面战略伙伴关系的联合宣言. [EB/OL]. http://www.xinhuanet.com//world/2014-08/22/c_1112179283.htm. 2020-01-21.

40 新华网，中蒙签署交流专项奖学金项目备忘录. [EB/OL]. http://www.xinhuanet.com//world/2015-04/21/c_1115043971.htm. 2020-01-21.

即将开始。随着项目的不断实施，中蒙交流专项奖学金面临的质量问题也日渐凸显。基于此，政府通过每年不断调整选拔与录取标准来把控该项目蒙古国留学博士生的生源质量。

（1）项目实施的重点

中蒙交流专项奖学金项目设立的初衷在于"通过选拔优秀蒙古学生进入中国名校学习，从而培养蒙古社会经济发展所急需的各项人才"。[41]因此，该项目的实施主要侧重于以下几方面：

首先，以选拔硕士、博士研究生为主。该项目在奖学金对象的选择方面以招收硕士、博士研究生为代表的高学历人才为主，本科生的比例不足 10%（即每年一般不超过 20 人）。[42]

其次，承接蒙古国学生就读的中国名校呈现三级阶梯式分布。中蒙交流专项奖学金项目实施的前两年（2015-2016 年、2016-2017 年）采取政府委托的培养方式，将获得该奖学金项目的蒙古国留学生分配到清华大学、北京师范大学、北京交通大学、中南大学、西北农林科技大学、东南大学、中国地质大学（武汉）、西安石油大学、东北农林大学和扬州大学在内的 10 所高校（详见表 3-1）。随后，教育部又追加安徽农业大学作为指定院校之一，就读专业为农业工程学。[43]其中，清华大学、北京师范大学、中南大学、东南大学和西北农林科技大学隶属于世界双一流大学建设高校序列；北京交通大学、中国地质大学（武汉）和东北农林大学可归入世界一流学科建设高校；西安石油大学、扬州大学和安徽农业大学则是省属重点高校。从整体看，这些大学皆属于中国知名高校，在不同程度上具备承接培养留学生的能力；从指定高校的分布来看，11 所高校的实力呈现三级阶梯式排列，蒙古国留学生进入到不同梯队的大学开展学业。

最后，专业选择以培养蒙古国社会经济发展所急需的各项人才为主。从专业配备上看，与 11 所指定高校相对应的是包括建筑学、教育学、艺术学、

41 新华网，中蒙签署交流专项奖学金项目备忘录。[EB/OL]. http://www.xinhuanet.com//world/2015-04/21/c_1115043971.htm. 2020-01-21.

42 БОЛОВСРОЛ, СОЁЛ, ШИНЖЛЭХ УХААН, СПОРТЫН ЯАМ. БҮГД НАЙРАМДАХ ХЯТАД АРД УЛСЫН ЗАСГИЙН ГАЗРЫН ТЭТГЭЛЭГТ ХӨТӨЛБӨР ЗАРЛАГДЛАА[EB/OL]. https://mecss.gov.mn/. 2020-01-21.

43 安徽农业大学，我校接受教育部委托承担 2015／2016 学年"中蒙交流专项奖学金"项目。[EB/OL]. http://gjjl.ahau.edu.cn/info/1020/1864.htm. 2020-01-21.

土木工程学、矿业工程学、农业农村学、畜牧学、医学、地质学、石油与天然气工程学、兽医学、农业工程学等在内的十余个指定专业（详见表3-2）。这些专业既属于对应高校中的王牌和优势学科，同时也是当前和未来蒙古国社会经济发展所急需的高精尖领域。

表3-2：　"一带一路"中蒙交流专项奖学金项目委托院校及对应专业一览表

序号	院校名称	专业名称	
		中文名称	英文名称
1	清华大学	建筑学	Architecture
2	北京师范大学	教育学＆艺术学	Edducation & Arts
3	北京交通大学	土木工程学	Civil Engineering
4	中南大学	矿业工程学	Mining Engineering
5	西北农林科技大学	农业工程学＆畜牧学	Agricultural Engincering & Animal Science
6	东南大学	医学＆建筑学	Medicine & Architecture
7	中国地质大学（武汉）	地质学＆石油与天然气工程学	Geology & Oil and Natural Gas Engineering
8	西安石油大学	石油与天然气工程学	Oil and Natural Gas Engineering
9	东北农业大学	兽医学	Veterinary Medicine
10	扬州大学	兽医学	Veterinary Medicine
11	安徽农业大学	农业工程学	Agricultural Engineering

资料来源：根据《蒙古国教育部合作实施中蒙交流专项奖学金项目的谅解备忘录》整理而成（内部文件非公开可查）。

（2）项目实施过程中的政策调整

由于上述提及中蒙交流专项奖学金项目以招收硕、博研究生为主（本科生的比例不足10%），故本研究在该部分主要关注研究生招收录取过程中的政策变化。

中蒙交流专项奖学金项目历时5年，由蒙古国教育部与中国驻蒙古国大使馆组织派遣共同工作组，负责开展具体的奖学金生选拔工作。从2015-2020每年颁布的招生录取要求和实际操作来看，教育部有关部门根据每年实际的报名和录取情况、留学生的就读体验和高校的反馈不断对项目的实施标准和要求进行调整变化。中蒙交流专项奖学金项目实施过程中主要呈现出两大发展特征：

首先，选拔标准日趋规范化。这一过程一方面体现在对申请者语言要求的规定上。一般来说，身份证件、成绩单、学位证书、导师推荐信和研究计划书（中／英文形式，硕士 500 字、博士 800 字）是申请中蒙交流专项奖学金项目时必须提交的材料。然而，需要指出的是，出国留学所必备的语言成绩证明却不在必交材料之列。中蒙交流专项奖学金项目实施的前三年（2015、2016 和 2017 年），录取时既不要求申请者具备汉语基础，同时也无需提供英语水平证明。"2016 年 3 月，我向审核委员会提交了中国政府奖学金的申请。提交 2-3 周后审核委员会对我进行了面试，面试时只问了几个非常简单的问题就结束了，不会说中文和英语都没关系，老师会对我们用蒙语提问。随后 B 大学也通过了我的填报申请，并于 2016 年 7 月将最终结果提交给了中国大使馆。我记得中蒙交流专项奖学金项目在 2016 年时还没有汉语和英语的语言要求设置"（IDS02）。从 2018 年开始，该项目逐渐提出希望申请者具备一定的汉语和英语基础。在 2018 年和 2019 年的招生简章中均指出"如果具有 HSK、雅思和托福成绩，申请者可将成绩证明与其他材料一同提交，这会更具竞争优势"。[44][45]在 2020 年最新发布的招生规则中对申请者的语言成绩进行了明确的规定，"申请中文授课的硕博士留学生必须具有 HSK（汉语水平考试）4 级或以上水平的成绩证明；申请英文授课的硕博士留学生则必须具有雅思 5.5 分及以上或托福 80 分及以上的成绩证明"。[46]另一方面，考核方式由只有面试调整为面试+笔试。该项目设立的前三年即 2015-2017 年，申请者材料审核通过后便会参加由蒙古国教育部和中国驻蒙古国大使馆共同组织的面试。然而，自 2018 年开始，该项目增加了笔试环节。笔试环节设置在面试之前，只有笔试合格者才有资格参加后续的面

44 Ikon. mn. БНХАУ-ын Засгийн газрын тэтгэлэгт хөтөлбөр зарлагдлаа [EB/OL]. https://ikon.mn/n/18eq. 2020-01-21.

45 БОЛОВСРОЛ, СОЁЛ, ШИНЖЛЭХ УХААН, СПОРТЫН ЯАМ. БҮГД НАЙРАМДАХ ХЯТАД АРД УЛСЫН ЗАСГИЙН ГАЗРЫН ТЭТГЭЛЭГТ ХӨТӨЛБӨР ЗАРЛАГДЛАА [EB/OL]. https://mecss.gov.mn/news/1335/. 2020-01-21.

46 БНХАУ-ын засгийн газрын тэтгэлэгт хөтөлбөрийн хүрээнд магистр болон докторын сургалтад суралцуулах сонгон шалгаруулалт зарлагдлаа /2020 он/ [EB/OL]. https://mecss.gov.mn/news/2118/. 2020-01-21.

试。[47]"中蒙交流专项奖学金项目刚开始的时候报名的人并不多，资料审查和面试的难易程度也比较低，所以我身边认识的老师、朋友申请这个项目大多数都通过了。但是，后面随着这个奖学金项目在蒙古被越来越多的人所知道，申请者的数量不断上升，并且中国政府那边也增加了申请难度，后面的申请者不仅需要面试还要参加笔试环节，并且无论是申请中文授课还是英文授课项目，都规定了语言的要求。这样的话难度显然比之前高不少，想要获得奖学金也就没那么容易了"（IDS08）。

其次，政府逐渐放权，赋予留学生和高校更多的选择权和自主权。从 2017 年开始，政府之前规定的 11 所高校不再是指定合作院校，中国境内的所有高校都对申请者开放。与此同时，申请者就读的专业也不再局限于指定高校的有限专业，他们可以自行选择学习的专业。[48]"我本来是不想来 B 大学的，最初是打算去北京语言大学，因为我的硕士专业是汉语国际教育，因此想在博士阶段从事语言方面的研究，但因为我申请的这个奖学金项目有一些限制当时北京语言大学并没有可以接收我的相关专业。我们有部分同学之前也并不想选择攻读教育学专业，但因为可以选择专业的十分有限，他们为了来中国留学就只能在限定的专业里选择了教育学，这就导致一些同学入学后出现了很多的问题。我相信中国政府应该也是意识到了这些问题，所以奖学金的一些设置和要求从 2017 年开始变动，不再限制蒙古学生的高校选择，我们可以挑选自己心仪的院校就读，而考试制度的调整大概是从 2018 年 3 月开始的"（IDS01）。

总的来说，中蒙交流专项奖学金项目作为"一带一路"教育行动倡议的举措之一，旨在加强中国与蒙古国在高等教育领域的交流与合作，促进两国政府和人民间的相互理解与支持，最终服务于我国"一带一路"对外发展战略。在这个意义层面，该项目的实施是相对成功的。从几位受访蒙古国研究生的个体感知来看，绝大多数都认为该奖学金项目能够极大地促进他们对中国的亲切感与认同感。通过"一带一路"中蒙交流专项奖学金项目，这些蒙古国博士生获得了留学中国的机会，接受到了先进的教育理念和方法，同时

47 Ikon. mn. БНХАУ-ын Засгийн газрын тэтгэлэгт хөтөлбөр зарлагдлаа [EB/OL]. https://ikon.mn/n/18eq. 2020-01-21.

48 Cctv.com МОНГОЛ. БНХАУ-ЫН ЗАСГИЙН ГАЗРЫН ТЭТГЭЛЭГ ЗАРЛАГДЛАА /МАГИСТР, ДОКТОР/ [EB/OL]. http://mn.cctv.com/2017/02/27/ARTICmZSykrC 2iouUaT2eKRi170227.shtml. 2020-01-21.

也目睹了中国社会经济的快速发展。特别是对中国知之甚少的蒙古国研究生来说，来华后他们对中国的印象大为改观，对中国历史和文化也增加了不同程度的了解。"这次留学改变了我对中国的印象，过去因为历史的原因蒙古国很多老百姓对中国的态度并不算特别友好，但是来中国后感觉就不一样了，我觉得大多数中国人都很热情老师们对学生也很有耐心，饮食上也越来越喜欢"（IDS01）。"因为蒙古国和中国的历史是有联系的，来到中国后我逐渐喜欢阅读中国的人物传记，有时也会通过电影和电视剧的方式加深了解。我最喜欢看《三国演义》和有关秦始皇的传记，我觉得中国历史和文化还是很值得研究的"（IDS04）。然而，政府间合作协议奖学金项目的设立的初衷主要是为了配合我国当前"一带一路"的对外发展战略，为了兑现承诺、保障"一带一路"国家来华留学博士生获得中国政府奖学金的数量（每年 200 个名额），因此项目实施之初将招生和录取标准较低，甚至完全不要求申请者具备任何汉语和英语基础并且对专业素养的考察也相对欠缺。这种由政府主导的"一刀切"式的招生和录取方式极易忽视大学才是招收、培养以及管理留学生的主体。当然，政府在这一过程中也逐渐意识到因生源质量导致的诸多问题，故从该项目实施第三年（2018 年）时开始逐年提高选拔标准。

（三）政府调控力量在"一带一路"国家来华留学博士生选拔与录取中的影响

通过研究政府参与"一带一路"国家来华留学博士生选拔与录取的基本环节以及对"一带一路"中蒙政府交流专项奖学金的案例分析我们不难发现，政府往往通过与"一带一路"国家签订双边或多边教育交流合作协议以及财政拨款提供奖学金资金支持的方式，直接参与到"一带一路"国家来华留学博士生选拔与录取的过程之中。政府在整个实施过程中占据绝对的主导地位，一般由官方驻外使、领馆等相关部门负责开展具体的选拔与录取工作，这意味着政府几乎操持着整个项目的运作，对调整"一带一路"国家来华留学博士生招生数量、生源国比例和生源质量具有极强的把控力。

1. 对"一带一路"国家来华留学博士生招生数量和生源国的构成产生重大作用

在政府占绝对主导力量的双边或多边教育交流合作协议项目或国别双边奖学金项目中，政府可以直接规定招收某些特定"一带一路"国家来华留学博士生的数量。例如：习近平主席在 2013 年 10 月访问印度尼西亚时提出今后 5 年中方将向印尼提供 1000 个奖学金名额[49]；中国政府承诺为埃及各专业硕士和博士生及长期科研项目提供 100 个奖学金名额[50]；2015 年，教育部与厄瓜多尔签署的教育合作协议中表示，未来 5 年中国政府将通过各种渠道向厄瓜多尔提供 300 个奖学金名额[51]等等。由于高校是最终承接留学生来华就读的场所，因此政府做出的承诺、签署的协议会直接对我国高等院校招收和录取"一带一路"国家来华留学博士生的数量和生源国结构产生影响。

以本研究的个案调查对象 B 大学为例，为鼓励非洲国家积极响应和参与"一带一路"倡议，中国国家主席习近平先是于 2015 年在中非合作论坛中提出"为非洲提供 2000 多个学历学位教育名额和 3 万个政府奖学金名额"[52]，随后又于 2018 年在中非合作论坛北京峰会的开幕式讲话中做出了"为非洲提供 5 万个中国政府奖学金名额"的承诺。这两次承诺均与我国对非洲的外交政策息息相关，因此教育部于 2019 年设立了"中非友谊"中国政府奖学金项目，致力于为非洲各国培养优秀技能人才、行业紧缺人才和高层次人才，提供中国与非洲各国在实施"八大行动"过程中的人才支撑。教育部对"中非友谊"中国政府奖学金项目全额资助，用于我国部分高校自主招收非洲国家的优秀国际研究生来华就读。伴随着习近平主席两次提出为非洲国家来华留学提供奖学金和"中非友谊"中国政府奖学金项目的确立，近年来 B 大学招收包括留学博士生在内的非洲留学生的比例不断提高。"如果你去留意我们学校 2013 年以后招收的留学生生源国情况，便会发现非洲学生的比例越来越多。但其实在 2013 年或者 2015 年以前，我们学校并没有那么多的非洲留学生。之所以会出现这种变化很大程度上是因为受到我们国家对外政策的导向和影响，特别是自从国家设立了专门针对非洲地区的中国政府奖学金之后，我们学校非洲留学生的比例便逐渐提高。虽然教育部没有明确规定各大高校必须招收非洲学生的百分比，但就 B 大学的情况来说，近年来我们

49 人民网，习近平：今后 5 年将向印尼提供 1000 个奖学金名额。[EB/OL]. http:// politics.people.com.cn/n/2013/1003/c1024-23100980.html. 2020-01-21.

50 人民网，中国为埃及硕士和博士生提供 100 个奖学金名额。[EB/OL]. http://politics. people.com.cn/n/2013/1003/c1024-23100980.html. 2020-01-21.

51 中华人民共和国教育部，中厄签署教育合作协议。[EB/OL]. http://old.moe.gov. cn/publicfiles/business/htmlfiles/moe/moe_1485/201501/182897.html. 2020-01-21.

52 人民网，习近平：中方决定提供 600 亿美元支持保对非"十大合作机会"。[EB/OL]. http://fj.people.com.cn/n/2015/1204/c350394-27249905.html. 2019-12-26.

一直争取将招收非洲留学生的比例占到全校留学生总数的四分之一左右"（IDSAS02）。

2. 对"一带一路"国家来华留学博士生生源质量产生直接影响

政府直接参与"一带一路"国家来华留学博士生选拔与录取的奖学金项目或教育交流合作协议项目，往往由我国驻外使、领馆等相关部门协助"一带一路"派遣国主管部门共同开展对申请者的审核与选拔工作。上文详细举例的中蒙交流专项奖学金项目以及国别双边奖学金和"一带一路"专项奖学金项目等都是通过这种形式完成对申请者的选拔。这种录取方式最大的弊端在于：政府主管部门为了兑现国际承诺以及出于我国对外战略的考虑，必须优先保障"一带一路"国家来华留学博士生的录取数量。因此，负责审核的相关机构不得不降低录取标准，甚至不对申请者有任何语言水平方面的要求。此外，负责考核的官员主要为我国驻外使、领馆和"一带一路"派遣国主管部门的工作人员，他们在专业知识方面往往并不具备考核博士学位申请者的能力，他们可能无法对申请者的学术素养做出客观的判断，甚至录取了很多没有专业基础的申请者。根据本研究对"一带一路"中蒙交流专项奖学金项目蒙古留学生的调查发现，8 位访谈对象中只有 2 人在本科或硕士阶段所学专业与博士生阶段保持一致，剩余 75%入学前几乎是没有专业知识积累的。特别是目前部分"一带一路"国家是由当地主管部门来决定奖学金项目或教育交流协议项目的推荐人名单，我国驻外使、领馆等相关部门没有直接参与到申请人的面试过程之中而只负责对提交的名单进行核查，这样的做法使我国政府直接脱离了对生源质量的把控。"我是通过政府双边协议奖学金项目来到中国留学的。我收到塞内加尔政府发送的通知，知道了有来中国留学的机会。之后我将申请材料提交给本国政府，本国政府负责的工作人员对我进行了一个比较简短的面试（没有笔试）。经我们本国政府选拔后，他们将名单提交中国大使馆，中国大使馆联系我去留学基金委网站注册并办理后续的手续。在前期的申请和录取过程中，我没有联系过中国大使馆，一直都是本国政府负责的"（IDS21）。"来中国留学前我是在哈萨克斯坦的教育部工作。2015 年，教育部负责留学生工作的同事告诉我有中国政府奖学金提供的留学机会，然后我根据要求报名并提交了相关材料。材料审核通过后我进行了面试，面试的官员是哈萨克斯坦教育部的工作人员，面试使用的就是哈萨克斯坦语，没有要求我讲中文，因为面试官来自哈萨克斯坦他们也不会讲汉语"(IDS10)。在上述两种情况下,通过国别双边奖学金项目或政府间交流协议项目录取的"一带一路"国家来华留学博士生生源质量可能很难得到保障甚至会大打折扣。

尽管政府审核部门完成结束后会将申请者信息直接转递指定院校审核,但是这些与政府合作的高等院校出于配合国家对外战略的需要,一般并不会再对申请者进行严格的筛选。"就中蒙交流奖学金这个项目来说,哪怕他们认为选拔过来的都是比较优秀的人才,但在我们看来还是不行的,很多学生实际上都没有达到我们学校的录取标准。当然,话说回来这是国家的对外战略。国家对外战略是要保证的,因为高等院校的一大功能就是社会服务,这是我们当前服务社会的一个发展战略和外交战略,大学有责任要承担这个义务,所以为什么有的时候我们明明知道有些国家留学生的生源质量差但是当政府要求承接的时候还是会同意。因为作为大学不可能超然于这个社会发展的节奏之外,大学要承担自己的义务和责任,尤其像我们 B 大学这样作为做早一批开展来华留学教育的学校,对吧?在国内,我们学校在发展来华留学生教育从某个意义上来说还是具有领导地位和示范作用的,那么承担国家对外发展战略自然也是责无旁贷"(IDSAS01)。

除此之外,大部分"一带一路"国家属于发展中国家并且教育基础往往较为薄弱,由此导致来自这些国家的留学博士生的综合实力也相对较差。这种"先天不足"进一步导致高校生源质量难以得到保障。

第三节　政府在"一带一路"国家来华留学博士生中国政府奖学金项目中的支持

教育部于 2016 年 7 月印发的《推进共建"一带一路"教育行动》中,明确提出设立"丝绸之路"中国政府奖学金,为沿线各国专项培养行业领军人才和优秀技能人才,未来 5 年,每年资助 10,000 名沿线国家新生来华学习或研修。[53]2017 年 4 月,教育部又表示将在现有奖学金的基础上,每年额外向"一带一路"国家提供总数不少于 3000 个奖学金新生名额,并且该奖学金在使用、投放上都会更加精准和更有目的性,"我们培养什么样的人不是学校

---

53 中华人民共和国国务院新闻办公室,教育部:将设"丝路"中国政府奖学金。[EB/OL]. http://www.scio.gov.cn/ztk/wh/slxy/31200/Document/1486603/1486603.htm. 2019-12-26.

能够提供什么，我们培养什么，而是国家需要什么我们培养什么"[54]。

"丝绸之路"中国政府奖学金项目的投放主要有三个渠道：第一，与相关部委合作设立奖学金，在能源、交通、通讯、金融、海洋等重大领域储备"一带一路"国家战略人才；第二，加强省部合作，加大对沿线省（区、市）的奖学金支持力度；第三，鼓励和支持高校与国家大型企业、沿线国家政府部门或高校合作，开展订单式或定向培养项目，提供本土化人才支撑。[55]

当前，"丝绸之路"留学推进计划背景下可供"一带一路"国家留学博士生来华就读的奖学金主要包括中国政府奖学金、地方政府奖学金、孔子学院奖学金、中国学校奖学金以及企业奖学金等多种类型。在我国，可供"一带一路"国家来华留学博士生申请的政府类奖学金一般包括中国政府奖学金和地方政府奖学金。中国政府奖学金由教育部对外提供申请名额，教育部负责并委托国家留学基金管理委员会具体管理。[56]地方政府奖学金则以省、自治区、直辖市为单位资助来华留学生。在本节中，本研究主要讨论政府如何通过奖学金项目作用于"一带一路"国家来华留学博士生的教育质量。

一、"一带一路"国家来华留学博士生政府奖学金资助体系

奖学金制度设计是一国留学生招生规模、招生质量的关键影响因素，奖学金的投放规模、个体额度、投放宣传甚至投放时序等都可能极大影响招生效果。奖学金对于留学生规模扩张主要呈线性影响，对于留学生招生质量提升则更多呈非线性影响。[57]这里所说的"线性影响"是指政府可以通过大幅度投放"一带一路"国家来华留学博士生奖学金金额实现招生规模的迅速扩张。但是，招生质量却不会因奖学金数量的增加而提高，故奖学金与招生质量直接的关系更多为"非线性影响"。

---

54 央视网，我国将设"丝绸之路"奖学金，每年向沿线国家提供不少于 3000 个名额。[EB/OL]. http://jkw.mof.gov.cn/zhengwuxinxi/zhengcefabu/201501/t20150121_1182625.html. 2019-09-10.

55 央视网，我国将设"丝绸之路"奖学金，每年向沿线国家提供不少于 3000 个名额。[EB/OL]. http://jkw.mof.gov.cn/zhengwuxinxi/zhengcefabu/201501/t20150121_1182625.html. 2019-09-10.

56 张吟，《来华留学生奖学金政策研究——以江苏省茉莉花奖学金为例》[D]，南京师范大学，2017 年，第 14 页。

57 刘进，〈"一带一路"背景下如何提升来华留学生招生质量——奖学金视角〉[J]，《高校教育管理》，2020 年第 1 期，第 29-39 页。

（一）"一带一路"国家来华留学博士生中国政府奖学金资助内容及资助标准

现阶段，可供"一带一路"国家来华留学博士生申请的中国政府奖学金项目主要包括国别双边项目、中国高校自主招生项目。除此之外，我国政府还推出了面向特定地区或特定专业的奖学金项目，如：中国-AUN（东盟大学组织）奖学金项目、太平洋岛国论坛项目等等。上述这些奖学金项目的资助标准大致相同。中国政府奖学金资助标准内容共由五部分组成（详见表3-3），具体包括：学费——奖学金生免交学费；住宿费——奖学金生免交住宿费或对其给予住宿费补助；生活费——对奖学金生基本生活给予补助；综合医疗保险费——为奖学金生购买综合医疗保险；国际旅费——对按照协议规定由我方提供国际旅费的奖学金生提供国际往返机票。

表3-3：来华留学博士生中国政府奖学金资助标准

单位：人民币元/人·年

学生类型	学科分类	学　费	住宿费	生活费	综合医疗保险费	合　计
博士研究生	一类	33000	12000	42000	800	87800
	二类	38000	12000	42000	800	92800
	三类	45000	12000	42000	800	99800

资料来源：中华人民共和国财政部，关于完善中国政府奖学金资助体系和提高资助标准的通知。[EB/OL]. http://jkw.mof.gov.cn/zhengwuxinxi/zhengcefabu/201501/t20150121_1182625.html. 2020-02-10.

教育部根据留学生所就读的不同科学，将来华留学博士生的中国政府奖学金分为三类。一类包括：哲学、经济学、法学、教育学、文学（除文艺类外）、历史学、管理学；二类包括：理学、工学、农学；三类包括：文学（文艺类）、医学。三类之间主要存在学费差异，其他享受的待遇均一致。

根据奖学金管理的需要，奖学金各项内容通常按照以下方式发放与管理：第一，学费拨付奖学金生就读高校，由高校统筹用于奖学金生培养、管理以及组织或支持奖学金生开展文体、参观、联欢等活动；第二，住宿费拨付奖学金生就读高校，由高校统筹用于奖学金生宿舍的日常运转、管理和条件改善。按奖学金生管理规定，同意奖学金生自行安排住宿的，高校根据住宿费标准按月或季度发放给奖学金生；第三，生活费拨付奖学金生就读高校，由高校逐月定期发放给奖学金生。现阶段，高校逐月为来华留学博士生发放 3500 元生活费；第四，综合医疗保险费由教育部按规定为奖学金生购买综合医疗保险；第五，国际旅费按协议由我国政府提供的，由国家留学基金管理委员会按规定为奖学金生购买国际机票。[58]

（二）"一带一路"国家来华留学博士生地方政府奖学金资助内容及资助标准

除中国政府奖学金外，我国部分省、自治区和直辖市近年来也相继设立了专门面向"一带一路"国家招收来华留学博士生的地方政府奖学金项目。其实早在"一带一路"倡议之前，云南、广西等省份先后设立了面向东盟国家留学生的奖学金项目。自 2013 年"一带一路"倡议提出以来，又有众多省份在原有地方政府奖学金的基础上，纷纷设立针对"一带一路"国家留学生的专项奖学金。为积极响应国家号召吸引"一带一路"国家高层次、优秀留学生来京就读，北京市教委、北京市财政局率先于 2016 年 11 月印发了《北京市外国留学生"一带一路"奖学金项目管理办法（试行）》的通知，设立"一带一路"专项奖学金。[59]随后，甘肃、湖北、贵州、海南、广东和河南等省份相继成立了"一带一路"或"丝绸之路"专项奖学金，河南省甚至于2018 年设立了致力于吸引以博士和博士后层次为主的高端青年人才的"丝路奖学金"（详见表 3-4）。

表 3-4：各省、自治区、直辖市"一带一路"国家专项奖学金项目一览表

省份	项　目	设立时间	适用对象	具体内容
云南	东盟留学生奖学金	2004 年	东盟国家留学生	本科生 3 万元／年，硕士生3.5万元／年，博士生 4 万元／年
广西	东盟国家留学生奖学金	2011 年	东盟国家留学生	投入资金 1500 万元／年

58 中华人民共和国财政部，关于完善中国政府奖学金资助体系和提高资助标准的通知 。[EB/OL]. http://jkw.mof.gov.cn/zhengwuxinxi/zhengcefabu/201501/t20150121_1182625.html. 2019-09-10.

59 北京市教育委员会，北京市教育委员会北京市财政局关于印发《北京市外国留学生"一带一路"奖学金项目管理办法（试行）》的通知。EB/OL]. http://jw.beijing.gov.cn/xxgk/zfxxgkml/zfgkzcwj/zwgkxzgfxwj/202001/t20200107_1563004.html. 2019-09-10.

北京	外国留学生"一带一路"专项奖学金	2016 年	"一带一路"国家全日制本科生或研究生	本科生 2 万元 / 年，硕士生 3 万元 / 年，博士生 4 万元 / 年
甘肃	甘肃省丝绸之路专项奖学金	2016 年	"一带一路"国家本科生、研究生和长期进修生	投入资金 500 万元 / 年
湖北	湖北省政府"一带一路"留学生奖学金	2016 年	"一带一路"国家学历留学生、汉语进修生和学位预科生	投入资金 500 万元 / 年
贵州	中国-东盟海上丝绸之路奖学金	2017 年	东盟国家留学生	6000-20000 元 / 人 / 年
海南	海南省"一带一路"国际学生专项奖学金	2017 年	"一带一路"国家留学生	投入资金 1000 万元
广东	"一带一路"留学生奖学金专项	2018 年	"一带一路"国家留学生	每年向沿线国家提供 1000 个奖学金名额
河南	河南省"丝路奖学金"	2018 年	以高层次青年领袖人才为主，设立高端学历项目，加大博士和博士后层次人员培养力度	到 2020 年，力争"一带一路"国家来华留学生规模达到 5000 人

资料来源：根据省、自治区和直辖市教育厅官方网站等公开资料整理而成。

（三）政府在"一带一路"国家来华留学博士生中国政府奖学金资助体系中的作用

由政府参与特别是主导的奖学金资助体系中，政府可以通过增加或减少奖学投入金额和数量、改变招生标准和审查程序以及调整对不同国家的资助数额等途径对招生比例、生源质量以及生源国结构等进行引导，进而对"一带一路"国家来华留学博士生教育质量产生影响。

首先，政府通过增加奖学金投入金额和数量，引导来华留学奖学金生比例向博士生倾斜。随着全球范围对国际高层次人才的争夺日益激烈，中国政府越来越注重招生和培养来华留学博士生，通过增加中国政府博士奖学金生的名额和覆盖面、设立卓越奖学金项目等，培养国际青年精英。截至 2018 年，获得中国政府奖学金的来华留学博士生占奖学金总人数的百分比为 24.23%[60]，相

---

60 教育部国际合作与交流司，《2018 来华留学生简明统计》[Z]，北京：教育部国际合作与交流司，2019 年，第 282 页。

比 1999 年的 6.37%增加了 6 倍之多。[61]

其次，对于政府主导的"一带一路"国家来华留学博士生奖学金项目，政府通过调整招生标准、改变审查程序把控生源质量。有关这一部分的解释在本章第二节的第二部分已进行过详细的个案分析，故在此不做赘述。

最后，政府通过设置对不同国家的资助数额，调整"一带一路"国家来华留学博士生生生源国结构。以 2018 年为例，表 3-5 显示的是 2018 年来华留学博士生获得中国政府奖学金前 10 名的国家。按照本研究对"一带一路"国家概念的界定，排名前 10 位的国家皆隶属于"一带一路"国家，这 10 个国家获得中国政府博士奖学金生的数量占奖学金总数的 53.60%。由此可见，中国政府博士生奖学金生源国日趋向"一带一路"国家倾斜。

表 3-5：2018 年来华留学博士生获得中国政府奖学金前 10 名生源国家

序号	生源国	奖学金人数	占博士中国奖学金生总数的百分比
01	巴基斯坦	5059	33.12%
02	越南	892	5.84%
03	蒙古国	647	4.24%
04	苏丹	495	3.24%
05	埃及	487	3.19%
06	泰国	416	2.72%
07	孟加拉国	401	2.63%
08	埃塞俄比亚	335	2.19%
09	俄罗斯	291	1.91%
10	也门	284	1.86%

资料来源：教育部国际合作与交流司，《2018 来华留学生简明统计》[Z]，北京：教育部国际合作与交流司，2019 年，第 297-304 页。

二、"一带一路"国家来华留学博士生政府奖学金资助体系面临的现实困境

尽管近年来政府奖学金对资助"一带一路"国家来华留学博士生经费投入的不断增多，引导来华留学教育向高层次发展的效果日益显著，但不可否

---

61 教育部国际合作与交流司，《1999 来华留学生简明统计》[Z]，北京：教育部国际合作与交流司，2000 年，第 97 页。

认，当前我国针对"一带一路"国家来华留学博士生教育的政府奖学金资助体系依然面临诸多问题。

（一）奖学金资助体系录取标准过低、申请程度相对容易引发的留学动机问题

导致国际学生留学选择的因素必然是由诸多方面构成的，特别是近年来全球政治、经济、文化、外交等力量的相互作用对高等教育和国际学生流动的影响不断增强，造成留学生的求学动因处于一个愈发广泛和复杂的环境。然而，相比国外一般研究所得出的"课程的适切性、学术声誉、就业前景和教育质量"往往是国际学生选择留学目的地国家和高校的重要动因[62][63][64]，本研究发现现阶段奖学金与政府间合作协议是吸引博士生来华留学的直接驱动力，甚至在某种程度上成为来华留学的关键性因素。奖学金越来越成为吸引留学研究生特别是优秀生源来华就读的主要动机，甚至位居来华留学研究生求学动机之首。[65]特别是随着"一带一路"教育行动倡议的深入推进，中国政府专门设立了国别双边项目奖学金、"丝绸之路"奖学金等为代表的中国政府奖学金项目，鼓励沿线国家留学博士生来华就读。"如果中国政府没有给我奖学金，那我可能不会选择来中国"（IDS02）。"当时在选择留学国家时除了好几个国家都在备选方案中，但是由于其他国家没有给我奖学金，所以我最后决定来中国"（IDS06）。"如果没有奖学金，那我应该不会来中国留学，因为我自己无法承担高额的学费和生活费"（IDS07）。

但是，这种将奖学金作为选择来华留学首要因素的动因，往往导致容易个体学习动机倾向不明确的问题。这一点在留学博士生导师的反馈中显得尤为明显，部分导师认为自己的留学博士生存在学习动机不明确或缺乏主观能动性的问题。"我认为很多留学生的学习动机最开始就是不明确或者说是有偏差的，一部分人可能抱着获得这样一个机会能够拿钱出来转转的想法。甚至拿着中国政府奖学金来华留学，在我看来很多时候就是他们动机的全部。

62 Hooley, G. J, E., Lynch J. Modelling the Student University Choice Process through the Use of Conjoint Measurement Techniques. European Research, 1981, 09 (4), p.158.

63 Lin, L. What Are Student education and educational related needs?. Marketing and research today, 1997, 25 (3), p.199-212.

64 Soutar, G. N., Turner. J. P. Students' Preference for University: A Conjoint Analysis. The International journal of educational management, 2002, 16 (1), p.41-44.

65 程伟华、张海滨、董维春，〈"双一流"建设背景下来华留学研究生教育质量研究〉[J]，《学位与研究生教育》，2019 年第 1 期，第 66 页。

至于他们是不是一定要读现在所学的这个专业，都是次要的。那么在这样的一个前提下，他们对于拿到学位的要求也不是那么强烈，如果学位读不下来中间退学中国政府也不会要求他们退还奖学金，所以他们的动机本身是有问题的"（IDSS02）。"留学生来到中国读学位，要尽力克服一切困难，先过了开题再把学位论文写出来，这个我跟学生强调了很多次，但是很难、推不动，问题太多了。比如说开题的时候，我们几个老师对她的论文都给出了修改的建议，我跟学生说趁着放寒假的时间回去重新把开题报告改一改再拿给我看，然后就没有下文了。我不知道她是听不懂我的意思还是怎样，就没法付诸实践"（IDSS03）。

（二）奖学金投放的精准度和有效性依然有待提高

截至 2020 年 1 月，本研究开展个案调查的 B 大学 2014-2019 年共招收"一带一路"国家来华留学博士生 157 名。

从"一带一路"国家来华留学博士生的经费来源上看（详见图 3-1），获得中国政府奖学金的人数为 114 人，占总数的 72.61%。其余依次为个人自费[66]19 人（12.10%）、孔子新汉学计划 14 人（8.92%）、中国学校奖学金 8 人（5.01%）和地方政府奖学金 2 人（1.27%）。值得关注的是，在异动离校（因劝退、开除学籍、主动退学等因素中途终止学业）的 35 名"一带一路"国家留学生中，中国政府奖学金生的比例高达 74.29%，占该校"一带一路"国家来华留学博士生中获得中国政府奖学金生总人数的 22.81%，其余依次为获得孔子新汉学计划的来华留学博士生（11.43%）、个人自费生（11.43%）和地方政府奖学金生（2.86%）。

一方面，B 大学"一带一路"国家来华留学博士生中获得中国政府奖学金人数的比例最高，超过"一带一路"留学博士生总数的三分之二，这说明当前"一带一路"国家来华留学博士生的经费多数来自于中国政府。另一方面，超过五分之一的中国政府奖学金博士生出现了异动离校的情况，并且在整个辍学比例中也是最高的。实际上，这些留学生在中断学业离开学校后，我国政府并不会收回之前发放的奖学金。由此可见，相比政府在"一带一路"国家来华留学博士生奖学金的投入率来说，奖学金实际的投放效率却相对较低。政府在奖学金投放的精准度和有效率方面依然有很大的进步空间。

---

66 注：本研究将通过非中国官方奖学金渠道来华的留学生定义为"个人自费"，这些留学生的经费来源包括家庭出资、派遣国政府资助等途径。

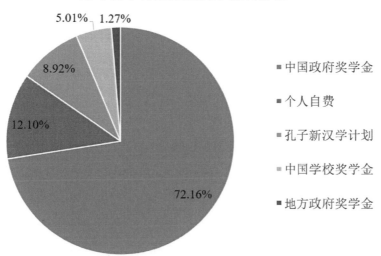

图 3-1：B 大学 2014-2019 级"一带一路"国家
来华留学博士生经费来源百分比

- 中国政府奖学金
- 个人自费
- 孔子新汉学计划
- 中国学校奖学金
- 地方政府奖学金

（三）投入金额和比例的大幅提高易使"一带一路"国家来华留学博士生形成对奖学金的路径依赖

按照跨国人口流动的有关理论，人口的跨国迁徙往往具有很强的示范作用，强社会资本在此过程中发挥着关键作用。奖学金大量投放可能会降低申请者对自身教育质量的预期，低质量留学生获得奖学金进入我国高校具有较强的负面示范作用，并可能通过强关系联结，将其他低质量留学生引入我国。[67]总的来说，就是由于政府大幅度提高"一带一路"国家来华留学博士生中国政府奖学金的资助额度和百分比，产生的结果往往是"一带一路"国家留学博士生规模的迅速扩张，进而导致生源质量的下降，长此以往形成"一带一路"国家来华留学博士生对奖学金的路径依赖。

以上观点在本研究针对"一带一路"中蒙政府专项奖学金项目的调查中可以得到验证。"我是 2015 年第一批申请中蒙政府专项奖学金的留学生，中国政府奖学金的名额相较往年突然增加了很多，但是申请者人数没有达到实际设置的，面试时老师提的问题比较简单并且对汉语语言方面也没有什么要求，所以我觉得应该挺好申请的，我认识的一起申请这个项目的朋友基本都成功了"（IDS01）。"因为我曾经的同学在我之前申请了这个项目，她建议

---

67 刘进，〈"一带一路"背景下如何提升来华留学生招生质量——奖学金视角〉[J]，《高校教育管理》，2020 年第 1 期，第 29-39 页。

我也来尝试一下，因为不是太难申请。特别是我英语不太好但是这个项目又不要求英语水平，所以后来我就申请了奖学金来中国"（IDS05）。

（四）奖学金资助系统设计不合理带来优质生源流失

中国政府奖学金项目要求来华留学生必须在境外申请，而已在中国留学的学生则不符合申请资格，[68]这意味着相当一部分获得中国政府奖学金资助来华接受完整硕士教育的留学生，毕业后需要回国或到其他第三世界国家待满一年方可重新申请此类奖学金。对于在中国获得硕士学位后希望直接继续攻读博士学位的留学生来说，他们不符合申请中国奖学金的条件，只能尝试申请其他类型的奖学金，例如：地方政府奖学金、中国学校奖学金或企业奖学金等。然而，在各级各类奖学金里，中国政府奖学金的资助待遇往往是最优厚的，部分"一带一路"国家留学生可能会因为无法再继续申请中国政府奖学金而选择放弃留在中国攻读博士学位的打算。从各方收集到的反馈来看，这部分留学生的质量更为中国高校和教师所认可，但他们却往往被排斥在奖学金申请者之外，导致优质生源被迫流失。"我硕士就是在 B 大汉语文化学院念的，毕业后我想继续留在这边读博，但是留学生办公室的老师告诉我不能够再继续申请中国政府奖学金了。所以最后我只能转而申请学校奖学金，但是学校奖学金的资助额度就明显中国政府奖学金差一些，并且我需要自己联系住宿。我其实一直不太明白为什么不能继续申请中国政府奖学金"（IDS15）。

---

68 刘水云，〈来华留学研究生培养质量调查〉[J]，《学位与研究生教育》，2017 年第 8 期，第 29 页。

第四章 大学对"一带一路"国家来华留学博士生教育质量的控制

　　高等院校是直接对留学生实施教育的主体，没有高等院校，也就没有现代意义上的留学生教育。[1]在我国，经历了改革开放的几十年，高等院校获得了较以往更多的自主权，但是相对于美国院校行政在决策中所处的主导地位而言，中国高校当前仍属于中央或地方政府行政系统内部的有机构成。[2]在这样的一种制度环境下，高等院校在发展"一带一路"国家来华留学博士生教育的过程中只能在相对范围内的空间进行质量策划和质量改进，更多时间是用于质量控制。

　　根据朱兰质量三部曲有关时间分配的观点，高等院校的行政权威和学术权威分别与中层管理者和基层管理者相对应。相较高层管理者而言，中层管理者用于质量策划的时间相对减少，而在质量控制和质量改进的时间有所增加；对基层管理者（学术权力主体）来说，时间主要用于质量控制和维持。体现在"一带一路"国家来华留学博士生教育质量中，以高校行政管理层为代表的行政权威参与质量策划和质量改进的过程主要包括规划"一带一路"国家来华留学博士生教育发展战略、参与招生和录取、明确培养目标和培养方案、制定考核与评估标准、建立奖学金资助与管理体系以及打造良好的学术

1　金晓达，《外国留学生教育概论》[M]，北京：华语教学教育出版社，1998年，第57页。

2　张丽，《伯顿·克拉克的高等教育思想研究》[M]，武汉：华中师范大学出版社，2008年，第285页。

环境与物质环境等方面; 以大学教师为代表的学术权威将更多时间用于授课、开展学术指导与科研训练, 有时也会参与"一带一路"来华留学博士生的招生和录取。

第一节　行政权威对"一带一路"国家来华留学博士生教育质量的控制

在"一带一路"国家来华留学博士生教育质量中, 本研究所讨论的行政权威主要指高等院校的行政管理者。更具体地说, 行政权威的主体是指以校长为代表的行政管理人员, 涉及研究生院、留学生招生办、留学生办公室等相关部门, 有时也会指以"一带一路"国家来华留学博士生所在院系的院长、系主任为代表的次一级管理者。

一、教育发展战略规划

"一带一路"倡议的提出对我国高等院校发展来华留学生教育提出了新的要求和挑战。为了推进共建"一带一路"教育行动, 培养沿线国家"一带一路"建设所需的高层次学历人才, 近年来不少高校纷纷规划针对"一带一路"教育领域的发展战略: 对外, 面对竞争激烈的国际留学生市场, 许多高校纷纷成立或加入"一带一路"高校战略联盟, 通过有组织的联盟互动, 分享各自的信息与资源, 以集体力量和团队优势改变各自在高等教育体系中的位置和关系[3]; 对内, 为吸引更多高质量的"一带一路"国家留学生, 一些高校根据教育部印发的《推进共建"一带一路"教育行动》文件中的要求, 结合自身的特色和优势, 出台涉及"一带一路"留学博士生在内的来华留学生教育政策文本。

(一) 成立"一带一路"高校战略联盟

中国高校与"一带一路"国家大学开展校际间合作, 是实施"丝绸之路"人才联合培养推进计划的重要组成部分, 具体方式包括开展联合培养、合作办学以及建立高校联盟, 从而为"一带一路"国家来华留学生构建开放式的人才培养模式。为此, 我国高校积极利用自身学科优势选择沿线国家具

3　韩萌、张国伟,〈战略联盟: 世界一流大学群体发展的共生机制研究〉[J],《教育研究》, 2017 年第 6 期, 第 133-140 页。

有同类学科优势的一所或多所高校紧密联系并结成高校联盟[4]，鼓励高校间学生交流互换，推动校际教育资源共享、师资共享、课堂共享，联合培养"一带一路"建设所需的高层次优秀人才。

2015 年，以复旦大学、北京师范大学、兰州大学等为首的 39 所中国高校和与俄罗斯乌拉尔国立经济大学、韩国釜庆大学、马来西亚吉隆坡建设大学等 8 所"一带一路"沿线国家高校组成第一批成员国，"一带一路"高校战略联盟正式成立（详见表 4-1）。"一带一路"高校战略联盟旨在为"一带一路"沿线国家和地区的大学搭建教育信息共享、学术资源共享交流合作平台，探索跨国培养与跨境流动的人才培养新机制。[5]2017 年，伴随着中国科技大学、南京大学等 101 所国内外高校的加盟，成员国扩充到了 148 所。[6]截至 2018 年底，高校联盟成员国已达到 170 余所。[7]

表 4-1：47 所"一带一路"高校战略联盟创始成员一览表

	所属地区	高校名称
国外高校	俄罗斯	乌拉尔国立经济大学
	韩国	釜庆大学
	苏丹	喀土穆大学、苏丹非洲国际大学
	土耳其	土耳其语言研究院
	乌克兰	卢甘斯克国立大学
	马来西亚	吉隆坡建设大学
	吉尔吉斯斯坦	阿红巴耶夫国立医科学院
国内高校	北京	北京师范大学、对外经贸大学
	上海	复旦大学、同济大学、华东师范大学、上海中医药大学
	天津	天津大学、天津师范大学
	江苏	南京农业大学、河海大学

---

4 马昌前、陈文华，《论高等地址教育如何服务"一带一路"战略》[N]，中国矿业报，2015 -01-20（B03）。

5 中华人民共和国教育部，47 所中外大学成立"一带一路"高校联盟。[EB/OL]. http://www.moe.gov.cn/jyb_xwfb/s5147/201510/t20151019_214089.html. 2020-02-20.

6 中国新闻网，"一带一路"高校联盟新增 22 名成员。[EB/OL]. http://www.chinanews.com/sh/2017/09-20/8336219.shtml. 2010-02-21.

7 兰州大学，2018 年"一带一路"高校联盟生态文明主题论坛在兰州大学举办。[EB/OL]. http://www.chinanews.com/sh/2017/09-20/8336219.shtml. 2020-02-21.

甘肃	兰州大学、西北师范大学、兰州理工大学、兰州财经大学、兰州交通大学、西北民族大学、甘肃农业大学、甘肃政法学院、甘肃中医药大学、甘肃民族师范学院、天水师范学院、河西学院、陇东学院、兰州工业学院、兰州城市学院、兰州文理学院、甘肃医学院
四川	四川大学、四川文理学院
重庆	西南大学、重庆文理学院
山西	山西中医学院
青海	青海大学
宁夏	宁夏大学
新疆	新疆大学、石河子大学

资料来源：兰州大学，兰州大学联合 46 所高校发起成立"一带一路"高校战略联盟。[EB/OL]. http://news.lzu.edu.cn/c/201510/36889.html. 2020-02-21.

联盟的不断扩充表明中国高校与"一带一路"沿线国家高校间在人才交流和培养方面的互动日益频繁，除"一带一路"国家外，高校联盟还广泛吸收了来自美国、英国及瑞典等国家的大学。然而，目前"一带一路"高校战略联盟发展过程中面临最为紧迫的问题是尚未吸引到像新加坡南洋理工大学、新加坡国立大学、莫斯科国立大学、印度理工大学等世界一流大学的加盟。加强与"一带一路"沿线顶尖大学合作打造高等教育共同体，进而吸纳沿线国家优质生源来华就读，是当前我国高校发展"一带一路"来华留学博士生教育面临的重要任务。

（二）制定"一带一路"国家来华留学博士生教育发展政策

行政权威肩负着为高等院校规划来华留学生教育发展方向、出台发展战略的重要使命。特别是伴随着"一带一路"建设的深入实施，高校如何在保证自身来华留学生教育质量的同时更好地服务于国家对外战略，是现阶段一些高校特别是研究型大学发展"一带一路"国家来华留学博士生教育面临的主要问题。

以本研究的个案调查对象 B 大学为例，作为国内最早一批开展来华留学生教育的高等院校，B 大学早在 2010 年前后就制定了基于未来十年的发展政策规划，即《留学行动计划》（2010-2020）（以下简称《计划》）。这份政策文本共由四部分组成：

1. 指导思想和总体目标

B 大学的指导思想明确强调要"以科学发展观为指导，紧紧围绕国家及省（市）教育规划纲要，为国家外交、外事工作大局服务，为省（市）教育事业改革和发展服务，为学校建设综合性、有特色、研究型世界知名高水平大学的发展目标服务。适度扩大规模，注重优化结构，重点提高质量，大力推进国际化进程，加强条件建设，着力深化人才培养模式改革，构建起规模适中、结构合理、优势突出、特色鲜明、有国际竞争力和可持续发展能力的北京师范大学留学生教育体系。"

B 大学《留学行动计划》的总体目标是"建立与我校发展目标、教育规模和水平相适应的留学生教育体系；造就一支具有国际竞争能力的高水平教师队伍；形成特色鲜明的来华留学教育高水平学科群；培养一大批知华、友华、具有国际视野的高素质人才。到 2020 年，我校全日制留学生占全日制在校生的 18%，在校学习一学期以上的长期留学生中学位生比例达到 75%，生源国别和层次类别更加均衡合理；全校开设 12 个全英文授课国际研究生项目、120 门全英文授课课程；打造 10 个来华留学品牌专业及 50 门来华留学精品课程。"

2. 现状分析

在这一部分，《计划》总结了 B 大学去十年间来华留学生教育的发展现状，并对比了与清华大学、北京大学等国内知名高校在来华留学生教育发展过程中存在的差距。

文件指出，B 大学来华留学生教育主要存在留学生国别结构不均衡、学历层次有待优化、硕士研究生的规模有待提高以及英文授课项目急需拓展等问题。特别是面临竞争日益激烈的国际留学生市场，办学空间不足已经成为制约该校留学生教育事业发展的瓶颈问题。"学校为留学生提供的宿舍、教室、实验室、餐厅等配套设施已经无法满足留学生需求。实现留学生教育的跨越式发展所需的留学生学习、生活硬件条件亟待改善。"

因此，B 大学认为在 2010 年至 2020 年间，学校将把留学生培养摆在更加突出的位置，瞄准国际同类型高水平大学寻找自身差距，采取有效措施，创新发展模式，通过更大力度地开展实质性教育合作不断缩小差距。在竞争激烈的国际高等教育格局中，充分利用优质教育资源，抓住机遇，迎接挑战。

3. 实施措施

基于指导思想和总体目标以及现状的分析，为实现上述发展目标和任务《计划》提出了九项有效措施，切实提升留学生教育的国际影响力和品牌竞争力，实现可持续发展。

（1）加强组织领导，凝聚管理合力。采取高端谋划、全面落实、纵向推进、横向配合的运行机制，提升留学生教育管理的机构层次。确立由学校一把手牵头，校领导班子成员及相关职能部处负责人参与的校级来华留学教育工作领导机制，制定落实学校推进来华留学教育工作的指导意见及实施方案；加强部门协作，完善校级层面的工作协调机制，各机关部处各司其职、相互配合、形成责权明确、分工合理、决策科学、执行顺畅、保障有力的留学生管理工作机制。

（2）创新培养模式，拓展生源市场。与国际高水平大学实现跨国家、跨地区、跨院校的学分互认和教学资源共享；将弹性学制、远程教育、联合培养等创新模式引入留学生教育领域；与国外官方机构、知名国际企业开展定向培养、委托培养；通过科研合作、文化交流拓展高层次留学生培养项目，深化我校留学生教育内涵，开拓新的生源市场，促进质量提升。

（3）整合教育资源，发掘学科潜力。瞄准学科前沿，重点建设一批国内领先且达到国际先进水平的学科。大力推进教育学、心理学、中国语言文学等传统优势学科的国际化进程，努力培养出一批具有创新能力的国际人才；继续推进学科群协同创新能力建设，在更高、更广的层面上促进学科交叉融合，形成具有中国特色和国际比较优势的留学生教育学科；培育文化创意、高端技术等领域的新学科增长点。

（4）打造国际品牌，拓展高端合作。打造知名专家学者品牌，借助一批在学术领域做出重大贡献、享有国际盛誉、业内公认的教学名师和学术大师，提升我校国际影响力，形成品牌共识。搭建平台、完善制度，邀请国内外一流大学和研究机构顶尖知名学者、专家来我校讲学。

（5）坚持育人为本，提升教育质量。坚持把人才培养作为我校来华留学工作的中心，贯彻"以学生为主体，以教师为主导"的教学理念，面向国际高端需求，坚持英才教育，突出创新能力培养，因材施教，全面提升留学生教育质量，形成具有本校特色、与建设世界知名高水平大学发展目标相适应的人才培养格局。

（6）完善管理体制，实现国际接轨。构建与国际接轨的来华留学管理体制，整体提升留学生管理的国际化水平，建设中英双语教务管理系统，推动学分制、弹性学制，实现中外学生趋同管理。

（7）健全配套设施，改善留学环境。从校园规划、硬件设施、服务模式等方面进行全方位配套：筹建集教学、住宿于一体的国际教育大厦；有计划地逐步扩大留学生住宿空间；定期对留学生学习、生活设施进行改造升级；改进服务，开设留学生一站式服务大厅，实现多部门联合办公；逐步形成中英双语的留学生管理服务体系。

（8）开展职业规划，拓宽教育出口。在入学教育、课程设计、毕业论文等环节增加留学生职业生涯规划专家指导和咨询服务。推进留学生实习基地建设，根据各专业的教学要求，充分发掘学校资源，安排教学实践和实习，建立校企合作，为留学生提供实习和就业机会。建立留学生就业指导中心，为留学生提供教育增值服务。

（9）深化校友工作，挖掘校友资源。全面开展留学生校友工作。组建留学生校友会及各国留学生校友分会；建立和完善留学生校友数据库，开设校友信息平台，定期发送有关学校发展以及校友工作动态的各类信息，及时传递母校的发展动态；不定期组织留学生校友返校活动，邀请杰出校友举办校友论坛。

4. 组织保障与制度保障

为了确保留学行动计划顺利实施，B 大学致力于加强组织保障与制度保障，从而为发展"一带一路"来华留学博士生教育打造良好的外部环境。

（1）切实加强对留学生管理的组织领导。一方面，学校成立校级来华留学教育工作领导小组，由学校一把手牵头，校领导班子成员及相关职能部处负责人组成，定期召开来华留学教育工作会，对全校留学生工作进行总体规划和组织实施，制定、审议留学生工作方针政策，调整留学生教育发展战略，健全、完善留学生教育工作责任制，形成齐抓共管合力。另一方面，学校成立来华留学教育顾问委员会，由学部、院、系（所）来华留学教育工作负责人及教育专家组成，对学校留学生教育工作的发展和决策性问题提供咨询意见，根据需要与可能开展前瞻性宏观背景与趋势研究、情报研究和现状研究，对学校留学生教育工作提出建设性意见。

（2）进一步加大来华留学教育事业的经费投入力度并落实保障条件。增加留学生教育宣传资金；投入专项经费用于留学生课程开发；设立留学生奖励及救助基金；全力支持国际化校园文化建设；启动学校英文信息网络平台建设；扩建留学生宿舍、教室、实验室及餐饮设施，保证留学生教育教学设施需求，为全日制留学生增长至在校生的18%提供空间及条件保障。

（3）加强教师和管理队伍建设，提供人才资源保障。加强师资队伍建设。确立留学生师资准入标准，完善科学、多元的师资评价体系；有重点地在本校教师中培养一批能够胜任留学生教学任务的教学名师；有计划地扩大境外教师的聘用规模，完善聘用模式。提升业务水平，提高教师外语授课的能力，为全面提高留学生教育质量提供人才保障。

（4）建立健全留学生教育工作评价机制和激励机制。建立留学生教育工作评价指标体系，每年对全校各单位留学生教育工作开展情况进行评估和总结，并以适当形式公布；建立开展留学生教育工作的激励机制。将留学生培养工作纳入教师评价体系，在业绩奖励、职务晋升和岗位考核评估中，对承担留学生教学和指导工作的教师给予政策上的倾斜，实施必要的奖励政策。

总的来看，由于 B 大学出台的《留学行动计划》制定于 2010 年前后，彼时"一带一路"倡议尚未提出。但《留学行动计划》也强调了将"始终以国家及省（市）教育规划纲要为依托，服务于国家外交、外事工作大局和省（市）教育事业改革与发展"。因此，"一带一路"倡议以来 B 大学虽然未出台专门针对"一带一路"的政策文本，但从实际行动中可以看出该校近年来一直致力于积极参与到"一带一路"教育行动倡议之中。2015 年，B 大学成为"一带一路"高校战略联盟首批创始成员，此后持续发挥带头作用鼓励新的高校加入联盟。此外，作为"一带一路"中蒙交流专项奖学金项目的指定合作院校，B 大学积极配合国家对外战略，于 2015-2017 年间承接了大批来华攻读教育学和艺术学专业的蒙古硕、博士研究生。在院系层面上，教育学部还专门组织专家、留学生导师等相关人员召开了"一带一路"中蒙交流专项奖学金项目座谈会，就蒙古留学生培养过程中存在的问题交流看法、提出建议并规划未来的发展策略。

二、招生与录取

相比政府在招生与录取"一带一路"国家来华留学博士生中的权力，高校的自主权主要依据"一带一路"国家来华留学博士生的生源类型而各有不同：对政府间合作协议项目（国别双边奖学金学金或专项奖学金项目）的"一带一路"国家来华留学博士生来说，高校拥有较小的自主权，往往需要出于"政治任务"的目的配合国家的对外战略和发展政策；对申请中国政府奖学金下设的中国高校自主招生项目、地方政府奖学、孔子新汉学计划奖学金、中国学校奖学金以及个人自费的"一带一路"国家来华留学博士生来说，高校往往拥有相对较大的自主权，一般会按照自身制定的标准开展招生与录取工作。

（一）招生宣传

获取留学信息的渠道不通畅，现有招生信息不够完整与不及时，高等院校不太重视留学生招生宣传工作等都会影响来华留学研究生的生源质量。[8] 通常来说，高校一般由留学生招生办公室或留学生办公室等相关部门负责"一带一路"国家来华留学博士生的招生宣传工作。当前，高等院校主要通过线下举行国内外留学宣讲和线上设立留学生招生信息网站的方式吸引优秀"一带一路"沿线国家留学博士生来华学习。

1. 国内外留学宣讲

现阶段，高校通常会以参与教育部定期组织的国际留学展和境外留学说明会的进行国内外留学宣讲。除此之外，为提高留学生招生数量、调整生源结构以及改善生源质量，很多高校不得不主动出击自行组织国内外留学宣讲会，选取并前往那些生源质量相对较好的"一带一路"沿线国家，扩大影响力和知名度。"为了能找到质量相对较高一些的学生，我们招生办每年都会组织相关行政人员去马来西亚的大学甚至中学宣讲。之所以选择马来西亚，一方面那边的教育质量是比较值得认可的，在这个基础上学生的生源质量相对也会比较有保障；另一方面，马来西亚有很多华裔，当地很多学生从中小学阶段就读的就是中英文授课的双语学校。所以，如果能挖掘这些学生来我们学校的话，无论他们是选择中文授课还是英文授课，首先在语言方面就不会存在太大的问题"（IDSAS01）。

当然，由于物力、人力等资源条件的限制，并且留学生宣讲会这种组织形式往往耗费资源大但有时宣传效率却较低，因此高校可能面临无法经常组

8　李海生、龚小娟，〈来华留学研究生教育中的生源问题及对策分析〉[J]，《学位与研究生教育》，2017 年第 8 期，第 34 页。

织大规模留学宣讲的问题。

2. 高校留学生招生信息网

随着互联网时代的到来，留学生通过高校设立的招生信息网站了解相关专业、导师及奖学金情况，已成为一种非常普遍的现象。因此，我国高等院校普遍将留学生招生网站作为主要的线上宣传主体。然而，当前我国不少高校的网站针对招收"一带一路"国家来华留学博士生的相关功能仍不健全，例如：很多高校招生网站英文界面在表达的准确性和信息的有效性方面依然有待加强，最为关键的是不少高校缺乏留学博士生专业和导师资料的详细介绍，而这往往是申请者在选择留学院校和导师时最为关心的内容。

（二）选拔与录取

行政权威通常负责校级层面"一带一路"国家来华留学博士生的选拔与录取工作。我国高校主要采取"申请-审核制"的选拔与录取形式，但由于招生制度不完善、选拔标准过低等因素，"一带一路"国家来华留学博士生的生源质量往往无法保障，这是现阶段"申请-审核制"亟待解决的问题。

1. 行政权威主导"一带一路"国家来华留学博士生选拔与录取的基本环节

当前，我国绝大多数高校在院系层面并未设立专门的来华留学生招生委员会。从我国高校内部的权力分配来看，"一带一路"国家来华留学博士生的选拔与录取过程通常由留学生办公室或研究生院等校级层面管理者主持。

在对 B 大学进行深入调查后发现，当前我国高校选拔与录取"一带一路"国家来华留学博士生的一般流程为：（1）高校在收到留学生攻读博士学位的申请后，留学生办公室或相关机构对申请人材料进行初步审核，审核完成后如符合申请标准则将材料转递给各院（系）；（2）各院（系）负责留学博士生招生工作的行政人员根据申请者提交的意向导师名单，按先后顺序联络相关导师并转递材料，导师同意即可认为审核通过。对于未填写意向导师的申请者（这种情况多数存在于国别双边奖学金项目或"一带一路"合作协议奖学金项目），一般情况下，各院（系）负责招生的行政人员不会直接将其材料退回，而是与主管留学生工作的负责人协商后直接为申请者匹配导师，如该导师同意即可认为审核通过；如该导师拒绝，院（系）或对其做思想工作或更换其他导师。如若始终没有导师同意，院（系）最终会将申请者材料退回留学生办公室或相关机构，即意味着最终审核未通过。需要指出的是，如果申请者来自国别双边奖学金或"一带一路"专项奖学金项目渠道，考虑到服务国家"一带一路"教育行动倡议的需要，高校一般都会选择同意接收，这种情况下政府往往起主导作用，高校在录取方面并没有太多的自主权。"我是通过'一带一路'中蒙交流专项奖学金项目来中国留学的，入学前自己并没有联系过导师。由于没有汉语基础，我先在汉语文化学院进行了一年时间的汉语学习，达到要求后才进入所在学院开展专业学习。所以，我来中国一年后才知道自己导师的名字，是学院根据我填报的研究方向分配的"（IDS07）。

　　总的来看，整个选拔与录取过程主要由以留学办公室或研究生院等为主的校级行政管理部门负责，极少有高校在院系层面设立招生委员会并将其作为主导招生和录取工作的主要部门。这是与国际惯例非常不同的，例如在美国，院系的招生委员会对国际学生的招生赋有最终决定权。

2. 行政权威主导"一带一路"国家来华留学博士生选拔与录取的现实困境

　　当前，教育部并未针对来华留学博士生的招生设立统一的入学考试制度并且"录取由学校决定"[9]，这意味着招生权被下放给各地高等院校。对于招收包括"一带一路"国家在内的来华留学博士生，我国高校通常采取"申请-审核制"的招生录取方式，即申请人根据高等院校的招生规则提交简历、个人陈述、推荐信、学历证明、成绩单以及语言成绩证明等相关材料，高校审核后决定是否录取。整个录取过程一般没有笔试环节，面试则往往取决于来华留学博士生导师的个人意愿，极少有高校会统一组织面试。这种"申请-审核制"的问题主要在于缺乏硬性和明确的准入标准。

　　（1）对"一带一路"国家来华留学博士生的语言水平要求较低

　　通常来说，使用中文授课的来华留学博士生达到新版汉语水平考试（HSK）5级或6级便可进入高等院校进行相关领域的专业学习，但HSK考察的是留学生对日常汉语的使用及熟练度，缺乏专业知识方面的针对性测试。因此，仅掌握普通的听说读写能力并不能够确保来华留学博士生专业学习的顺利开展。此外，鲜有高校在录取时对中文项目申请者的英语水平有明确的硬性规定，导致"一带一路"沿线一些非英语语种国家的来华留学博士

9　中华人民共和国教育部，学校招收和培养国际学生管理办法。[EB/OL]. http://www.moe.gov.cn/srcsite/A02/s5911/moe_621/201705/t20170516_304735.html. 2019-09-21.

生入学后在英文文献阅读和国际学术交流等方面存在诸多障碍。"我的英语水平很一般，可能去不了英语国家留学，所以为了避免这个问题选择来到中国，特别是我申请中蒙交流专项奖学金时该项目没有设置对申请者英语水平的要求"（IDS08）。"我的英语水平其实挺差的，特别影响英文文献阅读的速度和效率，导致我经常要拿出部分时间来学英语"（IDS01）。"英语不好很大地会影响到我的研究，包括阅读、写作、参与国际会议等等方面。还是有一定影响的，很多文献都是英文的，我英文水平一般，英文文献的研究比较吃力"（IDS17）。

对英文授课型来华留学博士生来说，虽然很多招生项目规定申请者需提供英语水平的成绩证明（例如雅思、托福或 GRE），但却鲜有高校设置明确的语言成绩分数线，这种选拔实际上是非常具有弹性的。再者，高校也不会对英文授课型来华留学博士生提出需要具备汉语水平的条件。因此，这种既没有统一的汉语水平要求，也没有最低标准的英语水平要求，往往无法保障"一带一路"国家英文授课型来华留学博士生的生源质量。

（2）欠缺对"一带一路"国家来华留学博士生专业素养的规范考核

当前，除北京大学、清华大学和复旦大学等个别高校自主研发了针对来华留学研究生的内部考试外，我国还没有研发出类似 GRE、GMAT、MCAT、LSAT 等对不同专业研究生学能与知识水平进行测试和评价的考试标准。[10]因此，一般高校在招收"一带一路"国家来华留学博士生时，往往只通过申请者的个人陈述、学历背景等信息对其进行专业素养的粗略考察，并未设置专门的考试制度。这极易导致录取的"一带一路"国家来华留学博士生缺乏必要的专业知识储备，这些留学生入学后极易遭遇学术适应问题，由此导致任课教师和留学生导师因此承受较大的授课和指导压力。"课堂上能听清楚老师说的每一个字和将老师讲授的内容理解消化，这是两个完全不同的概念。我现在博士就读的专业是语言学及应用语言学，上的都是一些语义学、语用学这样的专业课程，这些课对我来说真的很难。一方面，我虽然本科念的是中文系硕士来中国学习的汉语国际教育专业，但是它们跟我现在的研究方向并没有什么联系，所以我基本属于零基础；另一方面，这些专业课程的内容真的很难，哪怕是韩语（本国语）授课我都听不太懂更何况中文授课"（IDS18）。

---

10 刘阳，〈浅析来华留学研究生招生工作存在的问题及应对策略〉[J]，《教育现代化》，2019 年 6 月第 79 期，第 308-311 页。

（3）院（系）权力层面缺少对"一带一路"国家来华留学博士生汉语水平和学术素养的二次考核

对于录取的中文授课型"一带一路"国家来华留学博士生而言，通常分为两种情况：第一，如若该生没有汉语基础（往往来自于政府间、院校间协议奖学金项目），入学后则须首先进行1-2年（多数为1年）的汉语学习，只要通过所申请专业规定的HSK等级考试（通常≥HSK5级），即可进入之前选定的相关专业攻读博士学位；第二，如若该生入学前已通过所申请专业规定的HSK等级考试，即可直接进入申请专业开展专业学习。然而，一方面第一类来华留学博士生仅仅在学习汉语一年左右便进入各自领域进行专业性的课程学习，这对他们来说无疑是巨大的挑战。"很多沿线国家留学生来中国前完全不懂汉语，如果他们只有一年的汉语学习经历就要进入攻读博士学位，那哪怕是天才也做不到。拔苗助长，这种从零基础开始学习语言，一年后可能也只是掌握了粗浅的交流，但无论如何也无法达到博士生水平的要求"（IDSCT02）。另一方面，对部分第二类来华留学博士生而言，通过汉语等级考试并不能与其真实的语言水平划等号。"就我个人知道的而言，通过HSK考试并不能够代表留学生就一定掌握了与之相匹配的汉语水平，因为HSK考试是有技巧可寻的，一些留学生为了通过考试会去刷题或者参加一些讲授考试技巧的辅导机构班，虽然最后可能通过了考试但实际上有些题目他们并不能够真正理解"（IDS09）。

在上述情况下，"一带一路"国家来华留学博士生所在院（系）并未针对其设立科研能力和学术素养的审查机制，而是直接让他们进入各自专业学习和从事科研工作。由于缺少二次考核机制，部分"一带一路"国家来华留学博士生入学后往往困难重重，出现语言水平、科研能力与实际录取标准不相符的现象。

三、培养目标和培养方案

在这一部分，本研究分别以B大学研究生院颁布的《研究生手册》和留学生办公室制定的《外国留学生手册》为基础，并从院（系）一级选取了该校教育学部出台的《教育学部培养方案》作为更为具体的研究对象，解析当前该校针对来华留学博士生的培养方案和培养目标。由于B大学采取了趋同化的管理制度，因此该校已将学历博士留学生的培养基本纳入学术学位博士研究生培养工作之中，依据教育部颁布的《普通高等院校学术管理规定》、《中华人民共和国学位条例》、《中华人民共和国学位条例暂行实施办法》和《高等院校接受外国留学生管理规定》等相关政策文件和法律法规，出台具体的培养和管理办法。

需要指出的是，近年来 B 大学一直致力于采取中外学生趋同化管理，因此并没有专门针对留学生制定的培养目标和培养方案。对来华留学博士生培养的具体细节，都将其纳入研究生院颁发的《研究生手册》之中，该校教育学部对教育学专业来华留学博士生的培养办法则纳入面向全体学生的《教育学部培养方案》之中。

由于学术权威是开展来华留学博士生教育教学工作的主要参与者，因此本研究将在下一节中结合当前"一带一路"国家来华留学博士生的课程学习体验和科研现状，具体分析、总结校级培养目标和培养方案的经验与问题。

（一）培养目标

B 大学《研究生手册》中对包括留学生在内所有学术学位博士研究生设定的培养目标是——坚持立德树人，培养具有强烈社会责任感和时代使命感，具有理想信念、道德情操、扎实学识和仁爱之心，德、智、体、美全面发展的学术型、创新型的高层次专门人才。[11]具体要求如下：

1. 掌握本门学科坚实宽广的基础理论和系统深入的专门知识，追踪学科知识前沿，具有较强的专业基础能力、创新能力和实践能力；熟练掌握一门外语，能熟练地阅读本专业外文资料，熟练运用外语进行国际学术交流，撰写学术论文；具有独立从事科学研究、教育教学或其它专业管理的能力。[12]

2. 具有良好的科学与人文素养，具有适应知识社会和终身学习时代所需要的自主性、反思性、研究性的学习品质；具有良好的学风和科学方法论素养；恪守学术伦理和学术规范。

---

11 注：该校学术学位博士研究生的培养目标，还包括要坚持四项基本原则，适应社会主义市场经济和社会改革发展要求，具有强烈的民族自豪感等要求。但本研究认为这些对留学生来说并不适切，故没有在正文中呈现。

12 注：《研究生手册》中学术学位博士研究生培养目标第 1 条实际为"掌握马克思主义基本原理，确立辩证唯物主义与历史唯物主义的世界观和方法论，形成正确的价值观和人生观，热爱祖国，热爱人民，遵纪守法，品行端正，乐观进取，勇于创新；具有健全的社会主义民主法制观念，继承中华民族传统美德和优秀文化，积极为社会主义现代化建设服务。"但本研究认为这些对留学生来说并不适切，故没有在正文中呈现。

3. 具有健康的体魄、良好的心理素质、健全的人格和健康的生活方式。具体到院（系）一级，B 大学教育学部则提出了围绕本科学的更为详细的培养目标——培养能够进行教育学术研究，致力教育创新的高端教育人才。具体目标包括：热爱教育事业，富有奉献精神和良好的专业品格；具有深厚的教育理论素养，敏锐的教育问题意识，扎实的教育研究能力，开放的国际专业视野；能够洞察教育实践的需求，对教育实践进行批判性和创造性思考，能与教育实践者进行开放性对话的能力。

（二）培养方案

培养方案主要对来华留学博士生的培养计划、培养方式和培养环节等方面做出详细规划，"一带一路"国家来华留学博士生所在院（系）依据培养方案具体开展留学生教育教学和管理工作。

1. 培养计划

来华留学博士生的学制一般为 3 年。在博士生入学后 2 个月内，指导教师应按照培养方案的要求，根据博士生的专业基础和学习特点，与博士生制定出培养计划。培养计划应该明确规定课程学习、文献阅读、科研计划、预期目标，以及博士学位论文的初步设想。要注意拓宽培养口径，提倡学科交叉。博士生的培养计划由博士生和导师签字确定，经学科组审核后，提交培养单位批准备案。

2. 培养方式

来华留学博士生的培养实行导师负责制，提倡建立以导师为首的博士生指导小组，充分发挥集体指导的优势，重点培养其独立从事科学研究工作和进行创造性研究工作的能力。留学博士生入学后，至少每月主动向导师汇报一次思想、学习和科研进展情况，听取导师的指导。导师要随时关注留学博士生学习和研究的进展，如认为工作需要，经导师提名，博士生所在培养单位批准，也可选派副教授以上的教师担任留学博士生的副导师，协助导师做好指导工作。

3. 培养环节

除课程学习和修习学分外，来华留学博士生培养的主要环节还包括科研与实践活动、国际化经历和中期考核。在这里，本研究主要阐述 B 大学校级和院（系）层面有关来华留学博士生课程设置与学分要求。科研与实践活动、国际化经历和中期考核等其他环节将放在"考核与评估"部分进行详细阐述。

（1）课程设置的基本流程

来华留学博士生课程方案的制定、实施以及监督等方面主要涵盖在学术学位博士生培养方案之中，培养方案则由学位评定委员会和学位分委员会负责。B 大学在校级层面设立学位评定委员会，负责统筹全校学位授予等相关工作。学位评定委员会按照学科门类或一级学科下设学位评定分委员会，各学科分委员会根据学校印发的《关于修订学术学位研究生培养方案的指导意见》以及研究生院制定的《学术学位博士研究生培养基本流程》，负责本学科具体的培养方案等相关细节工作。学位分委员会成立专门的工作小组，聘请具有相关经验的教师专门负责制定一套包括培养方案、课程标准、教学大纲、参考教材与阅读材料以及培养计划五位一体的研究生培养方案体系。

方案初步完成后提交学位分委员会审核，学位分委员会将拟定的方案呈送本专业及相关领域的教授、专家等征集修改意见，并在此基础上形成终极培养方案并提交学校审查通过。

（2）课程设置与学分要求

基于 B 大学趋同化的培养方案，除个别地方外，来华留学博士生在学分要求、中期考核、科研活动、国际化经历以及学位论文等方面的标准与普通博士生几乎完全一致。学分由公共课程学分（公共必修课和公共选修课）、学位基础课程学分（方法课、学科前沿讨论课和高级研讨课）和必修环节学分（科研活动、国际化经历和中期考核）三部分构成，总学分要求均不低于 20 学分。来华留学博士生免修公共政治和外语课，以必修"中国概况"（2 学分，如硕士期间已修过者可免修，不计学分，须另修一门学位基础课补足学分）和"汉语"（2 学分）替代。学习哲学、政治学专业的留学生则必修"中国马克思主义与当代"。

以 B 大学教育学部中文授课型来华留学博士生为例（详见表 4-2），公共必修课需满足 6 学分，包括中国概况、汉语论文写作和方法课[13]；学位基础课需最低修满 2 学分，"论文研究设计高级研讨课"和"学术发表研讨课"至少二选其一；专业课需修满至少 2 学分，"各学科前沿发展"是必修课程。

---

13 注：博士生可根据自身情况，公共必修课中的方法课可从研究生院开设的方法课，或教育学部为硕士生／博士生开设的方法课中选择修读。

综上，来华留学博士生需在课程学习方面需至少修满 12 学分方可达到毕业要求。[14]

表 4-2：B 大学教育学一级学科留学博士生课程及学分结构

课程类别	科目和门数		最低学分要求
公共必修课	中国概况、汉语论文写作		6 学分
	方法课		2 学分
学位基础课	论文研究设计高级研讨课		2 学分
	学术发表研讨课		
	教育学科前沿发展（选修）		
专业课	各学科前沿发展（必修）		2 学分
	专业方向课（选修）		0 学分
必修环节	科研与教学实践活动	学术／社会实践活动	2 学分
		教学实践活动	
	国际化经历		2 学分
	中期考核		2 学分

资料来源：B 大学《研究生手册》&《教育学部培养方案》。

（3）课程设置的主要特征

首先，遵循"自上而下"的生成结构。来华留学博士生课程方案的生成遵循"自上而下"的程序结构。当然，这不仅仅针对留学生和课程设置而言，几乎关于所有研究生培养方案的制定都适用于这一原则。校级层面按照国务院学位办制定的《学位授予和人才培养一级学科简介》和《一级学科博士、硕士学位基本要求》，明确一级学科研究生的培养目标、基本知识结构、基本素质、基本学术能力和学位论文要求，并在此基础上出台相应的指导意见。一级学科所在的分学位委员会在校级指导意见的框架内，形成各学科具体的培养方案体系。在这个过程中，学生作为实施目标的主体鲜少有机会参与其中。

其次，注重研究方法和学术技能的训练。在 B 大学最新版（2014）研究生培养方案指导意见中，多次指出强化各学科所需的方法论、方式、方法技

---

[14] 注：科研与教学实践活动、国际化经历和中期考核这 3 个必修环节总计 6 学分，将在后续进行详细讨论。

能等，尤其是培养博士研究生成为独立的研究者所必须掌握的学科研究范式。博士研究生必须根据研究需要选修不少于 6 学分的研究方法与学术技能类课程。为此，B 大学建立由公共必修方法课群（学校）、一级学科方法课群（学校和培养单位共同建设）和专业方向方法课群（培养单位）构成的研究方法与学术技能类课程体系。

再次，导师指导下的课程学习计划。B 大学规定，包括留学生在内的所有研究生入学后都应在导师或导师组指导下，按照所在学科或专业学位类型（学科领域）培养方案的要求，结合个人培养计划，制定出课程学习计划。导师应根据拓宽培养口径、扩大知识面的需要和研究生的学业基础、学业规划，结合科研课题指导研究生修读课程。需要强调的是，培养方案明确指出"研究生应在导师指导下选择修读方法课"。

最后，重视博士生培养质量与课程制定标准。B 大学最新修订的研究生培养方案要求把提升培养质量作为首要目标，将课程设置的原则统一到学生素质和能力提升上。与此同时，淘汰一些教学质量不高、学生反映差的课程，增加课程内容的含金量，加大研究生修读课程的任务量和考核难度，改变研究生上课走过场应付了事、课程水平和质量不高的现状。对博士生而言，要加强文献阅读、写作训练与学术研讨的能力。为此，一级学科层面需开设由国内外一流专家集体讲授的学科前沿研讨课和由导师（组）开设的高级研讨课。

四、考核与评估

除应修满课程学分外，来华留学博士生还需获得科研与实践活动、国际化经历和中期考核三部分必须环节的学分。科研与实践活动、国际化经历和中期考核环节的具体内容由校级层面规划基本的操作流程，院（系）层面则在校级框架内设置考核的内容细节并负责具体实施。除此之外，来华留学博士生还需完成学术论文发表的最低要求和达到评审标准的学位论文写作。

总体来看，来华留学博士生完成考核与评估体系的流程包括：在学校规定的年限内完成本专业博士生培养方案规定的课程和必修环节，考核合格；科研工作取得一定成绩，在学位评定委员会及分委员会规定的学术刊物上公开发表规定数量与质量的学术论文；完成博士学位论文；经导师（组）同意，可申请博士学位。

（一）科研与实践活动

为了保证博士培养的质量，加强科研能力培养，加强理论联系实际，培养方案要求每位博士生在学习过程中应参与科研与实践相关活动，并且占总学分（20学分）中的1个学分。以下是B大学教育学部对来华留学博士生参与科研与实践活动考核的具体内容：

教育学部将科研与实践活动主要分为以下三种类型，要求每位博士生至少需要完成其中两类的各一项活动。其中教学实践活动的第一项为必选项。

1. 学术实践活动

（1）参与本专业领域的科研课题或项目。由项目主持人出具包含其工作性质、工作量、工作贡献的证明材料。

（2）主持开展与本专业领域相关的自主研究课题，并提供相应的研究计划、研究记录、研究报告或成果。

（3）参与国内外学术会议，并提供证明和论文全文。

（4）组织或参与本专业领域相关的各类学术活动，并能提供由主办方出具的包含其工作性质、工作量、工作贡献的相应证明。

2. 教学实践活动

（1）在导师指导下，主讲导师所授一门课程的部分课时（4-6课时）。完成教学实践后，由导师出具包括其课程名称、课时、工作内容，工作量的证明材料。（必修）

（2）在中小学或者教育相关行业单位、企业等开展至少160小时的教学、管理、研发等教育实习。由实习单位出具包含实习时间、实习岗位、实习内容和实习评价在内的证明材料。实习时间可以在不同单位间累加计算。

3. 社会实践活动

（1）参与教育相关的志愿者活动、慈善活动、服务性学习等无报酬活动至少30小时。由相关单位出具包括活动性质、活动内容、工作时间、工作贡献等内容在内的证明材料。

（2）组织或单独开展教育调查、教育考察等活动，并提交相关报告。

调查显示，绝大多数"一带一路"国家来华留学博士生都能比较顺利地完成学术实践活动学分，并且不少留学生对于参与导师课题、国内外学术会议以及各类学术活动等项目都持非常积极的态度。"B大学有很多国际会议、课程和讲座，不同国家的教授和学者会来到这里交流，我也曾经在一些会议上发言并提出自己的观点。我认为这是很好的机会，因为在蒙古我们的大学并没有这么多学习的机会。我尤其喜欢听讲座，这个过程中学习到特别多的知识"（IDS05）。"我的导师人特别好，我参加了她的一些课题，并2次跟随导师去调研。其中一次还参与了撰写调研报告。调研过程中我主要负责记录，导师有时会也会让我提出自己的看法"（IDS09）。然而，对于必修环节教学实践活动部分，"一带一路"国家来华留学博士生的完成度要相对困难很多。"在导师指导下主讲导师所授一门课程的部分课时（4-6课时）"，这一要求首先需要留学博士生具备相当水准的汉语表达能力，其次对教学能力和专业知识的掌握也有较高要求。再加上绝大多数导师并不知道博士生必须参与教学实践活动（这一政策颁布于2016年秋季学期），因此鲜少有导师会主动指导留学博士生完成课堂授课。"我觉得导师好像并不知道博士生需要在课堂上完成教学实践，因为导师从来没跟我提过。而且这个学分获得的难度对我来说真的挺大的，以我目前的汉语水平在课堂上连续用汉语授课几个小时是很难完成的任务"（IDS03）。

（二）国际化经历要求

为培养博士生全球化视野和国际交往能力，B大学教育学部要求留学博士生参照《教育学学术型博士生国际研习管理规定（试行）》，参与相关活动。国际研习活动包括下列五类，须从中选取两类，完成后合计为2学分。

1. 国际会议。博士生在就读期间参与一次以外文为工作语言的国际会议，所提交论文被国际会议录用或在会议相关环节作演讲或作展示。鼓励学生参与学部相关国际会议项目和经费的申请。会议结束后两周内提交相关录用证明、论文全文或展示材料以及参会照片。

2. 外文专业课程。博士生就读期间修读一门外文专业课程。

3. 国际学习。博士生申请各类国外学术机构研读项目和联合培养项目，获得三个月及以上的国际学习经历。

4. 修习第二外语。博士生根据专业要求，修习一学期及以上的第二外语课程。

5. 其他国际交流活动。博士生参与各类国际交流、学习和竞赛活动。

调查发现，"一带一路"国家来华留学博士生在国际化经历方面的完成度相对较高，特别是很多留学生对参与国际会议都抱有相当高的热情度。"我非常喜欢参与学校举办的各种国际会议等活动，甚至有时候会报名这些国际会议的志愿者，因为我觉得在这个过程中能够学到很多知识并且锻炼汉语和英语的表达能力"（IDS07）。"国际会议、国际学术交流这些活动由于刚入学我参与的不算太多，但是如果有机会我是非常想参加的"（IDS17）。

（三）中期考核

中期考核环节共计 2 个学分，是对博士生在读期间科研能力审查的主要方式。校级层面要求如若达到中期考核标准，来华留学博士生需要完成博士候选人资格考试、经典与前沿文献阅读、学术报告、学术道德规范考察和开题报告五部分内容。院（系）层面在上述框架基础上规定具体的考查内容。以下是 B 大学教育学部出台的中期考核的具体要求和实际执行情况。

1. 博士候选人资格考试（在条件成熟的二级机构，可以试行博士候选人资格考试）

博士学位候选人资格考试主要考查博士生对二级学科的相关知识、技能与研究能力。博士生在修满规定学分后可申请参加资格考试，并提交博士学位候选人资格考试申请表及课程成绩单正本一份，经审核通过后参加考试。博士学位候选人资格考试原则上为笔试，由各二级学术机构的专业博士学位候选人资格考试委员会自行命题，考试成绩经学部学位分会审核后，以书面形式正式通知考生。博士生经资格考试合格后，由学部确认为博士学位候选人，并可申请毕业论文开题报告口试。考试不及格者应在规定修业年限内申请重考，次数不设限。未能在修业年限内通过资格考试者肄业。

从实际执行情况来看，由于资格考试尚处于试行阶段，因此只有课程与教学论、学前教育学等少部分专业设置了资格考试，多数专业尚未将其纳入对博士生科研水平考核的步骤。

2. 经典与前沿文献阅读

经典与前沿文献阅读考查博士生对专业领域内尤其是选题方向的经典文献和前沿文献的理解和掌握程度，可单独进行，也可与博士论文开题报告中文献综述部分的考查合并进行。学生就其学科领域内某一个具体研究问题提交相关文献综述，本专业教师组成三人及以上评阅小组审读报告或综述并判断成绩，成绩等级为优、良、及格、不及格，不及格者应在规定修业年限内申请重考，次数不设限。未能在修业年限内通过者肄业。

从具体的操作来看，绝大多数二级专业并未单独执行这项规定，一旦博士生开题报告合格即意味着他们对经典与前沿文献阅读的掌握过关。

3. 学术报告

学术报告考察博士生在专业领域中相关研究问题的学术表达。博士生需选择本专业领域中研究问题进行研究，并将研究结果进行公开口头报告。博士生在读期间需进行两次公开报告，并提交相应演讲海报、演讲简报和演讲记录。

从落实的情况来看，"一带一路"国家来华留学博士生多以参与以班级为单位组织的学术讲座、国内学术会议等形式进行公开学术报告，学术口头报告的难易程度相比教学实践活动中的授课环节难度较低。"进行公开的学术报告对我来说不是太难的事情，因为平常课堂上老师经常会让同学们以个人或小组的形式组成汇报，每学期导师组织的师门会上大家也会轮流汇报和发言，这些都会让我得到很多锻炼。有了之前的积累，公开口头进行学术汇报就显得相对容易多了"（IDS06）。

4. 学术道德规范考查

学术道德规范考查就读期间的学术表现及学术成果的规范性。如有发现署名不当、剽窃抄袭以及其他违反研究伦理等学术不端行为，一经查实，按照学校相关规定处理。

为规范学生的学术道德，B 大学研究生院设置了一套考察学生学术规范的测试题，学生以在校答题的方式完成测试。每学年有且只有一次测试机会，只有测试合格者，才能申请毕业答辩。

5. 开题报告考查

开题报告主要考查毕业论文的选题、文献和研究设计以及相应准备情况。开题报告具体考查时间由导师组确定，学生在导师组指导下完成开题报告的撰写，并由学术型博士研究生中期考核小组组织考查，通过者可以进入论文撰写阶段，该开题报告向所有听众公开。开题报告未通过者允许修改一次，并重新组织考查，修改后考查未通过者肄业。

调查发现，如果要保障顺利毕业（B 大学学制一般为 3 年），开题报告通常应在二年级左右完成。研究者开展访谈调查之时，21 位留学博士生中分别包括三年级 9 人、二年级 5 人和一年级 7 人。排除一年级新入学和刚升入二年级的 5 名留学生，9 名被调查的三年级留学生的开题率约为 87.5%，这意味着多数"一带一路"国家来华留学博士生可以在二年级结束前完成开题报告。

总的来说，中期考核是研究生院和院（系）在博士生就读中期对"一带一路"国家来华留学博士生学术能力的考查。中期考核共包括五个环节，部分环节如博士候选人资格考试、经典文献与前沿阅读并未得到严格执行，导致考核的形式往往大于实质内容。其余考核项目，如学术报告、学术道德规范和开题报告考查则相对规范，会对博士生提出较为明确的要求和标准。

（四）学术论文发表

因为各学科在论发表中的差异性，B 大学在校级层面并没有明确规定博士研究生在读期间应发表的论文数量，只提出博士生应"在学位评定委员会及分委员会规定的学术刊物上公开发表规定数量与质量的学术论文"。但是各院（系）会在博士生毕业标准中提出基本的学术论文发表要求。B 大学教育学部对包括留学生在内的教育学专业博士研究生提出发表学术论文的基本要求为：

教育学博士生在学期间应在本专业领域的国际期刊、国内核心期刊上发表学术论文。

1. 课程与教学论专业和教育技术专业的博士生，在学期间应以第一作者（或导师为第一作者，学生为第二作者）发表至少 2 篇学术论文，其中至少有 1 篇应在 CSSCI 及以上级别期刊上发表，另 1 篇可以在本专业核心期刊上发表。

2. 其他教育学专业博士生在学期间应在 CSSCI 及以上级别期刊上以第一作者（或导师为第一作者，学生为第二作者）发表至少 2 篇学术论文。

然而，在实际操作中发现，上述有关学术论文发表的基本要求只针对于中国本土博士生。对"一带一路"国家来华留学博士生来说，他们并不一定要有学术成果的发表，通常情况下只需完成学位论文写作即可申请毕业答辩。究其原因，一方面多数中文授课型"一带一路"国家来华留学博士生在论文写作方面确实存在较多障碍，发表论文特别是在 CSSCI 及以上级别期刊对他们来说难度颇大，大部分导师对此也并不寄了太人期望。"我对自己带的这个留学生没有什么过高要求，论文发表根本也不寄予什么希望，她能把大论文（学位论文）完完整整写出来就已经很好了"（IDS05）；另一方面，学校和学院基于来华留学博士生毕业率的考量，遂采取放宽毕业标准的做法。"这个也确实是没办法的事情，毕业率就摆在那里，每学年我们都要做统计对比，太难看总归是不好。再加上有的导师因为带留学博士生困扰颇多，巴不得他们赶紧毕业所以也会相应降低学术论文的发表要求"（IDSAS03）。

（五）学位论文写作

作为集科研成果精华之大成的学位论文，既是来华留学博士生成为一名合格研究者的体现，同时也是科研能力审查的最后一环。基于当前趋同化的管理模式，B 大学对留学生与中国学生提出了相对一致的标准，即学位论文应体现博士生坚实的基础理论与系统深入的专门知识、具有独立从事本学科专业创造性研究工作和实际应用工作的能力以及具有一定创新性或独到见解。B 大学教育学部颁布的《教育学学术质量标准》中对博士生学位论文写作提出了以下具体要求：

1. 选题要求

教育学博士学位论文要建立在充分调查研究、系统阅读文献资料、了解研究方向的前沿成果的基础上，经导师（组）指导，确定选题；选题表述明确、简洁、逻辑清晰；选题要有重要的理论意义、实践和创新价值；选题应与专业研究方向一致。

2. 文献综述要求

教育学博士学位论文综述应在广泛阅读的基础上，系统收集国内外相关文献，进行理论、观点、方法等方面的全面梳理；应做到综合与分析相结合，要反映出综述者的观点与见解。综述应做到逻辑清晰、层次分明，不应是材料的罗列。与论文研究有密切的相关性

3. 规范要求

教育学博士学位论文应严格按照《B 大学学位论文撰写规则》在导师（组）的指导下独立撰写；研究设计合理，应充分阐明研究方法，描述具体研究过程，明确数据和资料的来源，保证数据分析的结果真实可信；论文应层次清晰，逻辑严谨，引用资料翔实可靠，论证充分，观点明确，表述准确。

4. 创新性要求

教育学博士学位论文要体现创新性：（1）提出新的重要教育理论观点，得出新的认识或见解；（2）运用新的研究方法，拓展教育研究路径；（3）通过新的资料和新的论证，丰富和完善或证伪前人的学说或重要理论观点；（4）首次揭示和描述了一种新教育现象和教育事实；（5）设计出新的有科学证据

的方案、程序或产品等。

调查发现，对绝大多数中文授课型"一带一路"国家来华留学博士生来说，完成学位论文具有非常大的压力和难度，往往成为阻碍其毕业的最大难题。"我在教育学部从事中文授课留学博士生的教务工作有好几年了，其实对'一带一路'国家来华留学博士生来说，其他环节比如修习足够的课程学分、参与科研与实践活动、完成中期考核或者国际化经历等等，都不是那么难的任务，基本大多数留学生也都基本实现了。但是，由于中文通常是他们的第二甚至第三语言，再加上很多来自'一带一路'专项奖学金或国别双边奖学金项目渠道的留学生入学前的汉语基础基本为零，作为人文社会学科的留学博士生来说写一篇十几万字的学位论文并且达到评审的要求，这个难度还是很大的。因此，他们往往会因为完成不了或写不出达到要求的学位论文无法正常毕业"（IDSAS03）。除此之外，从毕业率中也可以看出来学位论文写作的难度对"一带一路"国家来华留学博士生的影响。B 大学博士研究生学制一般为 3 年。本研究的调查对象为 2014-2019 年入学的"一带一路"国家来华留学博士生，按照博士生正常学业年限推算，截至本研究调查时间 2020 年 1 月为止，2014-2016 级博士生正常应该获得学位并毕业。然而，在 2014-2016 级录取的 101 名"一带一路"国家来华留学博士生中，共计毕业人数为 25 人（2014 级 14 人、2015 级 7 人、2016 级 4 人），毕业率为 24.75%；按照 3 年学制正常毕业的数量为仅有 11 人（2014 级 4 人、2015 级 3 人、2016 级 4 人），分别占 2014-2016 级毕业生总人数的 44%和录取总人数的 10.89%。

此外，通过对 5 位接受访谈的留学博士生导师的调查发现，多数"一带一路"国家来华留学博士生的写作水平尚未达到上述学校规定的评审标准，导师对其学位论文进行把关时也很难做到"一视同仁"，因此往往会降低对"一带一路"国家来华留学博士生的写作要求。在很多导师看来，这些"一带一路"国家的留学博士生在面临语言障碍的前提下能把一个可以值得研究的真问题说清楚、有逻辑性和有自己的想法，就已经十分难得。"说实话这些'一带一路'国家的留学生写的东西确实很难达到我们的标准，所以我对自己的留学生要求也并不高，能够比较清晰地表述自己观点就可以"（IDSS03）。甚至有时留学生博士生实在无法用中文完成学位论文时，经导师与学院商议、学校批准同意后，部分中文项目的来华留学生博士生可以用英语完成学位论文写作。"我的专业是教育技术学，导师跟我说过毕业论文可以用英语写，虽然我报的是中文授课项目"（IDS05）。"关于毕业论文呢，早前没有英文项目的时候学校规定部分留学生摘要必须要有中文，正文可以用英文写作的形式。但是，在英文项目慢慢组建后，规定就比较严格了。我们要求攻读中文项目的留学博士生必须通过相应等级的汉语水平考试，但是也有中文项目的留学博士生入学后因为汉语太吃力就转成英文项目了。但是随着管理越来越严格，这种情况也就越来越少"（IDSAS02）。

五、奖学金资助与管理体系

随着留学生市场的不断开放和"一带一路"倡议的深入推进，越来越多的高等院校为吸引沿线国家高层次人才来华就读，设置了"一带一路"校级奖学金项目，并尝试对奖学金进行有效、规范的管理。调查发现，奖学金具有一定的激励功能，对其合理的管理和发放可以促进"一带一路"国家来华留学博士生教育质量积极发展。

（一）"一带一路"国家来华留学博士生校级奖学金

为了吸引鼓励"一带一路"沿线国家优秀的高层次人才学生来华就读，近年来越来越多的高等院校设立了专门针对"一带一路"国家的奖学金项目。当前，可供沿线国家留学生申请博士项目的校级"一带一路"奖学金主要包括：中国人民大学国际学生"一带一路"奖学金、西南大学外国留学生"新丝路"奖学金、中国地质大学（武汉）"丝绸之路"精英奖学金、北京工商大学"一带一路"奖学金、北京电影学院外国留学生"一带一路"奖学金、西北大学外国留学生"丝绸之路"奖学金、上海中医药大学"丝路"助学计划等等。校级奖学金由高等院校根据自身发展特点和需求自主设立，因此招生对象、选拔和录取标准以及资助力度等方面也各有不同。

作为本研究的个案调查对象 B 大学，虽然该校并没有专门设立针对"一带一路"国家来华留学生的奖学金项目，但是该校有可供外国留学生申请的新生奖学金和为奖励品学兼优的在校外国留学生设立的优秀学历生奖学金。

1. 外国留学生新生奖学金

为吸引更多优质生源来 B 大学攻读学位，该校设立外国留学生新生奖学金，资助内容和标准如表 4-3：

表4-3：B大学外国留学生新生奖学金资助内容和标准

学生类型	学费	生活费（含住宿补贴，按月发放）	综合医疗保险费
本科生	免交	2000人民币／月	校方提供
硕士研究生		2500人民币／月	
博士研究生		3000人民币／月	

资料来源：B大学留学生办公室官方网站公布信息。

　　总的来说，相比中国政府奖学金而言，中国学校奖学金的资助力度和待遇都较低一些。例如：中国政府奖学金会为来华留学博士生免除住宿费并要求学校提供宿舍，但获得B大学新生奖学金的留学博士生的住宿补贴则涵盖在生活费之中，这样就大大压缩了留学生所能够支配的实际生活费用的额度，并且在该校留学生公寓住满的情况下需自行联系住宿；生活费方面，中国政府奖学金每月资助来华留学博士生的费用为3500元人民币，而校级奖学金则为3000元人民币。需要指出的是，B大学外国留学生新生奖学金的资助期限与学生就读学制相同，如申请该奖项的留学生延长学习期限，则不再享受此奖学金；如留学生在学期间中断学业，出现休学、退学等状况，奖学金也随之取消。

　　虽然学校奖学金的资助力度低于中国政府奖学金，但在B大学2014-2019级录取的"一带一路"国家来华留学博士生中，仍有一定比例的留学生申请的是学校奖学金（共8人，约占总数的5%左右）。一部分原因是有的留学博士生错过了中国政府奖学金的申请时间或者中国政府奖学金的申请难度较大，所以他们会退而求其次选择申请低资助力度较低但是相对容易的学校奖学金。"我之所以没有申请中国政府奖学金是因为有同学申请过，他们的经验是中国政府奖学金的申请难度还是比较大的，而且我准备材料提交申请的时间也比较晚，那时中国政府奖学金的申请已经截止了。所以综合考虑我直接申请了B大学的校级奖学金"（IDS20)；另一部分原因是中国政府奖学金规定"不接收已在华学习的学生（留华毕业生毕业时间须超过一年）"，因此对于已经在中国获得硕士学位并且想直接继续留在中国攻读博士学位的留学生而言，他们并不具备申请"中国政府奖学金-高校自主招生项目"的条件。因此，对这类留学生来说，申请学校奖学金自然也成为了首选。"我硕士就是在B大学念的，专业是汉语文化学院的汉语国际教育，申请的是孔子学院奖学金。硕士毕业后我想留校继续攻读博士学位，但是留学生办公室的老师告诉我由于硕士阶段我已经获得了中国政府类的奖学金，如果博士阶段再申请的话需要回国并且一年以后才能申请。我不想中断学业，所以只能选择没有申请限制的校级奖学金"（IDS15）。

2. 优秀学历生奖学金

为奖励品学兼优的在校外国留学生，B 大学设立了"留学生优秀学历奖学金"。除即将毕业的留学生外，其他年级在校留学博士生均可凭借成绩单和科研成果证明材料提交申请。该奖学金对留学博士生的要求为：按本专业教学计划修读，成绩优秀，每门课不低于 75 分，专业学术成果突出。

对于获奖者，校方按照留学博士生经费来源颁发不同标准的奖学金：

（1）博士研究生一等奖学金：自费生 10000 元人民币，奖学金生 4000 元人民币；

（2）博士研究生二等奖学金：自费生 6000 元人民币，奖学金生 2000 元人民币。

虽然留学生优秀学历生奖学金的奖励金额和名额都相对有限（每年各等级奖励人数一般为个位数），但是在一定程度上弥补了之前来华留学博士生奖学金只有因种类不同从而产生的数额差异，而未根据其科研成果进行奖学金评定的漏洞。尽管如此，当前校级来华留学博士生奖学金资助体系的激励功能和力度仍有待加强。

（二）对"一带一路"国家来华留学博士奖学金生的管理

为了规范来华留学奖学金生的管理，B 大学规定，凡是获得中国政府类奖学金和学校奖学金的留学生必须于每月 7-9 日到留学生办公室进行指纹录入，只有指纹录入成功者才能获得当月生活费补贴；因事假未在规定时间内前往留学生办公室报到的留学生，需填写补发申请表并阐明理由，导师需在申请表上签字同意；如若该生整月均未签到，则奖学金不予发放。

本研究在与调查对象预约访谈时，有时会遇到这样的回复："我回家了"、"我最近不在学校"、"我出去旅游了，什么时候回来还不确定"。数次沟通后本研究逐渐总结出一条规律：在每月留学生签到日期前后一周左右的时间联系访谈对象，得到能够见面的回复率最高。如果连在校时长都无法保证，那么这些"一带一路"国家来华留学博士生真正用于学习和从事科研的时间又能有多少呢？出于在校时长、课堂出勤率和科研时间的考虑，B

大学留学生办公室遂做出了以上规定。这一管理规定能够对"一带一路"国家来华留学博士生起到一定程度的约束作用,但也存在一定的问题,因为它无法确保留学生在其他时间段内是否能够专心于学业,从而真正让奖学金物尽其用。

六、学术环境与物质环境

相比直接制定"一带一路"国家来华留学博士生教育发展战略、参与招生和录取、制定培养目标和培养计划、主持考核与评估以及提供奖学金支持,校级行政层面和院(系)层面往往还通过建立有利于留学博士生发展的学术环境和物质环境这种间接渗透的方式对其教育质量产生积极影响。

(一)学术环境

作为大学组织内部的学术共同体之一,院(系)通过提供包括学术研讨、学术讲座与学术论坛以及国内外学术会议等在内的专业学术活动对"一带一路"国家来华留学博士生教育质量产生影响。由这些专业学术活动共同产生的学术氛围对留学博士生的影响既是直接有效又是潜移默化的:留学博士生作为独立个体参与到专业学术活动之中会直接影响其对科学研究的社会化认识,同时他们也会在良好的学术文化氛围中对所在的科研团队和学术群体获得认同感和归属感。

"师门会"便是来华留学博士生进行科研交流和融入学术氛围的主要方式之一。虽然师门会是以导师为中心向其学生辐射的学术群体,但这种学术群体的形成俨然需要特定的文化和土壤才能蔚然成风,究其根源便是院系对这种研讨组织形式的认可和鼓励。B 大学教育学部在其研究生培养方案中明确规定:"为创造浓郁的学术氛围,导师(组)组织学生进行学术研讨和学术交流,为研究生定期作专题学术报告,参与学术讨论;每位导师原则上每学期需开设研讨班,与学生讨论学业进展。"调查发现,5 位被访留学生导师均表示十分认可师门会的作用且会定期组织学生进行学术交流,受访的 21 位"一带一路"国家来华留学博士生中 90%以上都表示会参与师门研讨会。留学生认为,这种形式的互动不仅可以碰撞学术思想,同时因为其浓厚的"人情味"增加了留学生对于中国"师门"这一概念的认知。从"置身事外"到"参与其中",这个过程中留学博士生在科研能力得到提升的同时也会对导师、同门甚至所在院系产生认同感和归属感。"我觉得开组会很重要，因为首先可以跟导师和其他同学见面交流，只有自己的想法是肯定不够的。其次，科学的方面本身就需要大家一起交流，你不能自己评价自己（you cannot judge yourself）"（IDS21）。"我几乎每周二下午都会参加师门的读书会。我是来中国以后才发现的，在我们国家没有这种形式的读书会或师门会。我觉得师门会特别重要！第一，这是认识、熟悉师门同学的一种方式；第二，我能从其他同学的汇报中收获学术上的内容，跟他们一起进步，越来越了解自己研究的领域"（IDS12）。

此外，院系举办的学术讲座、学术论坛以及国内外学术会议等活动无疑会为留学博士生科学研究的社会化进程提供良好的学术氛围。这个过程中，个体以所在院系来华留学博士生的身份与外界进行学术研讨，留学博士生在交流中受到启发和拓宽视野的同时，也会逐渐对所在院系和大学产生身份认同。

（二）物质环境

作为高校科研人员的组成部分，"一带一路"国家来华留学博士生开展科学研究应获得来自高等院校为其提供的多方面物质资源支持，从而营造良好的外部条件，这些外部条件主要包括提供图书馆资源、中文学术写作辅导等方面。

1. 提供图书馆资料

由于 B 大学"一带一路"国家人文与社会科学专业的来华留学生博士生占据绝大多数（2014-2019 级录取的"一带一路"国家来华留学博士生中人文与社会科学专业占 82%左右），对他们来说科研工作无需像工科生一样在实验室进行，查找资料、阅读文献以及学术论文写作等大部分时间都会在宿舍或图书馆度过。研究发现，图书馆藏书多、电子数据库资源丰富、硬件设备齐全、借阅时间长、借阅量大、馆际互借、专业的图书管理员等各项配套设施完备，能够为留学博士生开展科学研究提供有效支持。特别是减少留学生在获取图书馆资源时的语言和技术障碍，可以有效提升其对图书馆的使用体验和科研效率。"有一次我需要查阅一本书，但是学校图书馆没有，需要馆际互借。我不知道该怎么弄，找到图书管理员后他们非常热心地帮忙，这让我很感动"（IDS06）。

2. 提供中文学术写作辅导

基于学术论文写作的重要性以及"一带一路"国家来华留学博士生面临

的写作困难，B 大学和许多院（系）为其提供中文学术写作支持就显得尤为重要。目前，B 大学通过开设一些学术论文写作课程专门教授留学生如何用汉语撰写学术论文，涉及论文写作的背景、思路、方法等，可以在一定程度上帮助留学生的博士学位论文写作夯实基础。"教学术论文写作的老师会在课上提出很重要的一些话题，所以很有帮助。老师很专业，虽然语速快但口齿清晰，每次作业也都会批改反馈，真的是手把手一个一个部分的教我们如何用汉语写论文"（IDS02）。但是，这部分相关课程往往只开设 1-2 个学期，并不能满足留学博士生对论文写作方面的巨大需求，且该校尚未像很多西方国家大学一样成立学术论文写作指导中心，所以目前对留学博士生的论文指导依然缺乏规模和系统性。

第二节　学术权威在"一带一路"国家来华留学博士生教育质量中的关键作用

在本节中，本研究中所探讨的学术权威是指高等院校中以大学教师为主体的学术基层。在"一带一路"国家来华留学博士生教育中，学术基层主要指留学博士生导师和任课教师，他们作为影响个体发展的关键人物对"一带一路"国家来华留学博士生教育质量的作用至关重要。指导教师和任课教师主要通过招生与录取、课程学习和科研训练对"一带一路"国家来华留学博士生的教育质量产生影响。

一、招生与录取

对留学生导师而言，他们一般位于"一带一路"国家来华留学博士招生与录取的末端环节，同时往往也是话语权和存在感最弱的群体。本研究通过对 5 位留学博士生导师的访谈总结出一句话来描述当前"一带一路"来华留学博士生导师在招收与录取过程中的关系——"学生没有了解，导师没有选择"。导师在整个"一带一路"来华留学博士生的招生与录取过程中参与度较低，且录取前申请者与导师的沟通互动较少，师生间一般缺乏双向选择。

（一）录取前申请者与导师沟通较少，师生间缺乏双向选择

在 21 位接受访谈的"一带一路"国家来华留学博士生中，只有 7 人（即 30%左右）在申请奖学金前通过朋友推荐、浏览网站获取导师信息以及

之前因国际会议而与导师结识等方式，在申请过程中主动联系导师并表达自己的学习意愿。在联络过导师的 7 人中，导师对其进行当场面试或远程面试的只有 3-4 人左右，这意味着在正式确定师生关系前，一方面申请者中有意识主动联系导师的留学博士生较少；另一方面，不少导师或因为忙碌、自身不重视、甚至带有抵触情绪等原因，缺乏主动面试申请者的意愿和意识。除此之外，特别需要强调的是，由于参与访谈调查的"一带一路"国家来华留学博士生中有 8 人是通过政府间协议入学的蒙古留学生，他们都没有在来中国前与导师取得过联系，均是入学后由所在院系根据选择的专业方向分配导师。"我申请的时候没有联系过导师，我觉得这个应该都还好吧，因为大使馆的老师说选定学习的专业后学校会为我们分配导师"（IDS04）。"我其实对自己要学习的专业也不是很了解，我也不知道该联系谁，直到在汉语文化学院学习汉语通过 HSK 考试进入教育学部学习时，才知道自己的导师是谁"（IDS05）。因此，大多数"一带一路"国家来华留学博士生录取前与导师沟通较少或没有沟通，师生间缺乏双向选择的机会。

（二）导师在招生与录取过程中的参与度较低

现阶段，导师并未在"一带一路"来华留学博士生招生与录取过程中发挥关键作用。目前，我国高校普遍采取"申请-审核制"的录取方式招收来华留学博士生。在之前论述的录取来华留学博士奖学金生的流程中，导师通常是所有环节中最后拿到申请者材料的，并且他们往往只能根据材料中提供的有限信息进行判断，鲜少有导师在决定是否招收留学生时可以像美、英、澳、香港等国家和地区一样对其进行直接面试。以世界第一留学大国美国为例：美国大学在校级层面一般由研究生院制定基本的留学生申请标准，国际留学生办公室负责签证等外围事宜。在院系层面，不同专业成立专门的招生委员会。委员会内设主席，成员均享有投票权，负责对申请者进行专业素养和资质的审核。通常来说，招生委员会对国际研究生的录取享有极大的自主权，申请者一旦在委员会内获得投票通过并符合研究生院规定的录取标准即意味着申请通过。"现在整体来说我们在招生时对留学博士生在专业领域上审核的标准和要求几乎是没有的。现实情况就是：决定是否录取时导师会收到一份表格和留学博士生的一些基本材料。'上面'也并没说让导师糊弄什么的的确也强调了要我们严格把关，但就这个程序而言它不是一个能够特别严格把关的程序。作为导师我们很难从一份表格和一些基本资料中就能够对留学生做出判断，因为我们对留学生并没有一个像招收中国学生一样的录取程序"（IDSS01）。

当前，对申请者进行面试并不是我国高等院校录取来华留学博士生的必备环节，然而面试却是招生录取中十分重要甚至不可或缺的组成部分，导师通过面试可以对留学生做出基本的判断和更加全面的了解。但是，我国绝大多数高等院校却忽略了导师在整个招生录取过程中的作用。"作为导师，我们只有接受的份儿。真正的审核都是需要面试的，但是作为导师我们对招收留学博士生连最基本的面试都没有。此外，还有一部分留学博士生都是'派过来的'，我们都不知道'谁是谁'，赶上生源质量好的都得碰运气。如果导师可以面试的话当时我就能掌握这个留学生的汉语水平，何苦入学以后因为汉语太差而不让他们上课呢"（IDSS01）。"大学中行政权力恶性膨胀和学术权力不断被挤压，教师被排除在大学决策程序之外，不再是大学的中心，而是已经成为大学的雇员，行政管理者成为大学的雇主和主宰"[15]，上述这段话可以用来解释以大学教师为主的学术权威与行政权威之间的权力关系。

此外，对于通过国别双边奖学金或"一带一路"政府间专项奖学金项目入学的申请者来说，导师不能仅凭个人意愿决定是否接受或拒绝。在对申请人材料进行审核后，原则上导师可以选择同意或拒绝接受，但在实际操作中，导师往往并不能够拒绝：一方面，出于完成学科评估中国际化指标等各方面考虑，院（系）会对导师进行思想工作，平衡导师间的留学生数量；第二，对于通过奖学金与政府间、院校间合作协议就读的"一带一路"来华留学博士生，出于"政治任务"的缘故院系一般会为其直接指定导师，而导师通常也不能够拒绝。因此，留学生导师在招生和录取过程中的自主权是十分有限的，这也印证了"导师是基础学术权威的主要组成部分，而我国的学术权威在较大程度上受到行政权威的控制，且拥有较弱的决策参与权利"。[16]
"我们现在对来华留学博士生主要采取'申请-审核制'，就是说我们现在对留学生没有考试，他们只要中文达到一定条件，就可以提交材料，然后由我们来审核。但是我们现在对于审核还存在很多问题：一个是经验不足，就是

---

15 王英杰，〈大学学术权力和行政权力冲突解析——一个文化的视角〉[J]，《北京大学教育评论》，2007 年第 1 期，第 55-67 页。

16 张丽，《伯顿·克拉克的高等教育思想研究》[M]，武汉：华中师范大学出版社，2008 年，第 283 页。

我们很难仅仅通过材料去判断留学生的学术资质；第二个就是对于'一带一路'专项奖学金项目的蒙古留学生这种，政策上是倾向于让导师接收的。比如：如果我说不接受这个留学生，留办的老师会表示你可以不要，但是必须说明理由，而这个理由还不能是因为留学生汉语语言能力不行。但是我们导师最大的理由就是中文水平够甚至日常交流沟通都困难，然而这个又不能作为陈述的理由。"（IDSS01）。

二、课程学习

课堂是"一带一路"国家来华留学博士生学习体验的主要场所，留学生入学后首先要解决的便是课程学习中遇到的诸多问题。本研究主要通过分析"一带一路"国家来华留学博士生课前准备、课堂参与和课后反思三个部分形成留学生对课程学习体验的整体感知，进而挖掘任课教师对"一带一路"国家来华留学博士生在课程学习质量方面的影响和作用。

（一）"一带一路"国家来华留学博士生课程学习体验

调查发现，当前中文授课型"一带一路"国家来华留学博士生在课程学习中往往遇到多重障碍，承受较大的学习压力。

1. 课前准备: 多数"一带一路"来华留学博士生进入课堂前尚未做好充足的准备

在正式进入课堂前，来华留学博士生应做好包括具备学科背景或专业知识储备、课前阅读材料以及在导师指导下完成选课等相关准备工作，这些准备是保障留学生听课效果的前提。研究发现，多数"一带一路"国家来华留学博士生课前准备并不充分，有的甚至处于"空白"状态。

从 21 位访谈对象的学科背景来看（见表 4-4），在进入 B 大学攻读博士学位前，在本科或硕士阶段就读专业与博士专业相关的共计 8 人[17]，其余 13 人均没有与博士学习专业相关的学科基础；11 位留学生曾于本科或硕士阶段在中国大陆境内就读，其余 10 人则是初次来华留学。由此可见，"一带一路"国家有将近 62%左右来华留学生在攻读博士学位、开展课程学习前缺乏学科背景和专业素养，再加上初次来华的留学生对中国高等教育系统的认知十分有限，往往容易忽略由课程难度、教师授课风格、教学方法等方面带来

---

17 由于汉语国际教育和对外汉语教学专业授予的是文学学士或文学硕士学位，故不纳入教育学相关专业背景的考虑。

的学习困难。"我是通过中蒙交流专项奖学金项目的机会来中国留学的，来之前对这边的学习和生活完全不了解，对将要就读的大学知道的就更少了。刚开始上课的时候也不太适应，一个是跟不太上老师的节奏，再就是这边的授课风格跟蒙古很不一样，我需要时间去调整自己"（IDS05）。在 B 大学2018 年 7 月修订的《研究生手册》中规定，"根据学生实际情况和导师意见，对于非本校生源和跨学科生源研究生应要求相应的补修和先修课程"。然而，21 位被访留学博士生均未在进入各自专业领域学习之前或之后接受过学校提供的先修和补修课程，并且绝大多数留学生都对这项规定一无所知。"我没听说过学校会为没有专业基础或者非本校生源的留学博士生补修专业课程"（IDS03）。

课前阅读预习材料可以缓解"一带一路"国家来华留学博士生因汉语水平和专业知识储备不足带来的课堂障碍，从而为提高听课效率提供支撑。对大多数"一带一路"国家来华留学博士生而言，任课教师课前提供阅读材料是十分必要的，受访留学博士生中约 80%左右表示会预习课前阅读材料。但是，由于博士生课程往往教师流动性较大，一门课程通常由数名教师轮流授课，再加上部分任课教师缺乏主动提供阅读材料的意识，导致多数时候留学博士生的课前预习十分有限。"如果授课老师能够每节课提前将阅读材料发给我们，阅读后再去听课效率就会大大提高，非常有帮助。但目前的情况是有的老师会提供阅读材料有的老师不会，而有的老师只会提前通知下次课主讲的大概题目和摘要"（IDS09）。

基于 B 大学导师指导下制定留学生课程计划的特点，几乎所有"一带一路"国家来华留学博士生都会在选课前与自己的指导教师进行沟通，导师根据留学生的兴趣爱好、研究方向以及个人经验等为其提供合理化的课程建议。此外，在留学生进入各自专业领域开展课程学习伊始，分管博士生教务的行政人员还会专门为全体博士生提供选课和修习学分的详细说明，帮助留学生有序规划博士第一年的课程学习。

综上，基于导师制的选课指导和教务提供的辅助性支持，大部分"一带一路"国家来华留学博士生对于要修习的学分和需要选择的课程都存在比较清晰的认知。但是，从这些"一带一路"来华留学生自身的学科背景、学术素养以及所掌握的预习情况来看，他们往往在开展博士课程学习前并没有做好充足的准备。

2. 课堂参与：多数"一带一路"来华留学博士生缺乏主动性，课堂氛围难融入

课堂参与是影响"一带一路"国家来华留学博士生课程学习体验的重要因素之一，留学博士生在课堂上的主动提问、分小组讨论发言以及与任课教师的互动等都属于课堂参与的表现形式。

调查发现，当前中文项目"一带一路"来华留学博士生的课堂参与逐渐呈现出两极分化的发展态势。一方面，有约 30%左右的小部分留学博士生会努力积极融入到课堂中来，主要表现为他们主动向任课教师提出听讲和思考中发现的问题并尝试表达自己的看法，在参加小组讨论时也会尽可能与中国学生同样发言。因此，他们在课堂上的表现日益受到关注和认可，课程学习也逐渐步入正轨；剩余 70%左右的留学博士生则可能会陷入课堂参与的困境，他们很少与任课教师和同学们互动，更不会主动陈述自己的看法和观点，多数时候都是静静地坐在教室里，沉默成为他们的常态。这类留学博士生往往呈现出存在感低、积极性差、关注度少以及参与度弱的状态，逐渐成为课堂上的"隐形人"。"之前有门专业课上课的学生人数比较少，因此任课老师会相对照顾我们留学生，课间的时候经常会问我们能听懂吗是否有什么问题，有时我有想到的问题或者困惑也会尝试在课堂上提出来。但是，跟我同年级一起上课的另一位留学生她就很容易害羞，所以我几乎很少听见她说话，更不可能在课堂上主动向老师提问了"（IDS14）。有时，留学博士生甚至在分小组讨论的过程中受到来自同伴群体的排斥，从而对课程学习造成一定的困扰，这种相对孤立的状态则会使课堂氛围的融入愈发困难。"质性研究课是我认为所有课程中最难学的。课堂上老师曾经让我们分组进行讨论和汇报，我发现很多中国学生都不喜欢和留学生分在一个组里，因为我去询问的时候他们都没有同意我加入，最后只有我和阿博（另一位留学博士生）单独一组完成的讨论和汇报。但是，我们的中文水平还没有达到评析专业论文的能力，所以这门课上的过程中对我来说非常痛苦。如果中国同学能同意我我加入他们所在的小组，然后每人负责一章的内容分析，有了他们的帮助我想自己应该能学到更多知识，但实际情况是我鼓起勇气接连问了几个小组的同学，听到的答复都是人满了"（IDS03）。

3. 课后反思：难以形成学术性的知识体系

课后反思指的是留学博士生对课程学习的整体感知，并在此基础上对授

课内容进行梳理、归纳和总结，形成观点构建知识体系，这是保障学习效果的关键步骤。研究发现，多数"一带一路"国家来华留学博士生还停留在以整理课堂录音、基础翻译课件以及学习专业词汇的初步的知识理解消化阶段，通常难以形成学术性的知识体系。

根据受访"一带一路"国家来华留学博士生对授课内容整体感知程度的统计来看，能够真正意义上做到将课堂知识理解、消化和吸收的留学博士生只有半数左右，20%只能掌握大约30-40%的授课内容，剩余30%留学博士生对课程内容的领会程度可以达到约60-80%左右。调查显示，约70%左右的"一带一路"国家来华留学生在攻读博士学位前都曾有与博士就读专业相关的工作的经历，这部分留学生往往会基于自己曾经的工作经验和实践经历对课堂内容产生共鸣并形成反思。"我的工作经历会帮助我理解老师在课堂上讲授的内容"（IDS05）。"我记得曾经上过一门关于教学评估的课程。因为我之前在大学里工作的时候亲身经历过教学评估环节，所以这门课当时我听起来几乎是没有任何障碍的，一学期下来整体都比较流畅，在课后进行总结时也还算轻松。我觉得很大原因在于之前的工作经历帮助了我"（IDS12）。然而，尽管工作经历与博士所在专业之间的相关性可以在一定程度上为"一带一路"国家来华留学博士生的课程学习和专业知识理解提供帮助，但是在面对抽象的学术概念、复杂的研究方法和专业性极强的理论知识时，留学博士生（特别是在课前准备不足的情况下）想要掌握授课内容往往并不容易。"课堂听讲对我来说没有特别大的困难和障碍，因为我来中国已经12年了，所以老师们的讲课我基本都能听明白。但是，听懂老师讲的每个字和能够理解这些字串联起来的内容是不一样的。由于我入学前没有专业基础，因此实际上我所能消化课堂知识大约只有50-60%左右"（IDS04）。因此，大部分"一带一路"国家来华留学博士生在对所学课程进行反思时往往还停留在通过翻译课件和整理录音弥补课堂上未听懂、跟不上的内容，学习和理解专业术语与学术词汇等初级消化阶段，难以将所学内容升华从而构建学术性的知识体系。

期末论文作业是"一带一路"国家来华留学博士生开展课后反思的主要方式之一。一门课程结束后，留学博士生需要根据任课教师的要求独立或与其他同学小组合作完成一篇符合规范的学术论文，这个过程可以帮助留学博士生从整体上对课程内容进行深度思考、发展研究兴趣以及锻炼论文写作能力。然而，就目前的操作效果而言，期末论文并没能有效地帮助"一带一路"国家来华留学博士生形成良好的课后反思。一方面，多数"一带一路"来华留学博士生期末论文的完成质量令人堪忧，尚未达到一名合格博士生的标准，一些论文在选题、写作方法等方面甚至不符合任课教师的要求。"我觉得大多数留学博士生的期末论文都不能算合格，有的留学生的作业甚至完全不符合要求，这样的论文作业连着几篇看下来让人非常头疼"（IDSCT01）。另一方面，多数时候留学博士生提交的论文作业可能都得不到任课教师的反馈，这也使得他们时常会因此感到困惑，不清楚该如何对论文作业进行调整和修改从而提升自己的学术能力。"我印象里大多数课程作业提交后都是得不到回复的。任课老师往往没有任课反馈意见就直接出分了，但是呢这个分数是怎么来的我们留学生是完全不知道的。虽然我们提交的论文作业可能在老师看来乱七八糟，但我还是希望任课老师能对我们提交的论文作业有一些想法甚至修改意见，否则有时候我可能会觉得写一些这样的作业毫无意义"（IDS01）。

表 4-4：B 大学中文授课型"一带一路"国家来华留学博士生被访谈者统计情况一览表

	来源国	本科就读专业	硕士就读专业	博士就读专业	工作经历	入学前有无留学中国经历
IDS01	蒙古	汉语言文学	汉语国际教育	教学与课程论	贸易公司翻译、中文培训班教师	硕士就读于某985高校
IDS02	蒙古	蒙古语英语语言文学	蒙古语	比较教育学	高校教师	无
IDS03	蒙古	国际贸易	国际贸易	高等教育学	高校教师兼职贸易公司	无
IDS04	蒙古	对外汉语教学	对外汉语教学	教育学原理	无	本科、硕士就读于某省属重点高校
IDS05	蒙古	森林生态学	森林生态学	教育技术学	高校教师兼行政人员	无
IDS06	蒙古	教育学	教育学	高等教育学	高校行政老师	无

IDS07	蒙古	教育学	教育学	教育政策与法学	小学教师	无
IDS08	蒙古	国际法	国际法	教育学原理	高校教师	无
IDS09	哈萨克斯坦	汉语言文学英语语言文学	国际关系	教育学原理	无	硕士就读于某985高校
IDS10	哈萨克斯坦	历史学	历史学	教育经济与管理	高校教师、教育部官员	无
IDS11	苏丹	教育技术学	教育技术学	教育技术学	高校教师	无
IDS12	老挝	老挝文学	广播电视艺术学	教育经济与管理	高校教师	硕士就读于某211高校
IDS13	韩国	汉语言文学	中文教育学	教育技术学	汉语教师	无
IDS14	印度尼西亚	教育学	比较教育学	职业教育学	高校教师	硕士就读于某985高校
IDS15	亚美尼亚	英语语言学	汉语国际教育	教育经济与管理	孔子学院志愿者	硕士就读于某985高校
IDS16	印度尼西亚	汉语言文学	汉语国际教育	比较教育学	从事汉语相关工作	硕士就读于某教育部直属高校
IDS17	贝宁	港口运输与管理	国际贸易	世界经济	无	本科、硕士就读于某211高校
IDS18	韩国	汉语言文学	汉语国际教育	语言学及应用语言学	贸易公司就职	硕士就读于某教育部直属高校
IDS19	韩国	汉语言文学	汉语国际教育	语言学及应用语言学	辅导机构汉语教师	硕士就读于某985高校
IDS20	尼迫尔	新闻学尼泊尔语言学	汉语国际教育	科学思想史与科学社会史	高校教师	硕士就读于某省属重点高校
IDS21	塞内加尔	物理学	激光核物理	粒子物理与原子核物理	科研机构研究员	无

（二）任课教师对"一带一路"国家来华留学博士生课程学习质量的影响

任课教师是影响留学生课程学习体验的关键人物，主要通过课前提供阅读材料、课堂教学、师生互动和课后辅导等方式对留学博士生提供课程学习支持。调查表明，留学生作为少数群体多数时候并没有在课堂上受到任课教师的额外关注和照顾，特别是在学生人数较多的情况下，任课教师一般并不会考虑留学生的听课效果而是按照原定进度开展教学。在上述情况下，多数留学博士生会出现跟不上授课进度的问题，特别是如果任课教师存在语速较快、普通话不标准、不使用多媒体课件、板书书写难辨识等问题时，会进一步增加留学博士生课堂学习体验的负面影响。另一方面，部分任课教师在小规模授课时会相对注重留学生的课堂感受，并根据留学生的反馈做出适当调整。"如果课堂上学生数量不算多且留学生听课人数多一些的时候，有的老师会照顾到留学生，他们会讲的相对慢一点。但是如果听课学生数量多的时候，老师不会照顾我们"（IDS08）。

在条件允许的范围内，如果任课教师能够有意识地给予留学生更多的关注和照顾，无疑会为留学博士生的课程学习体验提供有力支援。例如：课间时常与留学生交流情况、询问课堂效果并听取反馈意见；课堂上采取同伴辅助学习的方式，即通过分组的方式增加留学生与中国学生之间的互动，从而帮助留学生融入课堂学习氛围；提供课后辅导，为留学生答疑解难。"去年上课时我碰到好几个老师都特别好。学术论文发表课：老师知道我们的情况后，课后让我们去她的办公室对我们进行一对一的指导。教育发展专题研究课：老师给我们布置的作业会相对简单一些，就是根据留学生的实际情况让我们完成作业，而不是跟其他中国学生一样的要求，因为他知道我们的水平写不了跟中国学生一样的论文。教育研究方法课：任课教师会经常让我们坐在前几排，因为坐在前面有问题可以随时交流，并且分组讨论的时候为避免留学生扎堆现象会注意平均留学生在每个组的数量"（IDS07）。

三、科研训练

科研（即科学研究），是指运用科学方法探求事物的本质及其运动规律的活动，一般分为基础研究和应用研究两种，前者主要是为获得关于各种现象和事实的基本原理的新知识而进行的实验性和理论性工作，后者主要是针对某一具体的实际目标或目的而进行的创造性研究。[18]一般情况下，学校培养人才的层次愈高，科学研究工作所占的比重亦愈大。

---

18 顾明远主编，《教育大辞典·第3卷》[M]，上海：上海教育出版社，1991年，第45页。

如果说课程学习是本科生阶段的核心，那么研究生阶段的侧重点则逐渐转向以科研技能为主的训练，这一特征在博士生阶段尤为明显，该阶段的学术训练促使博士生实现了从"学生"到"研究者"身份的转变。由此，向独立研究者转变是博士生教育过程中不可或缺的重要组成部分。[19]本部分主要探究当前"一带一路"国家来华留学博士生科研活动的现状以及导师在影响来华留学博士生科研训练质量中的作用。

（一）"一带一路"国家来华留学博士生科研活动的现状

根据 B 大学"一带一路"国家来华留学博士生开展学术研究的政策规定以及从事科研活动的比例分配，本研究主要从文献阅读、课题项目和科研项目参与、学术论文写作与发表以及参加研讨、讲座和国际会议等专业学术活动方面对留学博士生参与科研活动的情况进行剖析。

1."一带一路"国家来华留学博士生文献读取速度慢，多数面临阅读障碍

专业书籍、学位论文、学术期刊以及报纸等文献阅读均是开展科学研究的重要组成部分。博士阶段的科研工作往往需要以大量的阅读为基础，阅读的效率会直接影响研究的进度。研究发现，当前"一带一路"国家来华留学博士生在文献阅读方面主要存在两大问题：一方面，由于有限的识字量和词汇量，多数来华留学博士生的文献读取速度较慢。"我在阅读的过程中会遇到很多不认识的汉字，因为经常需要查字典所以导致整体的阅读速度就比较慢"（IDS05）。"我在阅读中文文献资料时的速度是比较慢的，如果是同样类型的英文文献我可能 2 个小时左右就可以完成，但如果是中文文献可能就得需要一整天的时间"（IDS11）。另一方面，在面对理论难度系数大、学术性较强的文献内容时，来华留学博士生往往因此容易产生阅读障碍。"我现在的阅读速度还是有些慢的，一方面我需要阅读大量有关哲学方面的书籍，这本身就很不易；另一方面，我需要阅读的部分文献是从国外翻译过来的英文或法语著作，这又增加了我理解的难度"（IDS01）。为了提高文献阅读的速度和效率，一些留学博士生不得不采取"曲线救国"的策略，即通过阅读相似内容的英文文献或本国文献从而获取知识和信息。

---

19 CGS Task Force on the Doctor of Philosophy Degree. (1990). The Doctor of Philosophy Degree: A Policy Statement. Washington, D.C.: Council of Graduate Schools.

2. "一带一路"国家来华留学博士生多以独立式从事科学研究，课题和科研项目参与度较低

在课题和科研项目参与方面，博士研究生从事科研活动主要有两种形式：一是参与式，即参加导师课题的研究工作。这些课题主要是导师主持或参加的项目，导师一般是课题的负责人，博士研究生是课题组成人员。二是独立自由式，即博士研究生独立从事科研活动。[20] 在参与式的过程中，通常可能伴随着外出调研和实地考察，这也成为"一带一路"国家来华留学博士生融入学术研究氛围、学习如何开展科研以及如何将研究从理论运用于实践的重要途径。

虽然 B 大学并未在制定的《研究生手册》中强制要求博士生必须参与导师或其他相关课题与科研项目的规定，但同时也指出为了加强博士生科研能力和保证培养质量，博士生应积极参与科研活动，具体包括参与本专业领域的科研课题或项目、主持开展与本专业领域相关的自主研究课题等。在 21 位接受访谈的"一带一路"国家来华留学博士生中，参与过导师主持的课题或科研项目以及外出调研和实地考察的数量分别只有 6 和 5 人。"我参与过导师的部分课题，并 2 次跟导师一起去调研，其中有一次我还负责撰写了调研报告。整个调研过程中我的主要工作是记录，有时候导师会也会让我基于调研过程中的认识和感知提出自己的看法"（IDS09）。"我虽然没有参与过导师课题报告的写作部分，但曾经有跟着导师一起去调研，中国的中小学和幼儿园我都去调研过"（IDS12）。除此之外，剩余 70% 左右的"一带一路"来华留学博士生都是在相对独立的状态下从事学术研究，这意味着他们从未参与过导师的课题和科研项目，也未曾跟随导师进行过学术调研和实地考察。对大多数留学博士生来说，他们在学期间的科研工作往往只有"完成学位论文"这一件事情。"我的汉语和专业知识水平都还没有达到能够参与课题的程度，所以导师只让我写好自己的开题报告和学位论文就可以了"（IDS07）。与此同时，在受访的 5 位"一带一路"来华留学博士生导师中，有 4 位都明确表示他们并没有让来华留学博士生参与自己课题或科研项目的想法或意愿，而导致这一现象的主要原因通常与大多数留学博士生的汉语能力不足、学术素养准备不充分以及缺乏主观能动性等因素有关。"我没有让留学博士

---

20 王彩霞，《博士研究生科研能力评价指标体系及评价方法研究》[D]，西南交通大学，2003 年，第 16 页。

生参与过自己的课题和调研项目，主要是首先汉语水平不够，其次学术能力也不行"（IDSCT01）。"刚入学时我对自己那位来自蒙古的留学生还是抱有期望的，可是看到她实际的能力和表现后我觉得还是算了吧。她能顺利毕业就已经很难得了，所以后面我们也就没有合作的可能"（IDSCT03）。

3. "一带一路"国家来华留学博士生普遍面临论文写作困难，学术成果产量低

研究者基于学术研究所做的文献积累、数据收集、实证调研以及总结与思考等最终都将通过写作的方式呈现在学术论文之中。学术写作不仅代表了国际研究生的学术立场，也展现了其对信息和知识的认知、存储、加工和提取的过程。[21]研究发现，"一带一路"来华留学博士生当前普遍面临学术论文写作困难，部分留学博士生常常会对如何用中文正确陈述自己的观点和方法而感到困惑，甚至不少留学博士生认为论文写作是科研过程面临的最大障碍。"我不知道该如何把阅读中看到的材料转变成自己的表述呈现在论文写作中，中国同学在帮我修改论文时的一些纠正常常令我感到困惑"（IDS03）。"我认为汉语水平的高低有时候不能直接和学术写作能力挂钩，甚至是两码事。我觉得学习汉语并不是难事，目前我可以进行一些简单的论文写作，但是想把内容往深入写却很困难。有时候阅读到别人写的文章觉得特别好特别羡慕，我就会感慨为什么自己不能够写出这样的文章来呢？"（IDS09）。

"一带一路"国家来华留学博士生遭遇学术论文写作障的主要后果之一就是学术论文发表成果产出低。正如在本章第三节"学术论文发表"中提及到的一样，B 大学以教育学部为代表的部分院（系）并没有对来华留学博士生设置学术论文发表的要求，即留学博士生只要完成博士学位论文即可顺利毕业，这是导致其学术论文发表产量少的另一大原因。21 位被访留学博士生中，只有 4 人就读期间有学术发表，其余大部分依然是零产出。"虽然我现在是博士三年级，但是目前还没有发表过学术论文"（IDS04）。

4. "一带一路"国家来华留学博士生在专业学术活动持有较高的积极性和参与度

参加学术研讨、学术讲座与论坛以及国内外学术会议等在内的专业学术

---

21 田京，《美国公立研究型大学国际研究生学术适应研究——以威斯康星大学麦迪逊分校为例》[D]，北京师范大学，2017 年，第 137 页。

活动能够有效提升研究生的科研能力，例如：资料收集与处理能力、写作能力、科研创新能力和表达能力。[22]研究表明，绝大多数"一带一路"国家来华留学博士生对于专业学术活动普遍持有比较积极的态度和较高的参与度。

首先，相对于欧美国家导师与学生间普遍采取的"一对一"辅导模式（office hour），"师门会"往往成为国内师生、生生之间交流沟通的主要渠道。以导师为中心向其学生辐射的学术群体定期举行的师门研讨活动，通常以特定学生进行科研成果汇报、导师和其他同学给予点评和反馈的方式进行。特别是对人文学科来说，师门研讨有时还会以读书会的形式呈现，师生会共同就一本好书一起分享心得体会。调查表明，多数"一带一路"国家来华留学博士生普遍能够适应这种具有"中国特色"的学术组织形式，甚至部分留学博士生的融入度几乎与中国学生无异。"我们师门通常每两周开一次会，每次开会几乎都能读到新的书。这个学期由我承担师门会的主持人工作，主要负责安排师门同学们的读书计划，并组织大家一起点评和讨论"（IDS09）。

其次，几乎所有接受访谈的"一带一路"国家来华留学博士生都十分认可学校不定期举办的学术讲座与学术论坛。留学博士生普遍认为这些活动会有益于他们的科研进展和促进学术成长，一些留学博士生甚至在讲座与论坛活动中以志愿者甚至组织者的身份参与其中。"我非常喜欢听一些讲座并参加学术讨论，我觉得与世界各国的教授和专家学者一起交流是非常难得的机会。有时候我也会报名参加学校组织的国际会议的志愿者，这个过程非常锻炼我的语言水平并且还能学习到知识"（IDS07）。

最后，积极参与国内外学术会议可以帮助博士生提升科研领域的人际和学术交流，拓宽学术视野。调查发现，对于校园内或同城举办的国内外学术会议，"一带一路"国家来华留学博士生往往具有较高的参与度，但对于省外和海外学术会议的积极性则相对较低。以 B 大学教育学部为例，尽管教育学部设立了参加国内外高水平会议的专项资金，为包括留学生在内的全体研究生在读期间提供国内、国外各一次的参会资助。但因为资助金额和数量的限制，"一带一路"国家来华留学博士生赴省外和海外参加学术会议的频率十分有限。

---

22 张意忠、李旖，〈学术活动视角下文科研究生科研能力培养的调查与思考〉[J]，《研究生教育研究》，2014 年第 6 期，第 42-46 页。

(二)导师对"一带一路"国家来华留学博士生科研质量的影响

在从事科学研究和逐渐走向学术社会化的过程中,博士生需要通过学术训练逐渐掌握独立开展科学研究工作的能力。但实际上对绝大多数"一带一路"国家来华留学博士生来说,他们尚未成为一名合格且独立的研究者,仍然需要在导师的指导和帮助下完成科研工作。在上述情况下,导师的研究偏好、学术兴趣以及获取科研资源的能力均对"一带一路"国家来华留学博士生科研活动的研究方向、内容以及所获得的资源支持等有着极为重要的影响。当导师学术水平、学术地位较高,获取资源能力较强,师生学术兴趣、研究风格相似,相处融洽时,博士生的科研活动和学术生涯发展通常就会比较顺利,反之则可能遇到一系列的困难。[23]因此,导师可以说是博士生开展科学研究的关键人物,这一点对"一带一路"国家来华留学博士生也毫不例外。

基于导师的学术地位、学术水平和获取资源的能力等属于不可控因素,因此本研究在访谈过程中着重考察师生关系及"一带一路"国家来华留学博士生对导师的依附性,即导师的倾向和态度是否能够直接影响留学博士生的科研质量。通过调查,本研究将当前导师与"一带一路"国家来华留学博士生在科学研究中的相处状态主要分为三种类型:第一,基于同理心和使命感的认真负责;第二,放任自流的"无所谓"心态;第三,排斥性的抵触心理。

首先,部分留学生导师基于自己曾经留学海外的经历,通常能够站在留学博士生的立场设身处地考虑问题。这些导师深刻理解异国求学的艰辛和不易,基于这种同理心的驱使下他们常常会比其他导师在科研过程中给予留学博士生更多的指导和关注。"我觉得自己是本着将心比心的想法。留学生能来中国上一个比自己国内条件更好一些的大学不容易,如果学生对研究的态度还算诚恳,那我就会尽可能地帮助他们。这跟我之前的经历有关,因为我自己也曾经是留学生。以前在俄罗斯读博时我也曾受到当地同学、老师的帮助和照顾,所以我觉得应该效仿着做一下"(IDSS02)。此外,还有一部分导师则是基于对学生认真负责的使命感,哪怕遇到很"棘手"的留学生,也会尽可能对其进行学术指导从而帮助他们顺利毕业。"无论是留学生还是中国学生,在我眼中都是一视同仁的,我要对自己的学生负责。每周五下午我带

---

23 闵韡,〈我国理工科博士生科研支持现状与问题分析〉[J],《中国高教研究》,2018年第2期,第91页。

的留学博士生会和同年级的中国博士生一起来办公室找我汇报他们的论文写作进度，这是我要求的，基本上每一个环节也都是我在督促"（IDSS05）。上述两种心态的导师往往在与"一带一路"国家来华留学博士生关系的相处中位于更加积极主动的状态并时常占据主导地位，是留学生开展科学研究的主要推动力。

第二类导师则经常对"一带一路"国家来华留学博士生的科研工作抱着一种放任自流的"无所谓"心态。这种心态并不代表说导师完全不指导留学博士生任其在一种独立从事科研的情境中随意发展，而是他们很少会主动会与留学生沟通，绝大多数时间处于"你不找我，我也不会主动联系你"的状态。当然，如果留学生需要帮助，他们也会给予必要的支持，但这必须是在学生主动的前提下。"我觉得作为导师不存在主动的问题，我每周都有固定接待学生的时间，留学生如果有特别的需要，我们也还可以利用通讯工具进行交流，并且他们也能在办公室找到我。哪有导师上杆子追着学生去指导的呢？这不能算我们态度消极"（IDSS04）。

最后一类虽然并不多见，却始终有部分导师对接收"一带一路"国家来华留学博士生特别是通过国别双边奖学金或专项奖学金项目渠道入学的留学博士生存在排斥性的抵触心理。"一带一路"国家来华留学生生源质量参差不齐往往是导致这一现象的主要因素。来自"一带一路"国家相当比例留学博士生的汉语水平和学术素养还未达到攻读博士学位的要求便被允许进入各自专业领域学习和开展科研工作，由此他们往往会产生学术不适应问题，科研训练进展缓慢，学术氛围难以容易，甚至无法保障基本的日常沟通和交流。再加上部分留学博士生缺乏主观能动性，入学后一直未积极寻求解决办法，从而导致科研工作进入恶性循环的发展态势。在这类留学生导师看来，数次无效沟通后他们便会产生"放弃"的想法，通常采取劝退、奖学金不予签字等方式让这些留学生意识到自己无法胜任博士阶段的学习和科研工作从而主动退学。"我导师曾带过一个蒙古来的博士生，她的汉语怎么说呢是真的很差。以前开师门会的时候都是由另外一位同样来自蒙古的硕士生帮忙翻译她才能明白大家讲话的内容，但去年自从那位硕士生毕业后便再没有人能够给她当翻译。我们导师曾经试图几次跟她沟通都非常困难，这种情况持续了大约一个学期的时间吧，最后便只能把她劝退了。"上述这段话来自一位中国学生的转述。

　　基于上述分析，本研究认为师生关系或者说导师的态度和倾向可以直接影响"一带一路"国家来华留学博士生的科研质量，导致其科研活动呈现出不同的发展态势。因此，在科研活动中来华留学博士生通常会对其导师产生强烈的依附性。如果在学期间导师能够给予更多的关注和指导，可以从很大程度上推动"一带一路"来华留学博士生科学研究的进程；相反，如果导师本身处于比较消极的状态甚至存在抵触的情绪，那么来华留学博士生的科研进度也会因此变得相对缓慢。"去年这个时候（二年级上学期）我已经顺利开题了，现在正进行博士论文的写作。同一专业跟我一起入学的还有其他两位留学博士生，但是他们到现在也还没有开题。我觉得自己之所以能这么顺利，很大原因可以归咎为是导师的认真负责。从入学之初导师就经常敦促、鼓励我，入学以来我听到最多的一句话就是'德吉，你一定要毕业！'"（IDS03）。

第五章　市场对"一带一路"国家来华留学博士生教育质量的影响

　　在分别探讨了政府与大学对"一带一路"国家来华留学博士生教育质量的监管和控制后，本章将继续按照伯顿·克拉克的政府、大学和市场"三角模型协调"理论，分析市场对"一带一路"国家来华留学博士生教育质量的影响。

　　对于什么是市场，伯顿·克拉克本人在他的经典著作《高等教育系统——学术组织的跨国研究》一书中并没有给出自己的定义。他主要引用了查尔斯·林德布洛姆（Charles Edward Lindblom）关于"三种市场体制"这一概念的划分，即在学术系统内分别存在着消费者市场、劳动力市场和院校市场三种市场模式。[1]伯顿·克拉克认为，消费者市场的中心特点是消费选择，鼓励学生"用脚投票"[2]；在高等教育系统内部，劳动力市场由教授和行政工作人员构成，高质量的科学研究就依赖于这种市场运转；院校市场是指各事业单位彼此相互影响的场所。各院校之间的关系主要由消费者和内部劳动力市场的性质以及各校当时所处的地位来决定。在院校市场，声誉就是通货，是主要的交换产品。相对的声望不仅指导着消费者和工作人员，而且指导着各学校，受到高度重视的院校通常成为院校模仿的对象并引领学术趋势的潮

1　[美]查尔斯·林德布洛姆著，王逸舟译，《政治与市场世界的政治——经济制度》[M]，上海：上海三联书店，1995年，第48-49页。

2　谷贤林，《美国研究型大学管理——国家、市场和学术权力的平衡与制约》[M]，北京：教育科学出版社，2008年，第153页。

流，这种潮流还会大量地指导着消费者和工作人员的选择。[3]

通常来说，决定声誉的主要因素是大学的教育质量。在大学与市场的关系上，质量就是货币。中国如若想在国际留学生市场中占有一席之地，大学本身的教育质量一定是影响留学生选择的最主要因素；在政府与大学的关系上，尽管大学有时需要服从于政府短期的政治战略，但从国家长远发展的角度来看，政治战略绝不能以牺牲大学的质量为代价。大学只有通过教育质量的不断提升，才能更好地服务于国家的发展；在政府与市场的关系上，政府主要通过市场这一中介环节，建构监控大学教育质量的保障机制。因此，质量是影响大学在市场中价值的最重要的因素，同时也是"三角协调模型关系"中的核心因素，质量穿梭于政府、大学与市场三者之间，成为维系三者关系的纽带。

基于伯顿·克拉克对三种市场的解释以及质量在"三角协调模型关系"中的地位，本研究认为，消费者市场和院校市场往往是市场力量中影响"一带一路"国家来华留学博士生教育质量的主要因素，而劳动力市场的影响力在我国开展"一带一路"国家来华留学博士生教育的初级阶段则相对有限，故本章在此对劳动力市场不做专述。当然，从根本上讲，留学生教育质量同样也受制于劳动力市场，即大学教师和行政人员的素质会直接作用于大学的教育质量，因此劳动力市场同样也是影响留学生教育质量的重要因素。吸引不到世界一流的学者和行政管理人员就无法吸引到优质的留学生生源，高质量的留学生教育也就无从谈起。当前，劳动力市场在中国的影响已然开始显现，以北大、清华等为首的部分国内一流大学已开始在国际人才市场招聘教师。但是，由于来华留学生教育特别是来华留学博士生教育的发展目前仍然处于初级阶段，劳动力市场的影响还未完全显现，故因此本章不对劳动力市场做深入分析，而是将重点放在消费者市场和院校市场。

第一节　消费者市场对"一带一路"国家来华留学博士生教育质量的影响

纵观各国高等教育系统，不管它们的规模大小如何，是集权化的还是分

3　[美]伯顿·R·克拉克，王承绪等译，《高等教育系统——学术组织的跨国研究》[M]，杭州：杭州大学出版社，1994年，第178-181页。

权式的，随着成员数目的增加和任务的增多，市场调节的作用也在扩大。市场消费到处都在起作用，即使在国家影响最大的高等教育系统中，也存在着某种消费者的选择权。[4]

在"一带一路"国家来华留学博士生教育中，代表市场力量的消费者主体是"一带一路"来华留学博士生，更广泛地说是由"一带一路"来华留学博士生及其家人组成的消费者群体。在这里，本研究主要讨论两部分内容：第一，自费留学博士生兴起对"一带一路"国家来华留学博士生教育质量的影响；第二，政府职能转变以财政资助的方式间接对"一带一路"国家来华留学博士生教育质量产生的影响。

一、缴纳学费对"一带一路"国家来华留学博士生教育质量的影响

"当我们听到学生缴费这个词时，我们就在消费者市场面前。"[5]这句话意味着当"一带一路"国家来华留学博士生需要通过缴纳学费的形式进入留学目的地国家选择就读的高校时，就有了消费选择。来华留学博士生们可以根据自己的兴趣爱好、师资力量、学校知名度甚至城市的气候变化等因素来选择去哪所高校学习。与此同时，随着第三次科技革命的到来，劳动力需求变得复杂多样，尤其对高精尖创新型人才的需求与日俱增，从而导致消费者对知识的渴求度越来越高，最终要求高等院校要为不同学生的学习需求提供多种多样的知识服务，而这无疑又对高校的教育质量提出了新的要求。

（一）缴费制度在来华留学生教育中的发展

从新中国成立至改革开放前，我国高等教育经费全部来自于国家拨款。1985 年，中共中央颁布《关于教育体制改革的决定》，提出要扩大高校办学自主权，打破高等教育与生产、科技、市场相分割的孤立式和封闭式发展格局，逐步向知识创新、知识传递和现实生产力的格局转化，在高等教育中添加越来越多的市场化内容并体现出市场经济的特征。1989 年，国家教委发布了《关于招收自费外国来华留学生的有关规定》，赋予高等院校自主招收所有留学生（学历生和非学历生）的权力，这一决定将我国高校放在了直接面向国际留学生市场的位置。自此，来华留学生中政府协议的奖学金生比例不断

4　[美]伯顿·R·克拉克主编，王承绪等译，《高等教育新论——多学科的研究》[M]，杭州：浙江教育出版社，2001 年，第 119 页。

5　[美]伯顿·R·克拉克，王承绪等译，《高等教育系统——学术组织的跨国研究》[M]，杭州：杭州大学出版社，1994 年，第 178 页。

下降，自费生迅猛增长。与此同时，20 世纪 90 年代开始，我国高等院校普遍面临经费紧张的问题：一方面，国家对高等教育缴费制度进行了改革，高等教育经费不再全部由政府独揽，高等院校需自筹经费；另一方面，我国高等教育进入迅速扩招时期，需要大量的资金支持。在上述背景下，我国开始大规模招收自费留学生，由自费留学生带来的财政收益成为了这一时期我国高等院校重要的经济来源之一。留学生缴纳学费与政府拨款、事业收入（开展继续教育、短期课程培训等获得的收入）、校办企业收入以及社会捐赠等方面构成了我国公立高等院校的主要收入来源。以 1997 年为例，当年自费来华留学生的收费标准及入学人数如下：

我国于 1997 年修订的《自费来华留学收费标准》中规定，自费来华留学的收费标准主要由以下几方面构成：第一，报名费（包含入学考核费用）400-800 元。第二，学费。文科类专业——本科生每学年 14000-26000 元，硕士研究生每学年 18000-30000 元，博士研究生每学年 22000-34000 元。文科类专业短期生：学习时间 1 个月 3000-4800 元，学习时间 3 个月 8000-10000 元。文科类专业专科生和普通进修生比照本科生标准收费，高级进修生比照硕士研究生标准收费，研究学者比照博士研究生标准收费。理科和工科类专业——比照文科相应类别学费标准上浮 10-30%。医学、艺术、体育类专业——比照文科相应类别学费标准上浮 50-100%。第三，住宿费。不带单独卫生盥洗设备和电话、电视的双人间留学生宿舍，每个床位每天住宿费标准为 12-32 元人民币。第四，其他费用。伙食费、校内医疗费、教材费及教学计划之外的实验、实习、专业参观等费用，按实际成本计价收费。[6]

1997 年，我国 335 所高等院校共接收来华留学人员 43712 名，比上年增长 6.07%。该年度共有 4677 人享受中国政府奖学金，占留学生总数的 10.70%。其中，博士研究生 230 人；1997 年，我国高等院校通过其他国际交流渠道（绝大多数为个人自费）接受了来自 143 个国家的 39035 名自费留学生，占留学生总数的 89.30%。其中，博士研究生 474 名，比上年增长 40.24%。[7]

---

6 中华人民共和国教育部，自费来华留学收费标准。[EB/OL]. http://www.moe.gov.cn/s78/A20/gjs_left/moe_850/tnull_1196.html. 2020-2-26.

7 《中国教育年鉴》编辑部，《中国教育年鉴 1998》[M]，北京：人民教育出版社，1999 年，第 307-308 页。

由此可见，一方面，从经费生源比例来看，1997 年自费生已成我国来华留学生的主力军。至于来华留学博士生，虽然占来华留学生总数的比例较低，但留学博士生中的自费人数已远超中国政府奖学金博士生，是其两倍左右。另一方面，从收费标准来看，暂且不论报名费、住宿和生活费等其他费用，单单就学费而言，当时的自费留学生确实为我国高等院校带来了不少的经济收入。时至今日，我国高等院校参考的自费留学生收费标准仍然是1997 年修订的这版《自费来华留学收费标准》，这意味着过去 20 多年来我国一直再未上调来华留学自费生的费用。就算放在当今，我们对留学生的收费标准依然比中国学生高出很多，这还是在没有将通货膨胀计算在内的情况下。当然，现阶段我国高等院校招收来华留学生不再是以创收为主要目的，甚至有些院校在制定来华留学生招生计划时也很少考虑由此带来的经济效益。

"任何地方都存在着强有力的作为入学人数预算基础的潜在消费市场。这种共同实践使一种招生经济（enrollment economy）制度化，它在很大程度上限制了政治家、行政官员和教授做出决定的自由。于是，编制预算的问题变成寻找一种能吸引足够的学生的经费分配方法。"[8]伯顿·克拉克的这段话可以用来解释 20 世纪 90 年代我国高等院校大规模扩招来自费留学生的现象。出于经济收益的考虑（这一时期高等院校招收自费留学生经济收益是主要目的，当然不排除包括出于高等教育国际化、丰富生源种类多样性等其他因素），我国高等院校纷纷进入国际留学生市场开启了大规模招收各级各类自费留学生的时代。但是，在自费留学生迅速扩张的同时也带来了十分突出的问题和隐患。以创收为主要目的招收来华留学生，导致众多高校为追求数量不惜降低招生标准，由此带来的生源质量的下滑又对培养质量产生消极影响。长此以往，来华留学生教育质量下降成为必然趋势，并且伴随着大学国际声誉的受损。"上世纪 90 年代起，内地南北各大学纷纷敞开大门，欢迎各国留学生来华就读。此举使得学汉语的人数迅速增加，是大好事；但将招收留学生作为创收项目，则明显降低了内地学位的含金量。"[9]

8　[美]伯顿·R·克拉克主编，王承绪等译，《高等教育新论——多学科的研究》[M]，杭州：浙江教育出版社，2001 年，第 119-120 页。

9　陈平原，《大学小言：我眼中的北大与港中文》[M]，北京：生活·读书·新知三联书店，2017 年，第 25 页。

政府赋予高等院校招生自主权、开放自费留学生由此导致高校间为争取生源不惜恶性竞争最终带来留学生教育质量的下降，为日后"一带一路"国家来华留学生的招生和培养埋下了隐患。对来华留学博士生教育来说，20世纪90年代我国招收留学博士生的数量有限，所以教育质量并未受到较大的冲击和影响，但作为来华留学生的组成部分留学博士生依然无法独善其身。博士生教育主要采取导师制的培养方式，博士生数量的增加（这一时期同时伴随着高等院校面向国内市场的扩招）必然导致指导教师平均用于每位学生的时间减少，进而对教育质量产生一定程度的影响。

当前"一带一路"国家来华留学博士生教育主要以政府奖学金为主，可以说这个市场主要是卖方市场，政府奖学金决定了留学生的规模。但是从长远来看，市场必将发挥更大的影响，只有大学不断提高质量，才能占有市场，吸引到更多消费者愿意付费购买价有所值的博士生教育，从而使"一带一路"国家来华留学博士生教育具有可持续发展的动力。

（二）"一带一路"倡议下缴纳学费对来华留学博士生教育质量的影响

自"一带一路"倡议实施以来，我国政府不断加大对沿线国家来华留学博士生的奖学金资助力度，因此大多数"一带一路"国家留学生一般都是通过政府官方提供的国别双边奖学金或"一带一路"专项奖学金项目来华攻读博士学位。据统计，2018年"一带一路"国家来华留学博士生中获得中国政府奖学金的数量为14,500人，占当年来华留学博士生总人数的56.60%。[10]由此可见，"一带一路"国家来华留学博士生中仅中国政府奖学金获得者就已经占到了来华留学博士生总数的一半以上，这还是在没有计算地方政府奖学金、中国学校奖学金、孔子新汉学计划奖学金项目等其他中国官方资助途径。因此，通过个人缴纳学费来华就读博士学位的"一带一路"国家留学生的数量总体是相对有限的，虽然目前还没有全国范围内的官方统计数据，但是以本研究开展个案调查的B大学为例，截至2020年1月，B大学2014-2019年共招收"一带一路"国家来华留学博士生157人。其中，通过个人缴纳学费渠道就读的留学博士生数量仅为19人，占12.10%，其余87.90%均来自中国政府、地方政府、中国学校或孔子学院提供的奖学金项目。需要指出

---

10 教育部国际合作与交流司，《2018来华留学生简明统计》[Z]，北京：教育部国际合作与交流司，2019年，第297-304、282页。

的是，这里所统计的个人缴纳学费是指非中国官方的资金来源，通常由留学生个人和家庭支付、派遣国政府资助等形式构成。

综上，就"一带一路"国家来华留学博士生教育而言，当前政府调控往往起主导作用，个人缴纳学费对教育质量的影响相对较小。尽管如此，个人缴纳学费却始终在"一带一路"国家来华留学博士生中占有一席之地。"我是通过本国政府（印度尼西亚）的官方奖学金资助来华留学的。我当时首先选择了中国和德国两个比较有意向的留学目的地国家，但是德国距离远、路费成本高，而我又已经结婚有时可能需要回国。所以最后跟家人商量后决定来中国留学。那么为什么会选择来 B 大学呢？我觉得非常重要的一个原因是我在 B 大学所就读的专业目前在中国是排名第一的，而且这所大学的整体实力也是相当不错的。如果不考虑专业排名和学校的综合实力，我其实更希望能去上海的大学读书，因为上海的气候与印尼相近，回家也更方便一些。但是，由于考虑到博士毕业后归国就业以及陆续面临的晋升职称等问题，我还是希望能够在一所教学和科研实力相对强势、知名度相对较高的大学就读"（IDS14）。由此可见，留学博士生通过个人缴纳学费来华就读时，往往会将教育质量作为留学选择的最主要因素。

如果留学生多以自费的形式来华就读，这意味着政府宏观调控的力度相对较小，留学生教育市场的运作主要通过市场竞争机制发挥作用。留学生通过个人缴纳学费的形式往往在择校过程中占据主动权，可以自主选择留学目的地国家和大学。在市场机制作用下和以市场竞争为核心的消费者市场中，大学的教育质量就自然成为影响留学生择校的决定性因素，并且最终以大学排名、科研实力、教师水平等形式呈现。当前，来华留学生博士生教育仍处于发展的初期阶段，从近年来的发展状况看中国政府奖学金对吸引和招收来华留学博士生起到了举足轻重的作用，特别是服务于"一带一路"建设的国别双边奖学金和专项奖学金项目。但从长远来看，影响学生跨境流动的核心因素仍然是大学的教育质量，其次才应该是政府的奖学金调控。不管是现在还是未来的留学生市场，都不仅仅是全国范围内高校间的竞争，更是一个全球性的、国际化的市场。未来中国能否在国际高层次人才市场的竞争中分得一杯羹，大学的教育质量将成为具有战略性和决定性的因素，质量将会影响来华留学博士生教育在国际市场中的分割份额。同理，在国内市场亦是如此。反过来，市场也终将会由于消费者的选择而影响到大学的教育质量。

二、政府职能转换对"一带一路"国家来华留学博士生教育质量的影响

20 世纪 80 年代以来，世界各国高等教育都或多或少地朝市场方向趋近。然而，就高等教育而言，纯粹的市场是不存在的，真正运作的是一种类似于市场或准市场的机制。[11]政府始终或近或远地对市场进行着调节，市场则越来越受到国家所认可的权力和政策的影响。从世界各国高等教育市场化的历程来看，当政府不再完全把控高等教育时，市场的力量便应运而生；当政府对高等教育由完全控制转向宏观调控时，市场的力量便逐渐扩大。但是，从未有国家会把高等教育完全交到市场手中，政府干预与市场调节的矛盾始终存在。"即使在像美国那样以市场为导向的国家，政府对公办大学仍拥有拨款、校长任命、招生计划宏观控制等权力，只不过它的权力是集中在州政府的层面上。"[12]由于本研究所讨论的市场是影响高等教育发展的内部市场是无形的，并未涉及讨论影响高等质量的半政府或社会性质的第三方监督机构。因此，政府不可能直接作用于市场，而是转变职能通过对大学进行财政拨款的方式间接调节市场。当大学经费收入完全来自于政府时，大学受政府严格管控，市场力量十分微弱；当大学经费结构除政府拨款外，还包括社会捐赠、学生缴费等其他途径时，市场力量便开始发挥作用，并且随着政府拨款比例的降低，市场力量的调节作用则越大。政府过多的干预固然给大学的发展带来障碍，但是高等教育完全为市场所左右也同样是危险的。面对市场竞争和选择所固有的自发性、盲目性、趋利性所带来的冲击，政府不得不加强宏观调控，以确保社会基本目标的实现。

在市场机制中，政府不再直接干预或监控"一带一路"国家来华留学生教育的发展，而是转换职能通过财政资助，即为"一带一路"国家来华留学博士生提供奖学金和为高等院校拨款的方式，间接对消费者市场产生影响。"当政府授予一个个学生奖学金和其他形式的财政资助，学生能选择在不同的大学花这笔钱时，政府就在利用消费者市场，当政府按各校吸引学生的人数拨给各校经费时，政府就是间接地利用这种市场"。[13]

---

11 彭湃，〈大学、政府与市场：高等教育三角关系模式探析——一个历史与比较的视角〉[J]，《高等教育研究》，2006 年第 9 期，第 104 页。

12 王宾齐，〈关于政府、大学和社会三角关系的定量研究假设——对伯顿·克拉克"三角协调模式"的物理学解析〉[J]，《黑龙江高教研究》，2011 年第 5 期，第 13-16 页。

13 [美]伯顿·R·克拉克，王承绪等译，《高等教育系统——学术组织的跨国研究》

(一)奖学金资助

在对"一带一路"国家来华留学博士生教育质量的监控中，我国政府往往通过奖学金资助来华留博士学生个人的方式加强消费者的双手，这种资助形式使得一定数量的来华留学博士生（不包括部分指定合作院校的"一带一路"专项奖学金项目）进入中国市场，在众多高等院校中具有一定程度的选择权。"这种使用国家资金的方法，是把资金直接一次性或以限制的方式交给学校的对立面。"[14]在获得奖学金支持后，来华留学博士生率先拥有主动权，他们手中同时握有至少 2-3 份 offer（录取通知书），形成所谓的"买方市场"。对此，高等院校不得不通过不断提高教育质量，以更优厚的师资实力、更靠前的大学排名、良好的科研氛围、舒适的住宿环境等等来吸引留学生。特别是对于来华留学博士生来说，相比较于其他学历层次，攻读博士学位的留学生在进行留学选择时往往会更加看重大学的整体国际排名、专业排名、科研环境以及导师的影响力等学术性相关因素。"我知道自己现在读的专业是 B 大学在中国排名第一的，在申请中国奖学金填写志愿学校是我就对中国的大学进行了一些了解，所以最后 B 大学是我的第一选择"（IDS13）。"我为什么会选择来 B 大学呢？一个是因为学校和专业排名都还不错，再就是之前我现在的导师去印尼参加国际会议的时候，我当时是志愿者。我跟导师就是通过那次开会认识的，我非常认可他的学术能力，所以后来申请来中国读博士学位时就想到一定要来 B 大学跟着我喜欢的导师"（IDS14）。

然而，如果政府过度干预，对奖学金不加以控制和进行正确的引导，极易导致留学生市场走向畸形发展。"我感觉近几年大学通过提高培养质量、改变管理模式的努力带来的影响远远小于国家'50 万计划'（《留学中国计划》中提出争取到 2020 年全国当年外国留学生人员数量达到 50 万）和奖学金引领这两个政策的影响。这两个政策的出发点都是好的，但是实施过程中却带来了很多问题。这种现象带来的非常严重的后果之一就是违背了学校教育水平越高学生越趋之若鹜的规律。目前，这种现象除了能在北大清华这种顶尖大学得以体现外，对其他学校来说可能更多的是因为'50 万计划'、中国政府奖学金和地方政府奖学金的引领，从国家到地方再到学校，各种奖学

[M]，杭州：杭州大学出版社，1994 年，第 178 页。

14 [美]伯顿·R·克拉克，王承绪等译，《高等教育系统——学术组织的跨国研究》[M]，杭州：杭州大学出版社，1994 年，第 185 页。

金的涉猎对留学生招生带来了很大的改变"（IDSAS02）。政府在奖学金上的过度投入，往往使得"一带一路"沿线众多来华留学博士生在选择学校时将奖学金作为首要因素，大学教育质量的影响却逐渐被淡化，从而丧失了奖学金监控和改进质量的内在价值。

（二）财政拨款补贴高等院校

除奖学金资助外，政府还通过财政拨款的方式来补贴高等院校，加强对高等学校的质量监控，从而加强其在消费者市场中的地位，避免它们形成对消费者过分依赖的状态。在我国，政府每年在做高等教育财政预算时，高等教育国际化是必不可少的组成部分，用于鼓励高等院校扩大留学生招生宣传、大力引进国际名师建立国际化的教学科研队伍、开设英文授课项目等等。

消费者市场的中心特点是消费选择。在有些高等教育系统，这种选择非常广泛，因为不仅出现了多样性，还因政府的政策使留学生只需要自行承担较低的费用，或者提供全额奖学金使其在选择高等院校时占据主动权。这种选择性可能会非常广泛，为了争取优质生源，高等院校之间会在市场环境中相互竞争，有实力的高等院校会在竞争的过程中懂得利用消费者市场扩大留学生规模，逐渐形成自身优势并占据一席之地。"实力雄厚的院校，它们在消费者市场和劳动力市场的'名牌'地位牢固，感到安全，有雄心壮志的院校懂得它们能通过扩大规模上升。只有小规模的院校需要在国家官员面前，担忧、害怕丧失入学人数，使它们不能满足官方对最低额度规模的期望。因此，学校和消费者之间的相互作用深入到国家权力的基本方面。"[15][16]质量这一市场的核心因素无疑会引导政府财政补贴的取向，使得政府的财政补贴更多地流向高质量院校，而高质量院校有了更充裕的资源会不断地改善学术环境，从而在消费者市场和劳动力市场具有更强的竞争力。

第二节　院校市场对"一带一路"国家来华留学博士生教育质量的影响

近年来，随着国内来华留学生市场的进一步扩大，越来越多的高等院校

---

15 [美]伯顿·R·克拉克，王承绪等译，《高等教育系统——学术组织的跨国研究》[M]，杭州：杭州大学出版社，1994年，第186页。
16 [美]伯顿·R·克拉克，王承绪等译，《高等教育系统——学术组织的跨国研究》[M]，杭州：杭州大学出版社，1994年，第186页。

参与到对来华留学博士生生源的争夺之中，院校市场间的竞争愈发激烈。特别是伴随着"一带一路"倡议的提出，为吸引优质的高层次国际人才，不少高校纷纷设立资助留学生攻读博士学位的校级"一带一路"专项奖学金项目。在生源争夺战中，"马太效应"带来的作用日益凸显，高等院校留学生教育质量逐渐呈现出两极分化的发展趋势。与此同时，院校市场的竞争机制引起了"一带一路"国家来华留学博士生的质量问题，高等院校对留学生数量的过度强调往往忽视了对生源质量的控制和教育质量的追求。

一、院校市场对"一带一路"国家来华留学博士生教育质量的积极影响

院校市场是各事业单位彼此相互影响而不是与消费者或雇佣者相互作用的场所。[17]在院校市场中，声誉就是通货，或者说是交换的主要商品，同时也是大学追求的目标，而决定声誉的主要因素来自于大学本身的教育质量。为了赢得声誉，大学需要通过不断增强自身的教育质量，以更优厚的师资力量、更靠前的大学排名、良好的科研氛围、舒适的住宿环境等等来吸引优质的留学生生源。

（一）马太效应

当今，高等院校在国际市场中对优质留学生生源特别是高层次创新型人才的争夺日趋白热化。中国大学要想走向世界、在全球范围内赢得声誉并获得教育质量的认可，就不得不参与国际市场竞争，大规模吸纳留学生到中国的大学来学习。因此，院校市场对大学来说带有声誉的诱惑，而大学想要赢得声誉则需要来自外界（消费者、国际和国内社会以及其他高等院校）的评价及肯定，特别是对留学生教育质量的认可。在整个院校市场竞争的过程中，教育质量是大学吸引优质生源、培养出高质量留学生的关键所在，大学教育质量的不断提升带来更卓著的声誉进而会吸引更多优质生源，而优质生源的增长又将有助于入学教育质量的进一步提升。在竞争机制作用下，留学生教育的发展易产生"马太效应"（the Matthew Effect）。所谓"马太效应"，用通俗的语言来描述就是强者愈强，弱者愈弱。在"一带一路"来华留学博士生教育质量中，具有质量优势和声誉的高等院校为自己建立了一种

---

17 [美]伯顿·R·克拉克，王承绪等译，《高等教育系统——学术组织的跨国研究》[M]，杭州：杭州大学出版社，1994年，第181页。

良性循环，通过这种循环又不断产生新的质量优势和更高的声誉。这意味着"一带一路"国家将会有越来越多的优质留学博士生生源流向那些已经拥有强大教育质量和良好声誉的高等院校。因此，面对"一带一路"国际留学生市场，我国高校如果能积极利用现有优势并不断提高自身教育质量，充分利用"马太效应"带来的影响，无疑会吸引到越来越多的"一带一路"国家优质生源。

（二）引领和示范作用

"相对的声誉不仅影响消费者和工作人员的判断，同时还对院校的行动起主导作用。得到高度评价的院校坐立于整个高等院校结构的顶端，它们常常带动其他院校先后模仿并引领强大的学术潮流，走它们的办学之路。这种潮流还大量地指导着消费者和工作人员的选择。在竞争性较强的高等教育系统中，各院校还努力在消费市场中开辟一块受保护的自留地，以确保自己拥有一种较为有利的招生经济。"[18][19]因此，以教育质量为核心的声誉作为高等院校市场化最重要的因素，穿梭于消费者市场、劳动力市场和院校市场之间并影响着它们的运行。这一影响体现在"一带一路"国家来华留学博士生教育质量中，主要表现为其他高等院校会争先模仿起引领和带头作用学校的做法，例如：设立校级"一带一路"专项奖学金项目、采用趋同化的来华留学博士生的管理制度和培养模式等等，进而作用于"一带一路"国家来华留学博士生的教育质量。本研究在这里以近年来在各大高等院校之间非常流行的留学生趋同化管理为例，分析坐立于高等院校结构顶端的大学，如何影响其他大学留学生管理模式的改变。

当前，在全国289所中国政府奖学金院校中，共有48所高等院校采取趋同化管理，占16.61%，而这48所高校根据趋同的程度可分为半趋同、多数趋同和接近完全趋同。[20]半趋同主要以单职能部门＋院两级管理的方式，即通过国际处或高校专门设置的留学生管理职能部门（留学生处、学生国际交流部等）主要负责全校留学生的归口管理统筹，具体管理工作由二级专业教

---

18 [美]伯顿·R·克拉克主编，王承绪等译，《高等教育新论——多学科的研究》[M]，杭州：浙江教育出版社，2001年，第121页。

19 [美]伯顿·R·克拉克，王承绪等译，《高等教育系统——学术组织的跨国研究》[M]，杭州：杭州大学出版社，1994年，第181页。

20 邱海洋，〈来华留学生趋同化管理的困境与突破〉[J]，《神州学人》，2020年第1期，第25-28页。

学单位负责，而其他职能部门较少参与管理。半趋同的代表高校是复旦大学。复旦大学于 2003 年便成立了留学生处，在全国高校中率先推行趋同化管理。[21]在已经实施趋同化管理的 48 所高校中，93.75%是半趋同形式[22]；多数趋同主要指多职能部门+院两级共同管理的趋同化管理，一般体现在将教务和招生管理与日常管理相分离，由不同的职能部门分别负责，进一步深入趋同化管理。这一类的典型代表是清华大学。2016 年，清华大学将有关留学生招生和培养的管理工作调整至教务部，同时成立国际学生学者中心（隶属国际处），为国际学生提供专业化的服务和管理。[23]本研究开展个案调查的 B 大学就是受清华大学的影响，该校于 2018 年前后对留学生管理模式进行了改革，从半趋同调整为多数趋同，将原本由留学办公室管理的招生职责从中抽离出来，将其纳入教务部（本科生教务处、研究生院）下属的招生办公室。"清华大学在 2016 年左右开始深化留学生趋同化管理。但是在这个过程一定会产生很多问题，尤其是有一些后勤的那些部门包括其他行政部门，这对他们绝对是有冲击的。留学生会有各种各样的要求，行政部门人员的素质跟的上吗？但怎么说呢这既是冲击，也是挑战，是一个极大的锻炼。我相信经过几年以后，清华在这方面一定会出类拔萃。受清华的影响，我们 B 大学大概从 2018 年开始仿照清华的改革模式，对趋同化管理进行了调整，重新规划了不同部门对留学生招生、管理和培养的责任和权限。怎么说呢，B 大学在管理上是有些相对保守的，特别是涉及到留学生的问题有时又会比较敏感，因此学校行政管理层出于各种因素的考量可能不敢轻易进行大刀阔斧的改革。清华毕竟是全国顶尖高校，当清华率先改革留学生趋同化管理模式并取得一定成效时，其他高校很可能就会纷纷效仿和借鉴"（IDSAS01）。接近完全趋同化是指绝大多数学校职能部门与二级学院共同参与国际学生管理和服务，典型代表是厦门大学。由此可见，坐立于高等院校结构顶端的大学，往往会率先迈出调整的步伐，其他高等院校纷纷效仿，进而引发新的改革浪潮。就当前我国高校趋同化管理的三种类型来说，我们无法断定到底哪一种才是最高效、

---

21 顾莺、陈康令，〈高校留学生趋同化管理的比较研究——以全球 8 所高校为例〉[J]，《思想理论教育》，2013 年第 9 期，第 86-89 页。

22 邱海洋，〈来华留学生趋同化管理的困境与突破〉[J]，《神州学人》，2020 年第 1 期，第 25-28 页。

23 清华大学，国际学生培养发展概况。[EB/OL]. https://www.tsinghua.edu.cn/publish/newthu/newthu_cnt/education/edu-3-1.html. 2020-03-02.

最有序的管理模式，但在不断改革调整的趋势下不同高校或许会逐渐摸索出最适合自身发展的留学生管理模式，趋同管理无疑是未来发展的方向。

需要指出的是，有时引领潮流的高等院校做出的改革在推出之时可能并不能够得到社会和同行的认可，甚至非议不断。但由于顶端高校往往拥有高质量的教育、浑厚的资源和坚实的声誉，社会和同行也不会因为一次可能"不够合理的"改革对其失去信任，因此顶端院校往往能够更加顶住压力让改革实施下去。依然以清华大学为例，清华大学自 2016 年将留学生管理模式调整为多数趋同后，紧接着于 2017 年决定取消本科留学生招生入学申请中的笔试环节。这一政策刚出台时引起社会一片哗然，不少人认为这是清华大学"崇洋媚外"、是中外学生高等教育入学不公平的体现，舆论反对的浪潮占据上风。当时，面对社会各方质疑，清华大学在回应中坚持强调这一举措是为了与世界接轨，"申请-审核制能更全面地考核留学生，放眼世界，这是国际社会普遍比较通行的选拔方式，并且国际学生招生名额不挤占国内学生名额。虽然取消了笔试，但通过对申请材料的要求可以发现，新的录取方式门槛将会更高。比如申请材料中包括了各国主要高校所要求的笔试成绩，但这不局限于 SAT、AP、A-level、各国高考成绩等，这将作为重要录取和考核依据，还有获奖证书以及其他大学录取通知书等辅助证明材料。"[24]"就算不取消笔试统一组织考试，但这考试能放之四海皆准吗？各个国家教育水平以及教学内容是有很大不同的，事实上我们根本无法提供一个统一的考核标准。任何的衡量标准它都是有一定道理的，所以就是社会上网络上所有的人都可以随随便便发表言论批评清华，但是就我个人而言我觉得清华挺不容易的。作为一个学校要在这么多舆论的声浪中保持坚定性是相当不容易的，说实话我挺佩服他们，非常有魄力。那么多言语攻击大家眼睛都盯着，甚至拿着放大镜去照。现在我们 B 大学在招收留学生攻读本科学位时，还是需要考试，而且这个考试是要留学生到北京来，只有特别优秀的学生才可以考虑对其免考。但是来北京考试对不少留学生本人而言会增加很多困难。现在我们就因为留学生必须来考试这一项规定的限制，很多优质的生源都流失了"（IDSAS01）。

---

24 新京报，清华回应"国际生免笔试"：通行做法。[EB/OL]. https://weibo.com/ttart-icle/p/show?id=2309351000884076347226993294&u=1323527941&m=40764393869 65958&cu=3655689037. 2020-03-02.

二、院校市场引起的"一带一路"国家来华留学博士生教育质量问题

高等院校在院校市场间的激烈竞争如果缺乏国家力量的有效引导或其他市场力量的介入，往往会引起高等院校之间及其内部的留学生教育质量问题。在"一带一路"国家来华留学博士生教育中，高等院校之间因市场竞争产生的冲突主要体现在以下两方面。

（一）高校间为争取生源引起的恶性竞争

市场竞争的无序性以及市场力量的趋利性和盲目性，往往容易导致高等院校之间为争夺"一带一路"国家来华留学博士生生源采取"不择手段"的激烈措施。来华留学生的数量和比例既是衡量高等院校国际化程度的重要指标之一，同时也是创建世界一流大学和一流学科、与世界接轨的主要途径之一。在上述动力驱使下，2018 年我国接受来华博士生的高等院校已达到 320 所。[25]这一数据在未来势必还会不断增加，意味着高等院校对来华留学博士生的生源争夺也将日趋激烈。为追求规模增长各高校由此展开激烈争夺，部分高校甚至不惜通过降低入学门槛、提供奖学金等方式吸引"一带一路"国家来华留学博士生，对于自费留学博士生更是"敞开胸怀"、"来者不拒"，由此在高校间形成恶性竞争，忽视了对生源质量的把控。"目前不同高校接纳留学生的程度或者说底线是不一样的，它有一种'劣币驱逐良币'的趋势。2008 年以前接收留学生的高等院校可能只有 300 所左右，但是之后突然间开始提倡国际化，一些地方院校发现在其他方面对于提高国际化水平可能鲜有突破口，比如：招揽海外名师、教师的国际化经历等等。但是，越来越多的地方院校发现学校拿钱提供奖学金招收外国学生特别容易，再把录取标准调低，留学生的比例一下子就上来了。因此，从 2008 年以后接收留学生的高等院校突然就有了大幅度的增加。那么对我们 B 大学来说，即使我们什么都没做，留学生的数量或者比例也会相对下降，因为竞争一下子变得激烈很多。在这种情况下，我们学校首先做的就是维持原有留学生的数量或比例，特别是发现如果不改变招生现状的话，其他学校的手段和花样非常多，生源很快就被抢走了。以前，我们 B 大学中文授课型项目的留学生中还是以自费生居多，因为他们来读这个学位觉得确实是有帮助的，是他们需要的或者感兴趣

---

25 教育部国际合作与交流司，《2018 来华留学生简明统计》[Z]，北京：教育部国际合作与交流司，2019 年，第 241-274 页。

的。但是，随着越来越多的学校下调录取标准并开始设立奖学金，导致相当一部分留学生就会觉得我也没有非要自费来你们这里的必要，特别是'一带一路'沿线多为发展中国家，留学生的经济条件和综合实力整体相对较弱一些，他们可能更倾向于去那些录取相对容易又能提供奖学金的学校，这也变相逼着我们 B 大学开始设立学校奖学金。对一些'一带一路'国家留学生来说，在中国除了北大清华以外，其他学校可能都差不多，在这种情况下他们更在乎的是成本、环境以及自己能不能适应这些事情"（IDSAS02）。

（二）大学内部自身矛盾和冲突的加剧

院校市场的竞争同时也会引起大学内部自身的矛盾和冲突不断加剧。原则上，当"一带一路"国家来华留学博士生不符合高校规定的录取标准时，从校级层面到院（系）再到导师都有拒绝接受申请者的权利。但在实际操作中，行政权威和学术权威却出于各种原因都不得不做出让步。为了配合国家"一带一路"倡议的发展战略、完成学校招收留学生的相关指标，校级行政权威有时会暗示甚至要求院（系）同意接受部分并不具备录取标准的"一带一路"国家来华留学博士生，特别是那些来自"一带一路"专项奖学金或国别双边奖学金项目渠道的留学生。当院（系）层面的行政权威认为申请者不具备入学资格故而将申请材料退回留学生管理部门时，校级行政权威往往会对院（系）"做工作"，甚至会强制摊派那些因政府间协议奖学金就读的"一带一路"国家来华留学生培养名额。"之前针对'一带一路'中蒙交流专项奖学金项目蒙古留学生的培养问题，教育学部组织各院系负责人、留学生导师和相关行政人员召开了座谈会。开会的时候领导表示接受这些'一带一路'蒙古留学生很大程度上是为了服务国家对外战略完成政治任务。尽管学部、院系和导师可能都不想招，但是学校层面明确强调了这个没有办法拒绝，必须为服务大局工作"（IDSS02）。很多导师在面对未达到学术标准和汉语水平的"一带一路"国家来华留学博士生时，往往也十分无奈。他们碍于校级管理层、院（系）、同行、人情等多方压力有时只能勉强同意接受留学博士生的分派。而在这种情况下，导师往往难以对指导"一带一路"国家来华留学博士生产生较高的积极性，同时也难以形成较高的满意度。"我们学院分管学生工作的老师（副院长）之前给我打电话征求意见，他说今年院里有两个通过'一带一路'中蒙交流专项奖学金项目入学的蒙古博士生，这些学生汉语比较差可能指导起来也会比较困难，问我能不能带一个学生另外一个由他来带。我一听这话副院长自己都'自戕'了，是吧？那我再拒绝就不太好了，虽然我内心其实并不太想接受。当时我还没有带过国内的博士生，博导的资格还未正式批下来，我担心学部会不会不同意我带呢？后来问了学部的行政老师回答说留学博士生可以带，甚至副教授也可以。你看，现在的情况就是对于招收国内的博士生导师们都是争抢的状态，资格每年都需要审批，留学博士生大家都不想带资格自然就不用审批了"（IDSS03）。

　　院校市场内的激烈竞争，导致高等院校"一带一路"国家来华留学博士生快速增长的同时往往忽略了对质量的追求，这种只强调规模而不重视内涵的发展最终带来的往往只是"统计数据上的国际化"。这样的发展理念违背了追求学术卓越是世界一流大学的基本精神和各项工作的出发点与归宿。[26]归根结底，如何在追求数量的同时保障质量真正做到"提质增速"，如何在实现政治目标和实现学术目标之间建立平衡和统一，是未来"一带一路"国家来华留学博士生教育发展的重中之重。

---

26 王英杰，〈广义国际化与世界一流大学建设〉[J]，《比较教育研究》，2018 年第 7
　　期，第 8 页。

总结与反思

　　透过"三角协调模型"理论的视角剖析"一带一路"国家来华留学博士生教育质量监控体系，有助于展现"一带一路"国家来华留学博士生教育质量监控体系中各权力主体作用及其相互关系，从而揭示其发展背后的推动力量与价值选择。政府、大学和市场在"一带一路"国家来华留学博士生教育质量监控体系中代表着不同的价值立场与诉求，他们相互作用从而形成一个充满张力的脉络空间。在这一过程中，三者作为影响"一带一路"国家来华留学博士生教育质量的权力主体，分别对"一带一路"国家来华留学博士生教育质量监控体系发挥了哪些作用？通过梳理政府与大学、政府与市场以及大学与市场的相互关系，能够为我们带来哪些启示？基于三者的相互矛盾与相互协调，我国政府和高校应分别从哪些方面保障"一带一路"国家来华留学博士生教育质量？这些问题都将在结论与建议部分得到分析和讨论。

一、结论

　　伯顿·克拉克认为，现代高等教育的发展必然引起各种价值观的相互冲突，使得人们在决策过程中不得不首先考虑不同部门及其地位的问题。[1]价值观的冲突往往引起不同利益主体间的权力斗争，因此，高等教育可以被看作为一种权力斗争。这种看法继承了韦伯（Max Weber）的经典社会学思想："现代社会充斥着不可调和的价值观念，这样，有组织的社会生活便成了一种权力斗争，因为正是权力最终决定了谁的价值观念占上风，而谁又得付出

1　[美]伯顿·R·克拉克，王承绪等译，《高等教育系统——学术组织的跨国研究》[M]，杭州：杭州大学出版社，1994年，第219页。

代价。这种不可避免的权力斗争已经日益渗透到构成各种社会部门的网状组织内部。"[2]

在"一带一路"国家来华留学博士生教育质量监控体系中，政府、大学和市场三股力量通过调控、权威以及自由分配的形式确立了它们作为权力主体的地位。但与此同时，它们分别代表了不同的立场和价值诉求。政府、大学和市场三者是并存的，它们之间的关系是动态的，是一种循环的互动。三者之间的矛盾始终存在，但三者进行协调的努力也永无停歇，三者之间的关系随着高等教育的发展、社会的需求以及留学市场的变化而变化。

（一）来华留学博士生教育质量监控体系经历了从政府完全管控到政府宏观调控、大学自主权增加以及市场机制发挥作用的发展历程

从新中国成立至今，伴随着政府、大学和市场作用和地位的变化，来华留学博士生教育质量监控体系先后经历了四个发展时期。

第一，萌芽时期（1949-1977年）。这一时期由于我国尚未建立学位制度，相应地来华留学博士生教育也就无从谈起。因此，这一阶段是我国来华留学博士生教育质量监控体系的萌芽时期，来华留学生教育质量监控体系的初步探索为改革开放后来华博士生教育质量监控体系的确立和发展奠定了基础。这一时期，来华留学生教育质量监控体系由政府完全管控，高校的自主权十分有限更多是作为执行机构参与来华留学生教育质量的监控，市场力量更是无从介入。

第二，初创时期（1978-1997年）。伴随着改革开放，政府逐渐放权，高校在来华留学生教育质量监控体系中的自主权逐渐加强。来华留学博士生教育质量监控体系最终在20世纪80年代末至90年代初得以正式确立。

第三，完善时期（1998-2012年）。这一时期来华留学博士生教育质量监控体系经历了"变被动为主动"的发展历程。自费来华留学博士生数量的大幅增加改变了去过中国政府奖学金博士生"一刀切"的局面，市场机制得以在来华留学博士生教育质量监控体系中发挥作用，高校招生和管理的自主权进一步加强。与此同时，政府宏观调控引导来华留学博士生教育质量监控体系发展的能力也在不断增强。

---

2 Kenneth McNeil. Understanding Organizational Power: Building on the Weberian Legacy. Administrative Science Quarterly, 1978, 23 (3), p.65-90.

第四，"一带一路"倡议下的快速发展时期（2013 年至今）。随着"一带一路"倡议的提出和深入实施，大量国别双边奖学金和"一带一路"专项奖学金项目的投入使得政府在这一时期来华留学博士生教育质量监控体系中的作用显著增强。随着来华留学自费博士生百分比的减少，市场竞争机制的力量被不断弱化。

（二）政府在监控"一带一路"国家来华留学博士生教育质量中发挥主导作用

作为集权式的高等教育体制，我国政府在高校发展过程中一直发挥着主导作用。以教育部及各级教育行政部门为代表的国家力量把握着高等教育发展的脉络走向，是高等教育发展的掌舵者。在"一带一路"国家来华留学博士生教育质量监控体系中，政府一般通过颁布法律法规、出台政策文件和规划纲要、财政拨款甚至直接参与留学生选拔与录取等方式实现对"一带一路"国家来华留学博士生教育质量的干预和控制。

政府政策和优先发展战略的调整会对学生流动产生影响，因此政府的首要作用就是规划发展政策与战略方针，引导"一带一路"国家来华留学博士生教育质量监控体系的发展。这意味着所有高等院校需在政府规定的合理范围内开展"一带一路"国家来华留学博士生教育。"一带一路"倡议以来，教育部先后出台了《2015-2017 年留学工作行动计划》、《关于做好新时期教育对外开放工作的若干意见》、《推进共建"一带一路"教育行动》以及《中国教育现代化 2035》等政策文本和发展规划纲要，积极与地方政府签署"一带一路"教育行动合作备忘录，努力促进与"一带一路"沿线国家的双边协议和学历学位互认。与此同时，为推动来华留学教育内涵式发展，教育部于2018 年颁布了我国首次专门针对来华留学教育制定的质量规范文件《来华留学生质量规范（试行）》，并委托第三方中国国际教育交流协会开展来华留学质量认证。

其次，政府直接参与"一带一路"国家来华留学博士生的招生与录取环节。一方面，政府通过举办线上或线下国际留学展和境外留学说明会、设立官方网络宣传和招生媒介，国家留学基金委员会以及开设以孔子学院和孔子课堂为宣传媒介的招生渠道等方式，积极参与留学生招生宣传工作。另一方面，在实施国别双边奖学金和"一带一路"政府间协议奖学金项目中，教育部委派中国驻外使、领馆等相关机构和派遣国主管部门共同承担博士申请人的选拔与推荐工作。这种由政府直接参与选拔与录取的程序无疑会对"一带一路"国家来华留学博士生的生源质量产生关键影响。

最后，在政府设立的各级各类奖学金资助体系中，政府可以通过增加或减少奖学投入金额和数量、改变招生标准和审查程序以及调整对不同国家的资助数额等途径对招生比例、生源质量以及生源国结构等进行引导，进而对"一带一路"国家来华留学博士生教育质量产生影响。

（三）大学是控制"一带一路"国家来华留学博士生教育质量的主体

大学是直接对留学生实施教育的机构，因此也决定了大学在"一带一路"国家来华留学博士生教育质量监控体系中的主体地位。在我国，自改革开放以来大学在招收、管理和培养来华留学生方面的自主权不断扩大。然而，当前中国高校仍属于中央或地方政府行政系统内部的有机构成，因此大学只能在相对范围内的空间对"一带一路"国家来华留学博士生教育进行质量控制。

本研究主要将大学的力量分为行政权威和学术权威。行政权威是指以校长为代表的行政管理人员，涉及研究生院、留学生招生办、留学生办公室等相关部门，有时也会指以"一带一路"国家来华留学博士生所在院系的院长、系主任为代表的次一级管理者。行政权威控制"一带一路"国家来华留学博士生教育质量的途径主要包括规划校级发展战略、参与招生和录取、明确培养目标和培养方案、制定考核与评估标准、建立奖学金资助与管理体系以及打造良好的学术环境与物质环境等等。

学术权威则是指以大学教师为主体的学术基层。以导师和任课教师为代表的学术权威是影响"一带一路"国家来华留学博士生教育质量的直接作用力。作为影响留学生个体发展的关键人物，导师和任课教师将更多时间用于授课、学术指导和对留学生的科研训练，有时导师也会适当参与到留学生招生和录取的过程之中。

（四）质量是"一带一路"国家来华留学博士生教育在市场竞争机制中的核心

基于伯顿·克拉克对市场概念的分类和解释，本研究认为，消费者市场和院校市场往往是市场力量中影响"一带一路"国家来华留学博士生教育质量的主要因素。在消费者市场中，"一带一路"国家来华留学博士生是代表市场力量的消费者主体。当留学生需要通过缴纳学费的形式进入留学目的地国家选择就读的大学时，就有了消费选择。留学生通过个人缴纳学费的形式往往在择校过程中占据主动权，可以自主选择留学目的地国家和大学。在市场机制作用下和以市场竞争为核心的消费者市场中，大学的教育质量自然成为影响留学生择校的决定性因素。此外，由于影响高等教育发展的内部市场是无形的，因此政府不可能直接作用于市场，而是通过转变职能，即为"一带一路"国家来华留学博士生提供奖学金和为高等院校拨款的方式，间接对消费者市场产生影响。

在院校市场中，声誉就是通货，同时也是大学追求的目标，而决定声誉的主要因素来自于大学本身的教育质量。为了赢得声誉，大学需要通过不断增强自身的教育质量，以更优厚的师资力量、更靠前的大学排名、良好的科研氛围、舒适的住宿环境等等来吸引优质的留学生生源。但另一方面，院校市场竞争的无序性、趋利性以及盲目性，往往容易导致高等院校之间为争夺"一带一路"国家来华留学博士生生源不惜采取恶性竞争的策略。对外，为提高大学国际化追求来华留学生的数量和比例，部分高校不惜通过降低入学门槛、广泛提供奖学金等方式吸引"一带一路"国家来华留学博士生，对于自费留学博士生更是"敞开胸怀"、"来者不拒"，由此各高校之间展开激烈争夺并形成恶性竞争，忽视了对生源质量的把控，扰乱了大学正常的教学和科研秩序。对内，市场的盲目性和趋利性同时也会引起大学内部培养和管理制度的散乱。例如：为了让所谓的统计数据变得"漂亮"提高来华留学博士生的毕业率，部分高校通过下调来华留学博士生学位论文写作标准、不设置学术论文发表要求等方式，为"一带一路"国家来华留学博士生顺利毕业降低难度。

（五）政府、大学和市场在"一带一路"国家来华留学博士生教育质量监控体系中三者关系的不和谐会带来消极影响

1. 招收和培养"一带一路"国家来华留学博士生有时政治目的会优先于学术性因素，政治性与学术性目标之间的冲突逐渐凸显

现阶段，多数国别双边奖学金和"一带一路"政府间协议奖学金项目的设立和实施的初衷在相当程度上是为了服务于我国"一带一路"对外发展战略。政府主管部门为了兑现国际承诺以及出于我国对外战略的考虑，必须优先保障"一带一路"国家来华留学博士生的录取数量。为此，录取时教育部不得不降低录取标准，甚至有时不对申请者在语言水平和学术背景方面做任何强制要求。此外，这些奖学金项目多数由我国驻外使、领馆和"一带一路"

派遣国主管部门的工作人员共同负责选拔申请者，选拔的过程通常只有材料审核+简短面试（部分奖学金项目会设置笔试），并且选拔时通常缺乏对申请者学术素养的专业考查。这种由政府占绝对主导的招生和录取方式极易使生源质量无法得到保障，忽视了大学才是招收、培养和管理来华留学生的主体，最终导致在某种程度上招收和培养"一带一路"国家来华留学博士生的政治意义大于学术价值。

就高等教育本身而言，它在知识领域具有先天的排他性，从而在管理上具有自治的倾向。正如伯顿·克拉克所言，"广阔的知识领域是高等教育机构和系统的一个独特和主要的特征，为这一特征所驱使而形成的高等教育特色形态并非是习惯于其他社会组织部分所易于理解的"。[3]因此，高等教育的载体——大学倾向于抵制其他利益相关者介入高等教育进行质量控制，从而保证大学的学术自由与学术价值。然而，政府是资助高等教育的唯一的现代机构，这也就是说政府构成了高等教育所处环境的关键部分。[4]一直以来，政府通过立法和财政拨款等方式加强对高等教育的影响和控制，希望大学具有社会服务的功能并服务于国家发展战略和对外政策。随着政府在大学财政收入中的百分比逐渐增加，大学对政府会产生日渐增长的依赖性，这为政府提供了控制大学的筹码。然而，从中世纪大学建立以来追求真理与学术卓越就是其发展的宗旨，这一宗旨有时却会与政府的初衷相背离。"一带一路"国家来华留学博士生教育应承载着为提供高质量教育水平的学术性目标和培养"知华、友华、亲华、爱华"国际高层次人才的政治性目标的双重使命。近年来，政府对招收和资助"一带一路"国家来华留学生的力度不断增加，然而与之相伴随的却是大批良莠不齐生源的涌入，再加上高校在培养和管理过程中缺乏完善的制度建设和经验总结，不少高校为了完成所谓的"政治任务"保障毕业率而降低要求，导致最终的培养结果与录取初衷大相径庭。这些出于政治性目的的举措在一定程度上损害了"一带一路"国家来华留学博士生的教育质量，与大学追求学术卓越的目标背道而驰，从长远看既不利于政治性目标的完成也不利于学术性目标的实现。

---

3 伯顿·R·克拉克，《高等教育系统——学术组织的跨国研究》[M]，王承绪等译，杭州：杭州大学出版社，1994年，第14页。

4 伯顿·R·克拉克，《高等教育系统——学术组织的跨国研究》[M]，王承绪等译，杭州：杭州大学出版社，1994年，第271页。

2. 政府对"一带一路"国家来华留学博士生教育的过度干预超越了市场竞争机制的一般规律

在高等教育领域，纯粹的市场是不存在的，政府始终把持着市场调节。当政府不再完全把控高等教育时，市场的力量便应运而生；当政府对高等教育由完全控制转向宏观调控时，市场的力量便逐渐扩大。

当前，来华留学生博士生教育仍处于发展的初期阶段，从近年来的发展状况看政府奖学金对吸引和招收来华留学博士生起到了举足轻重的作用，特别是服务于"一带一路"建设的国别双边奖学金和专项奖学金项目。因此，目前"一带一路"国家来华留学博士生中大多数都获得了中方提供的政府奖学金资助，再排除部分中国学校奖学金生、孔子新汉学奖学金生等其他种类，个人自费留学生的百分比相对较少。上述这种情况意味着现阶段政府对"一带一路"国家来华留学博士生教育的调控力度远远大于市场作用，市场竞争机制带来的影响相对较小。获取中方资助的政府类奖学金成为"一带一路"国家留学生来华攻读博士学位的主要动机。然而，在市场竞争机制中，大学的教育质量才是影响留学生择校的决定性因素，并最终以大学排名、科研实力、教师水平等形式呈现。因此，政府对"一带一路"国家来华留学博士生教育的过度干预超越了市场竞争机制的一般规律。从长远发展来看，如果政府一直保持着对"一带一路"国家来华留学博士生教育的过度干预，整体上并不利于教育质量的提高，甚至会带来市场秩序的紊乱。

（六）现阶段，"一带一路"国家来华留学博士生教育质量监控体系主要面临生源质量亟待提高、缺乏健全的招生与录取机制、趋同化管理制度难落实以及奖学金激励与吸引优质生源的功能有待完善等问题

1. 生源质量亟待提高

首先，绝大多数"一带一路"国家来华留学博士生就读期间都会遭遇语言困境，甚至无法顺利完成答辩，面临难以毕业、延期和退学的状况。对中文授课型来华留学博士生来说，他们遭遇的语言困境主要表现在文献阅读、课堂听讲以及学术论文写作等方面。除此之外，由于多数学校并不要求中文授课型博士项目的申请者具备一定的英语水平，由此导致部分英语基础差、"一带一路"沿线非英语语种国家的留学生入学后还要面临英文文献阅读和国际学术交流等障碍。作为非英语国家，我国在吸引留学生方面相比英美等

国家存在天然劣势，语言成为留学人员特别是高层次学历人才来华就读的主要障碍之一。当前，我国高校主要有中、英文两种授课方式。使用中文授课的留学生达到新版汉语水平考试（HSK）4 级或 5 级便能进入高校进行相关专业的学习[5]，但达到此标准留学生的汉语水平却可能无法胜任专业学习，特别是对高层次来华留学博士生来说，仅仅掌握普通的听说读写能力往往并不能够很好地进行专业学习和科学研究。对于人文社会科学方向专业的留学博士生，他们的学习和研究往往还需要结合中国博大精深、源远流长的历史文化以及纷繁复杂的社会政治状况，这就大大提高了对汉语水平的要求。

其次，部分"一带一路"国家来华留学博士生存在专业基础薄弱甚至没有专业基础的问题。专业基础薄弱极易导致留学生就读后跟不上博士阶段高强度的知识学习和汲取，从而带来课程学习不理想以及科研进展缓慢的问题。

2. 我国缺乏健全的来华留学博士生招生与录取机制

对博士申请者没有进行严格规范的学术素养审查、缺乏健全的招生录取机制是导致"一带一路"国家来华留学博士生生源质量堪忧的重要原因。因此，如何建成一套系统的招生录取机制对于保障生源质量、提高我国高校的国际声誉至关重要。

（1）当前的招生录取机制缺乏明确的准入标准

首先，对申请者的语言水平要求较低。通过个人自费、中国政府奖学金-中国高校自主招生项目、地方政府奖学金以及中国学校奖学金等其他途径来华就读的博士生，往往在申请时就需要按照相关项目或学校设置的汉语水平要求提交 HSK 相应等级证书证明材料。但是，对通过国别双边奖学金和"一带一路"政府间协议奖学金项目入学的来华留学博士生来说，他们入学前往往并不需要具备任何汉语基础，对英语水平的要求更是无从谈起。来到中国后，这些"一带一路"国家留学生首先需要在学校安排下学习 1-2 年（多数为 1 年）的汉语，达到所在院（系）规定的 HSK 汉语水平后即可进入各自专业领域从事学习和研究。如此短时间的汉语学习对绝大多数来华留学生来说，可能也仅仅只够日常交流，对从事专项性极强的博士课程学习和科学研究来说是远远不够的。此外，鲜有高校在录取时对中文项目申请者的英语水

5　程伟华，〈"一带一路"沿线国家来华留学生教育发展机遇、挑战及应对策略〉[J]，《高等农业教育》，2017 年第 6 期，第 91 页。

平有明确的硬性规定，导致一些非英语语种国家的留学研究生入学后在英文文献阅读和国际学术交流等方面存在诸多障碍。

其次，欠缺对来华留学研究生专业素养的规范考核。我国对来华留学博士生的选拔和录取主要采取"申请-审核制"，即申请人根据我国高等院校的招生规则提交简历、个人陈述、推荐信、学历证明、成绩单以及语言成绩证明等相关材料，高校审核后决定是否录取。整个录取过程一般没有笔试环节，面试则往往取决于留学博士生导师的个人意愿，极少有高校会统一组织面试。没有面试而只根据提交的审核材料，导师无法对博士生申请者的学术素养做出全面、准确的判断。上述流程是针对一般的"一带一路"国家来华留学生申请者。对于国别双边奖学金和"一带一路"政府间协议奖学金项目的申请者来说，选拔和录取的工作通常由我国官方驻外使、领馆等相关部门与派遣国主管部门共同负责。在对申请者材料进行初步审核后，我国官方驻外使、领馆等相关部门与派遣国主管部门协商后决定复试的形式（一般为面试，有时部分项目会增加笔试）。此外，并非我国所有驻外使、领馆等相关部门都会参与到"一带一路"国家来华留学博士生的选拔与录取之中，部分"一带一路"国家依然由当地主管部门来决定推荐人名单，我国驻外使、领馆等相关部门只负责对提交的名单进行核查。但是，无论是我国驻外使、领馆等相关部门还是派遣国的主管部门，负责的官员几乎都无法对博士申请者进行学术素养的专业审查。虽然复试通过后我国驻外使、领馆等相关部门会将申请者的材料转交其意向就读学校或奖学金项目的指定合作院校进行下一步审核，但为了配合"一带一路"对外政策，高校对于通过国别双边奖学金和"一带一路"政府间协议奖学金项目渠道的申请者一般不会拒绝，即使在申请者并不具备语言基础和专业基础的前提下。出于服务"一带一路"对外发展战略的考虑，为确保录取数量我国驻外使、领馆等相关部门和高校通常会降低上述"一带一路"国家留学生申请者语言和专业素养的录取标准。

再次，从制度建设上看，院系层面并未设立专门的来华留学博士生招生委员会。从我国高校内部的权力分配来看，留学博士生的录取过程通常由留学生办公室和研究生院招生办等校级层面共同负责。校级层面在对申请人材料进行初步筛选后，一般会将材料递交院系审核，院系负责人多数情况下会直接为申请者匹配导师，导师同意即可认为审核通过。审核过程主要掌握在以研究生院和留学办公室等为主的校级层面，极少有高校会在院系层面设立招生委员会并将其作为主导招生和录取工作的主要部门。这是与国际惯例非常不同的，例如在美国，院系的招生委员会对国际学生的招生负有最终的决定权。

最后，导师在整个招生过程中的参与度较低，录取前申请人与导师沟通互动少，师生间缺乏双向选择。首先，不少留学生在申请来华攻读博士学位时，对填报的高校和导师并无太多了解，特别是通过奖学金与政府间、院校间合作协议来华留学的博士生，他们所在高校通常会为其直接配备导师，留学生一般入学后才会知晓导师情况。此外，导师并未在招生录取中发挥关键作用。导师往往位于审核过程的最后环节，他们只能根据申请材料呈现的有限信息进行判断，鲜少有导师在决定是否招收留学生时可以像美、英、澳等国一样对申请者进行面试。

（2）缺乏有效的招生宣传

当前，留学宣传方式总体偏向单一，我国高校将留学研究生招生网站作为主要的宣传主体，缺少组织大规模的留学宣讲和开展深度的中外国际合作项目。不少高校的留学研究生招生网站功能不健全，招生网站的英文界面在准确性和信息有效性方面依然有待加强，最为关键的是很多高校缺少留学专业和导师资料的详细介绍，而这往往是申请者在选择留学院校和导师时最为关心的信息。

3."一带一路"国家来华留学博士生趋同化管理制度难落实

近年来，越来越多的高校针对留学研究生逐渐采取趋同化的管理模式，教育部也出台了趋同化管理的相关政策。趋同化管理主要体现为：留学研究生与中国学生在所修学分、教学内容、考核标准以及毕业要求等方面保持基本一致。然而，实践中却鲜有高校能够将"趋同化"落到实处。由于"一带一路"国家来华留学博士生普遍存在语言障碍、专业基础薄弱等问题，难以达到与中国研究生相一致的考核与评价标准，为此高校不得不降低要求，导致趋同化管理流于形式。

当前，我国高校在"一带一路"国家来华留学博士生趋同化管理中的问题主要表现在：

第一，培养过程中的标准不一，即任课教师和导师在教育教学过程中无法对留学博士生采取与中国学生一视同仁的管理办法。多数"一带一路"国家来华留学博士生对授课内容还停留在翻译课件、整理课堂录音、学习专业词汇的知识理解消化阶段，因此他们的论文作业往往质量堪忧，一些论文的选题、写作方法等甚至不符合任课教师的规定。[6]为让留学研究生顺利拿到学分，任课教师不得不降低作业完成的质量要求和考核标准。对导师来说，他们在指导留学博士生开展科研工作时同样与中国学生区别对待，很多导师认为留学生不具备参与自身课题或科研项目的水平和能力，因此多数留学研究生缺少必要的学术研究训练。

第二，降低毕业标准。由于"一带一路"国家来华留学博士生自身能力的限制，论文通常需要在导师和中国学生的通力修改下才可能达到送审资格，因此导师难以提出较高的写作要求。高校对"一带一路"国家来华留学博士生进行考评和毕业审核时，通常不会完全按照培养方案中的要求实施，而是适当降低标准。例如：不少高校放宽了对留学研究生论文发表的数量要求，有的高校甚至规定只需完成学位论文即可参加答辩。总的来看，目前我国高校在如何平衡留学研究生趋同化管理中的特殊性与学生管理的普遍性依然存在诸多困惑，管理中的现实与无奈往往让理想政策的实施大打折扣。

4. 奖学金激励功能有待完善，吸引优质"一带一路"国家来华留学博士生生源的能力有待加强

奖学金越来越成为吸引留学研究生特别是优秀生源来华就读的主要动机，甚至位居来华留学研究生求学动机之首。[7]为推进"一带一路"国家来华留学博士生教育事业，政府和高校纷纷设立"一带一路"专项奖学金和丝绸之路奖学金。

研究发现，来华留学博士生奖学金具有较为健全的保障机制，但激励功能却有待完善。以中国政府奖学金为例，扣除政府直接拨付给高校的学费、住宿以及直接为奖学金生购买的综合医疗保险费和国际旅费，高校平均每月为留学博士生发放 3500 元生活费，基本可以满足大多数"一带一路"国家来华留学博士生的日常开销。高校一般会每月为来华留学博士奖学金生定时发放生活费。为确保出勤率和科研时长，一些高校要求获得中国官方奖学金资助的留学博士生需每月在规定时间内前往留学生办公室或研究生院签到方可

6 苏洋，〈"一带一路"背景下来华留学博士生课程学习体验及其影响因素研究〉[J]，《比较教育研究》，2019 年第 9 期，第 22-23 页。
7 程伟华、张海滨、董维春，〈"双一流"建设背景下来华留学研究生教育质量研究〉[J]，《学位与研究生教育》，2019 年第 1 期，第 66 页。

获得生活费。该政策从一定程度上规范和督促了奖学金生的在校时间，但目前中国官方奖学金只有因种类不同产生的数额差异，并且奖学金一旦获得往往可以持续拿到毕业，尚无根据留学博士生的在学表现进行奖学金评定，缺乏必要的退出机制。

此外，通过奖学金吸引国际优质生源的功能依然有待加强。一方面，我国奖学金申请标准相对较低，不利于吸引和选拔海外优秀人才。另一方面，中国政府奖学金要求来华留学生必须在境外申请，而已在中国留学的学生则不符合申请资格，[8]这意味着相当一部分获得我国资助来华接受完整本科或硕士教育的留学生，毕业后满一年方可重新申请中国政府奖学金。这部分留学生的质量更为中国高校和教师所认可，但他们却往往被排斥在奖学金申请者之外，优质生源被迫流失。

二、对策与建议

"一带一路"是政治性的任务，但是对"一带一路"来华留学博士生教育而言，质量是其发展的根本生命线，同时也是政府实现长远战略发展和政治目标的基本保障。因此，想要从根本上改进"一带一路"国家来华留学博士生教育质量，就要控制影响质量的各个路径，并结合政府、大学和市场三者间的相互关系和作用力。现阶段，改进"一带一路"国家来华留学博士生教育质量监控体系的基本路径包括：合理规划发展战略、健全招生与录取机制、完善培养机制、建立向留学生导师和任课教师适当倾向的考核评价机制、改进管理机制落实趋同化管理、建立高效的质量保障机制以及充分发挥"一带一路"奖学金的杠杆和引领作用。

（一）合理规划发展战略，兼顾"一带一路"国家来华留学博士生教育的政治性目标与学术性目标

"一带一路"国家来华留学博士生教育发展过程中引起的政治性与学术性目标的冲突，是当前亟待解决的最主要问题之一。

对于政府来说，政府承担着从全局规划"一带一路"国家来华留学博士生教育质量发展的重任，应致力于在这一过程中发挥良好的引导和调节作用。一方面，政府通过出台立法、政策文本以及发展规划纲要等规范"一带

8　刘水云，〈来华留学研究生培养质量调查〉[J]，《学位与研究生教育》，2017 年第 8 期，第 29 页。

一路"国家来华留学博士生教育质量的发展，为高等院校在招生、管理和培养等方面提供合理合法的依据。另一方面，在确保招生数量达到一定比例的前提下，政府要适当提高国别双边奖学金和"一带一路"专项奖学金项目的选拔和录取标准，发挥良好的带头作用。此外，政府还应通过财政拨款和出台政策文本加强对市场机制的引导，避免院校间市场竞争的盲目性、趋利性等因素对"一带一路"国家来华留学博士生教育质量带来的消极影响。

对于高校来说，如何帮助"一带一路"国家来华留学博士生度过学习和科研过程中面临的困境从而实现平衡服务国家战略和满足追求学术卓越的双赢，是我国高校规划未来发展战略的主要目标。因此，高校首先要具备长远的发展眼光，立足自身发展，真正意识到培养高质量国际人才的重要性，制定有利于"一带一路"国家来华留学博士生教育质量的校级发展规划。其次，高校要明确不以牺牲质量来换取数量的发展战略，力求真正做到"一带一路"国家来华留学博士生教育发展的提质增效。最后，力求保障"一带一路"来华留学博士生生源质量，当生源质量问题无法避免时应更多从管理、培养等细节技术上统筹兼顾，提高留学博士生的科研水平。

（二）健全招生与录取机制，保障"一带一路"国家来华留学博士生生源质量

生源质量是保障"一带一路"国家来华留学博士生教育质量的源头和开关。如果生源质量无法得到保障，那么将为后续"一带一路"国家来华留学博士生的培养和管理带来重重阻碍。因此，本研究提出致力于建立三级保障控制质量的招生与录取机制。

1. 重视招生宣传在吸引优质生源中的作用

政府和高校应建立一套完整的招生宣传体系，充分利用各方优势资源。

首先，加强宣传力度，完善招生渠道。政府和高校应继续扩大组织国内外留学宣讲的规模，致力于与"一带一路"沿线国家的一流高校开展国际学生交流等合作项目。除此之外，健全留学生招生网站的各项功能，提供留学博士生导师和留学专业的详细资料介绍。

其次，高校要尽可能吸纳已在中国接受本科或硕士教育的"一带一路"国家留学生，他们往往具有较好的汉语基础并且教育质量更容易被认可。为此，高校要着重从现有的本科和硕士阶段的"一带一路"国家在校留学生中挑选优秀生源，提供多样的人文关怀，从学校到院系形成一个良好的学术氛

围、生活氛围和留学氛围，为成绩优异的留学生提供相对丰厚的奖学金，鼓励他们毕业后继续攻读下一级学位。

再次，充分发挥高校教师的人脉资源和学术影响力。学者之间的跨国流动已成为国际交流的常态。高校应充分调动教师参与到"一带一路"国家来华留学博士生的招生宣传中来，鼓励教师特别是专业领域内的佼佼者和学科带头人在国际会议、学术讲座、交流访学等场合积极宣传我国的来华留学政策。"无论在国家一级还是地方一级，教授们在利用他们长期以来所形成的影响机制方面，具有一股强大的、常常起主导作用的力量。"[9]导师的选择对博士阶段的学生来说至关重要，留学生也不例外。通过学者的个人魅力和学术影响力能够为高校吸引更多真正致力于学术研究的"一带一路"国家来华留学博士生。

最后，在来华留学博士生数量和奖学金政策日益向"一带一路"沿线国家倾斜的背景下，为保障生源质量，高校要有意识地到某些重点国家和地区（例如：俄罗斯、马来西亚以及中东欧等国民经济和教育水平相对较高的地方）的优质学校进行重点招生宣传，同时辅之以相应的奖学金倾斜，这样既服务国家发展战略的需求同时又能保障"一带一路"国家来华留学生的生源质量。

2. 明确选拔标准，加强对"一带一路"国家申请者汉语水平和学术素养的考查

无论是国别双边奖学金、"一带一路"专项奖学金还是其他自主招生类奖学金，政府和高校都应规范申请和选拔的具体条件，筛选符合入学标准的"一带一路"国家来华留学博士生。一方面，政府和高校要注重审核申请人的语言水平，不同层次的高校和不同的专业可以根据需求制定不同的 HSK 考试成绩标准，而一流大学和人文与社会科学领域的专业应该对汉语水平有更高的要求。除要求中文授课型来华留学博士生提供相应的 HSK 等级考试证明成绩外还需考查其在专业术语方面的汉语掌握情况。此外，为避免入学后遭遇文献阅读、国际学术交流障碍等问题，还要对"一带一路"沿线非英语语种国家来华留学生的英语水平进行考查，并要求其提供相应的英语语言成绩证明。

---

9 伯顿·R·克拉克主编，王承绪等译，《高等教育新论——多学科的研究》[M]，杭州：浙江教育出版社，2001 年，第 118 页。

另一方面，注重对申请者学术素养的审查。首先，尽管要配合"一带一路"对外战略的发展，但由政府和高校选拔的沿线国家来华留学博士生同时也应具备一些群体性条件，包括理论基础、方法论、国际视野等等。除审核学历背景和研究计划外，全国考试中心或许可以考虑设计和组织开展统一的专业学能测试，根据"专业相近，就近归类"的学科分类原则，构建各种类别的来华留学博士生入学资格考试。[10]其次，高校应进一步将招生权下放到院（系），在院系层面建立以导师为核心的、专门的来华留学博士生招生委员会，负责申请者入学资格的具体审核。最后，增加导师在招生过程中的自主权特别是增设面试环节，让导师参与到整个招生过程中来，实现师生间的双向了解和选择。

3. 在院（系）层面建立二次准入机制

对于 HSK 已达到要求可直接进入所在院（系）攻读博士生学位的"一带一路"国家来华留学生，院（系）应设置针对其学术能力和汉语水平的二次筛选测试，通过后方可进入各自专业领域学习；对于来华时没有汉语基础需先由学校安排进行汉语预科学习的"一带一路"国家来华留学博士生，高校应根据其实际需求和汉语掌握情况适当延长语言学习时长。鉴于目前多数"一带一路"国家来华留学博士生汉语预科学习时间仅为 1 年左右，高校可考虑将时间掌握在 1-3 年不等。来华留学博士生通过 IISK 考试后，再参加由院（系）组织的二次筛选测试。生源质量是"一带一路"国家来华留学博士生教育质量得以保障的源头，我们要把真正语言过关且具备一定学术能力的留学生选拔出来，换言之，就是要在最后的准入环节挡住质量不达标的留学生。

（三）完善培养机制，促进"一带一路"国家来华留学博士生学术社会化

在博士生阶段，除课程学习外，以科研技能为主的训练占据了博士生最多的精力和时间，并且与教育质量息息相关。因此，如何帮助"一带一路"国家来华留学生在博士阶段实现从"学生"到"研究者"身份的转变，是高校必须认真思考且不断践行的事情，是控制来华留学博士生教育质量的关键环节。所谓完善培养机制，就是指高校要针对"一带一路"国家来华留学博

---

10 柴三省，〈来华留学研究生招生考试体系的构建研究〉[J]，《学位与研究生教育》，2018 年第 9 期，第 60-66 页。

士生的特点，并结合当前趋同化管理的培养模式，有的放矢地完善课程学习和科研训练的培养机制。

1. 课程学习

首先，树立以"学生为中心"的来华留学博士生课程体系。所谓以学生为中心，强调无论是规划课程方案、课程设置还是课堂教学的过程中，都要体现"满足来华留学博士生个体需求"的指导原则。作为博士生的重要组成部分以及基于当前趋同化管理的培养模式，来华留学博士生应在课程设置之初受到广泛关注并获得意见征询，学校和院系根据来华留学生的听课人数、真实需求和实际水平，结合现有的师资力量考虑开设个别针对性课程。其次，制定课程方案时，导师和相关行政人员应根据来华留学博士生的兴趣、需求和学术水平帮助其合理规划课程学习安排。最后，教学过程中任课教师在不影响授课进度的情况下应尽可能关注来华留学博士生的学习体验和课堂需求。

其次，建立完善的来华留学博士生课堂准入机制。对于非本校生源和跨学科生源的来华留学博士生，学校应根据其实际掌握的专业基础为其开设相应的补修和先修课程，建立系统的预备课程体系。

最后，为来华留学博士生提供针对性的课堂学习支持。在课外，研究生院和院（系）可以通过发放问卷、观察、选取留学博士生代表进行个别访谈等形式，在学期末对课程效果和满意度进行追踪调查。对于来华留学博士生普遍反映理论性强、难度高以及学习体验相对较差的课程，例如学术论文写作和研究方法课等，学校和院（系）可以组织资源将来华留学博士生集中起来进行单独授课。授课前可以先对留学博士生掌握的相关知识程度进行测试，从而有的放矢开展授课内容；在课堂上，任课教师要尽可能对来华留学博士生持有关注度。尽管不能因为来华留学博士生的存在而随意调整授课进度，但任课教师可以在合理范围内更多地关注和满足留学博士生的教育需求，促进知识迁移并激发个体的积极性，并尽可能为提供来华留学博士生课程学习体验提供支援。例如：任课教育要确保课前发放预习材料，课后提供课件供留学生复习回顾，课堂上采取同伴辅助的学习方式，调动来华留学博士生的课堂参与度，营造轻松舒适的课堂氛围等等。除此之外，为帮助来华留学博士生建立系统性的知识反思，任课教师对提交的课程作业要尽可能给予清晰、细致的反馈意见，并设立中外学生"一对一"或"多对一"的课堂帮扶机制。任课教师应充分强化同伴效应带来的积极影响，组织来自同一导师或同一专业的中国学生对留学生进行课堂学习辅助，通过小组作业等方式让来华留学博士生在中国学生的帮助下完成课堂讨论和学习。

2. 科研训练

首先，为保障"一带一路"国家来华留学博士生的科研训练，需要完善与导师相关的各项机制。导师是"一带一路"国家来华留学博士生开展科研训练的关键人物，留学生从事科学研究和学术社会化的过程都需要在导师的指导和帮助下进行。因此，要鼓励开展以导师为核心向其学生辐射的同辈群体间帮扶机制。高校要促进导师发挥"师门会"的团结和互助作用，让"一带一路"来华留学博士生充分参与到科研与学术交流讨论中来，并在这一过程中与中国学生建立亲密交往，最终实现以导师指导、同伴互学的方式帮助"一带一路"国家来华留学博士生提升科研能力。

其次，高校要努力营造良好的科研与学术氛围，开展可供"一带一路"国家来华留学博士生参与的学术讲座、学术研讨和国际学术会议等专业学术活动，提供"一带一路"国家来华留学博士生参加国内外学术会议的资金支持。此外，高校还可以适当为留学博士生建立教学和科研辅助岗位，鼓励留学生积极参与到校园建设与管理服务中来，发挥跨文化的背景优势，真正融入到校园和学术氛围之中。

最后，高校要尽可能提供夯实的外部物质基础。在图书馆等硬件设备方面，要尽可能提高"一带一路"国家来华留学博士生的使用体验，减少留学博士生获取图书馆等学术资源时的语言和技术障碍。例如，通过在借阅设备、搜索文献资料等途径设立双语或多语种等语言选项提高使用效率。此外，基于"一带一路"国家来华留学博士生普遍存在的学术论文写作困难，可仿照国外大学成立国际学生学术论文写作辅导中心，定期提供一对一的写作指导。

（四）建立向留学生导师和任课教师适当倾斜的考核评价机制，激发学术基层群体对"一带一路"国家来华留学博士生的关注度

如果政府希望通过大学实现服务"一带一路"建设的社会职能，那么就必须得到大学权力结构内部自下而上的支持，这是大学力量作用于政府力量的体现。"上层引发的变化通常需要下层的利益集团的支持，在集权国家尤

其如此。政府作为最上位的管理者必须'赢得整个阵营的赞同',而不是满足于发号施令。他们必须积聚内部力量,并争取建立同盟军,进而推行自己的主张。许多由中央宣布的改革过早地夭折,其原因之一是内部组织未能有效地动员起来,因而缺乏应有的支持。在一个头轻脚重的系统里,基层组织是推行政策和改革的主要力量。"[11]这意味着处于基层的学术群体在贯彻执行教育政策和实行教育改革中是十分关键的参与者。

在"一带一路"国家来华留学博士生教育中,上述观点着重体现在大学学术权威身上,意味着以导师和任课教师为代表的学术权威是影响"一带一路"来华留学博士生教育质量的关键人物,是建立质量监控体系的核心利益相关群体。如果导师或任课教师对录取的"一带一路"国家来华留学博士生不认可甚至持否定态度,那么他们就极易产生消极的应对心态甚至带有排斥性心理,无法与上层权力结构取得一致性。如果处于基层学术权力的大学教师不能真正发挥作用,那么"一带一路"国家来华留学博士生的教育质量也必然难以得到保障。基于此,高校要建立适当向留学博士生导师和任课教师倾斜的考核评价机制。基于当前指导"一带一路"来华留学博士生的难度系数,高校可以尝试通过外部的激励刺激措施,例如:额外计算工时、增加教师的工作量统计等方式缓解留学生导师和任课教师存在的抵触情绪,并进一步激发其工作积极性。

(五)改进管理机制,落实"一带一路"国家来华留学博士生趋同化管理

关于趋同化的管理问题,高校行政层面首先需要在观念上做出改变和调整,不再把来华留学认为是一种"外事"。当前很多高校在管理理念上仍然认为以留学生办公室为代表的外事部门不仅应负责留学生政策的制定,凡是涉及留学生的工作都应该由外事部门负责。然而,如果高校一直采取这样的管理理念,便永远不可能做到趋同化管理,因为行政层面在一开始便把留学生的培养和管理工作排除在高校整体的学生工作之外。因此,只有先在管理意识上保持一致不区别对待,才有可能真正做到趋同化管理。

其次,为了不再让来华留学成为"外事",高校应将涉及来华留学博士生的各项工作纳入高校整体的学生工作之中。以本研究开展个案调查的 B 大

---

11 伯顿·R·克拉克,《高等教育系统——学术组织的跨国研究》[M],王承绪等译,杭州:杭州大学出版社,1994年,第262页。

学为例，将来华留学博士生的招生工作纳入研究生院招生办公室；将具体的培养（课程、科研、中期考核等）工作划归来华留学博士生所在院（系）；将日常管理工作（签证、奖学金、社团活动等）归入留学生办公室。只有将涉及来华留学博士生管理的各项工作纳入高校整体的学生工作之中，留学博士生才有可能打破壁垒真正融入到中国大学的学习和生活之中。

最后，趋同化不是等同化，高校在管理过程中要根据"一带一路"国家来华留学博士生的自身特点，在面向全体博士生的培养方案下针对留学博士生的实际状况做出适当调整。基于目前"一带一路"国家来华留学博士生的整体实力，可能多数确实无法要求他们达到与中国学生相一致的学术标准和科研水平。因此，高校需在可执行范围内做到对"一带一路"国家来华留学博士生与中国学生"一视同仁"。

（六）完善教育质量保障机制，监控"一带一路"国家来华留学博士生教育质量有序发展

由于"一带一路"国家来华留学博士生绝大多数为政府奖学金生，这意味着政府对"一带一路"来华留学博士生教育质量宏观调控的力度远远超越了市场力量。如果政府的调控力量无法得到有效规范，为了履行国际承诺、服务"一带一路"发展战略而一味降低招生和录取标准，那么这种行为就会极大地破坏"一带一路"国家来华留学博士生的生源质量。因此，政府首先要约束自身行为，明确（政府直接参与的）国别双边奖学金、"一带一路"专项奖学金项目的选拔标准与录取流程并严格实施，真正意识到大学的教育质量才是服务国家长远发展战略的关键所在。

除此之外，政府将招生权和管理权下放并不意味着不再过问，相反政府在给予高校自主权的同时也应切实履行监督义务。因此，政府应尽量避免院校市场竞争的盲目性和趋利性，防止各高校间为招揽生源不惜降低入学门槛带来的恶性竞争，发挥政府的监督和引导作用。目前我国在构建来华留学生质量保障机制方面存在的最大问题是无法像一些欧美国家一样建立强有力的第三方市场监督机构，当然这与我国中央集权式的高等教育管理体制有着莫大的关系。基于此，政府应致力于推动建立第三方独立机构开展来华留学质量认证。近年来，我国政府已经逐渐意识到构建来华留学质量监控体系的重要性，遂从 2016 年开始委托中国教育国际交流协会作为第三方机构在全国高校范围内开展来华留学教育质量评估工作。但是由于质量评估实施时间较

短，中国国际教育交流协会评估的权威性、可信性以及社会认可度都有待加强。因此，政府应致力于协助中国国际教育交流协会针对当前各级各类高等院校来华留学生教育质量发展中存在的切实问题建立一套系统的来华留学生质量监督与质量保障机制。

对于高校来说，高校要基于自身发展的实际情况，构建来华留学博士生教育质量保障机制。具体来说，高校要落实对"一带一路"国家来华留学博士生科研能力审查的关键节点，从而形成一套行之有效的考核路径，避免"只走形式不走心"的问题。此外，高校要提高对留学博士生学位论文写作的审查标准，不以毕业率为论。

（七）发挥奖学金杠杆作用，撬动"一带一路"国家高层次国际人才资源

当前，"一带一路"国家来华留学博士生中多数为政府奖学金生和学校奖学金生，可见我国政府和高校对"一带一路"来华留学博士生的奖学金投入度较高。但是，政府和高校通过奖学金资助吸引大批"一带一路"沿线国家留学生来华攻读博士学位的举措同时也带来了不少负面影响，例如由奖学金录取标准过低引起的留学生来华动机问题、奖学金的投放的精准度和有效性问题、过度投入形成"一带一路"来华留学博士生对奖学金的路径依赖问题以及资助体系设计不合理带来的优质生源流失问题等等。基于此，本研究提出从以下几方面改善现阶段奖学金存在的问题：

首先，无论是政府还是高校，都应根据实际录取情况适当提高"一带一路"来华留学博士项目申请者的选拔和录取标准。具体包括：全面审核和考查申请者的语言水平、专业素养以及学科背景等方面；增加留学生导师在录取中的主动权；统一组织由留学生导师参与的面试环节等等。

其次，提高奖学金投放的精准度和有效性。政府和高校不能仅仅为了保证"一带一路"国家来华留学博士生的招收数量而轻易给予奖学金，而要选拔那些真正有意向来华留学以及从事科学研究，并且具有必要的学术准备的申请者，减少"一带一路"来华留学博士奖学金生的退学率和肄业率。

再次，为"一带一路"建设培养高层次战略人才和提供人脉储备，我国政府和高校应设置向"一带一路"国家来华留学博士生倾斜的奖学金制度。但是，政府和高校对"一带一路"来华留学博士项目的过度投入往往会导致申请者形成对奖学金的路径依赖，市场竞争机制的作用不断被弱化，忽视了

大学的教育质量才是影响留学生择校的决定性因素。因此，政府和高校可以考虑将奖学金倾斜投放到经济水平相对发达、教育质量相对较高的"一带一路"沿线国家。一方面，这些国家的生源质量相对可以得到保障；另一方面，这些国家的申请者在择校时可能不会以奖学金作为留学的首要因素，由此避免形成对奖学金的路径依赖。

最后，政府和高校要着手改善因奖学金资助体系设计不合理带来的优质生源流失问题。面对相当一部分获得中国政府奖学金资助来华接受完整硕士教育的留学生，毕业后需要回国或到其他第三世界国家待满一年方可重新申请此类奖学金的政策，政府可适当调整奖学金的申请规则，鼓励在我国获得硕士学位的优质留学生生源毕业后可以直接继续在中国申请攻读博士学位的中国政府奖学金。此外，政府和高校还应打破奖学金终身制并建立奖惩制度，将考核结果与奖助体系相挂钩，激励"一带一路"来华留学博士生的科研产出。

三、研究反思

本研究的创新点主要存在以下两方面：

第一，本研究以伯顿·克拉克的"三角模型协调"理论作为理论视角和分析框架，从政府、大学和市场三个维度出发对"一带一路"国家来华留学博士生教育质量监控体系进行深度剖析，明确影响"一带一路"国家来华留学博士生教育质量各主体间的相互关系和问题，并在此基础上提出了针对性的对策建议。

第二，本研究不再以多数学者广泛关注的留学博士生个体感知和跨文化适应等作为研究的切入点，而是着重于阐述政府、大学和市场作为影响"一带一路"国家来华留学博士生教育质量监控体系的因素之间的相互关系和作用，并基于三者间关系中的问题提出针对性的改进措施。

本研究的不足之处在于：

第一，基于当前中文授课型"一带一路"国家来华留学博士生的数量限制和汉语水平参差不齐以及研究者个人能力的问题，很难大规模对"一带一路"来华留学博士生开展问卷调查。

第二，由于选取开展个案调查的高校 B 大学是一所以教师教育、教育科学和文理基础学科为主要特色的高校。因此，该校理工科"一带一路"国家来华留学博士生的数量相对较少，本研究选取的样本多来自于人文与社会学专业领域，留学生样本在一定程度上代表性不足。

第三，本研究的访谈对象没有涉及教育部政府官员和以校长、院长为代表的行政权威，导致访谈样本一定程度上存在缺失问题。对于这一问题，本研究将在后续的研究中对样本进行补充并完善。

参考文献

一、中文文献

（一）译著

1. [美]伯顿·R·克拉克，王承绪等译，《高等教育系统——学术组织的跨国研究》[M]，杭州：杭州大学出版社，1994 年。

2. [美]伯克·约翰逊、拉里·克里斯滕森著，马健生等译，《教育研究定量、定性和混合方法（第 4 版）》[M]，重庆：重庆大学出版社，2014 年。

3. [美]查尔斯·林德布洛姆著，王逸舟译，《政治与市场世界的政治——经济制度》[M]，上海：上海三联书店，1995 年。

4. [美]菲利普·G·阿特巴赫著，人民教育出版社教育室译，《比较高等教育：知识、大学与发展》[M]，北京：人民教育出版社，2001 年。

5. [荷兰]弗兰斯·F·范富格特主编，王承绪等译，《国际高等教育政策比较研究》[M]，杭州：浙江教育出版社，2001 年。

6. [美]韦恩·C·布斯等著，陈美霞等译，《研究是一门艺术》[M]，北京：新华出版社，2009 年。

7. [美]约翰·S·布鲁贝克著，王承绪等译，《高等教育哲学》[M]，杭州：浙江教育出版社，2002 年。

8. [美]约翰·W·克雷斯尔著，崔延强译，《研究设计与写作指导定性、定量与混合研究的路径》[M]，重庆：重庆大学出版社，2007 年。

9. [美]约瑟夫·M·朱兰，焦叔斌等译，《布兰顿·戈弗雷主编·朱兰质量手册·第5版》[M]，北京：中国人民大学出版社，2003年。

（二）专著

1. 安文铸，《教育科学与系统科学》[M]，长春：吉林教育出版社，1990年。

2. 陈洪捷，《博士质量：概念、评价与趋势》[M]，北京：北京大学出版社，2010年。

3. 陈佳贵，《企业管理学大辞典》[M]，北京：经济科学出版社，2000年。

4. 陈平原，《大学小言：我眼中的北大与港中文》[M]，北京：生活·读书·新知三联书店，2017年。

5. 陈向明，《质的研究方法与社会科学研究》[M]，北京：教育科学出版社，2000年。

6. 程家福，《来华留学生教育结构历史研究》[M]，上海：同济大学出版社，2012年。

7. 邓小平，《《邓小平文选》第二卷》[M]，北京：人民出版社，1993年。

8. 董泽宇，《来华留学生教育研究》[M]，北京：国家行政学院出版社，2012年。

9. 顾明远主编，《教育大辞典》[M]，上海：上海教育出版社，1989年。

10. 顾明远主编，《教育大辞典 简编本》[M]，上海：上海教育出版社，1999年。

11. 顾明远主编，《教育大辞典·第3卷》[M]，上海：上海教育出版社，1991年。

12. 谷贤林，《美国研究型大学管理——国家、市场和学术权力的平衡与制约》[M]，北京：教育科学出版社。

13. 金晓达，《外国留学生教育学概论》[M]，北京：华语教学出版社，1998年。

14. 李滔主编，《中国留学教育史录 1949年以后》[M]，高等教育出版社，2000年。

15. 刘建丰等,《国际留学教育研究报告 2012》[M],北京:教育科学出版社,2014 年。

16. 王辉耀、苗绿主编,《中国留学发展报告(2017)》[M],北京:社会科学文献出版社,2017 年。

17. 于富增,《改革开放 30 年的来华留学生教育》[M],北京:北京语言大学出版社,2009 年。

18. 于富增、江波、朱小玉,《教育国际合作与交流史》[M],海南:海南出版社,2001 年。

19. 张丽,《伯顿·克拉克的高等教育思想研究》[M],武汉:华中师范大学出版社,2008 年。

20. 《中国教育年鉴》编辑部,《中国教育年鉴 1949-1981》[M],北京:中国大百科全书出版社,1984 年。

21. 《中国教育年鉴》编辑部,《中国教育年鉴 1988》[M],北京:人民教育出版社,1989 年。

22. 《中国教育年鉴》编辑部,《中国教育年鉴 1989》[M],北京:人民教育出版社,1990 年。

23. 《中国教育年鉴》编辑部,《中国教育年鉴 1990》[M],北京:人民教育出版社,1991 年。

24. 《中国教育年鉴》编辑部,《中国教育年鉴 1992》[M],北京:人民教育出版社,1993 年。

25. 《中国教育年鉴》编辑部,《中国教育年鉴 1993》[M],北京:人民教育出版社,1994 年。

26. 《中国教育年鉴》编辑部,《中国教育年鉴 1994》[M],北京:人民教育出版社,1995 年。

27. 中国社会科学院语言研究所词典编辑室,《现代汉语词典》[M],北京:商务印书馆。

(三)期刊论文

1. 柴三省,〈来华留学研究生招生考试体系的构建研究〉[J],《学位与研究生教育》,2018 年第 9 期。

2. 陈丽，伊莉曼·艾孜买提，〈"一带一路"沿线国家来华留学教育近 10 年发展变化与策略研究〉[J]，《比较教育研究》，2016 年第 10 期。

3. 程伟华，〈"一带一路"沿线国家来华留学生教育发展机遇、挑战及应对策略——基于 2005-2014 年统计数据的实证分析〉[J]，《高等农业教育》，2017 年第 3 期。

4. 程伟华、张海滨、董维春，〈从"规模扩张"到"提质增效"：新时代来华留学研究生教育转型与制度重构〉[J]，《学位与研究生教育》，2018 年第 12 期。

5. 程伟华、张海滨、董维春，〈"双一流"建设背景下来华留学研究生教育质量研究〉[J]，《学位与研究生教育》，2019 年第 1 期。

6. 丁笑炳，〈来华留学生需要什么样的教育——基于上海市四所高校的数据〉[J]，《高等教育研究》，2010 年第 6 期。

7. 顾莺、陈康令，〈高校留学生趋同化管理的比较研究——以全球 8 所高校为例〉[J]，《思想理论教育》，2013 年第 9 期。

8. 韩萌、张国伟，〈战略联盟：世界一流大学群体发展的共生机制研究〉[J]，《教育研究》，2017 年第 6 期。

9. 季玟希，〈新加坡高等教育体系中国家、学术与市场关系探析——基于伯顿·克拉克"三角协调"模型的分析〉[J]，《煤炭高等教育》，2018 年第 11 期。

10. 李海生、龚小娟，〈来华留学研究生教育中的生源问题及对策分析〉[J]，《学位与研究生教育》，2017 年第 8 期。

11. 刘进，〈"一带一路"背景下如何提升来华留学生招生质量——奖学金视角〉[J]，《高校教育管理》，2020 年第 1 期。

12. 刘阳，〈浅析来华留学研究生招生工作存在的问题及应对策略〉[J]，《教育现代化》，2019 年第 79 期。

13. 鲁烨、鞠斐扬，〈"一带一路"战略下来华留学生事务管理模式论析〉[J]，《煤炭高等教育》，2017 年第 3 期。

14. 闵韡，〈我国理工科博士生科研支持现状与问题分析〉[J]，《中国高教研究》，2018 年第 2 期。

15. 李玲，〈论质性研究伦理审查的文化适应性〉[J]，《比较教育教育》，2009
    年第 6 期。

16. 李秀珍、宋善英，〈来华留学生选拔制度的现状、问题及改善策略〉[J]，
    《教育学术月刊》，2019 年第 3 期。

17. 刘宝存、张继桥，〈"一带一路"沿线国家来华留学学历教育：地位、问
    题与对策〉[J]，《北京教育（高教）》，2017 年第 5 期。

18. 刘水云，〈来华留学研究生培养质量调查〉[J]，《学位与研究生教育》，
    2017 年第 8 期。

19. 马佳妮、周作宇，〈"一带一路"沿线高端留学生教育面临的挑战及其
    对策〉[J]，《高等教育研究》，2018 年第 1 期。

20. 逄成华，〈论高校来华留学生管理模式〉[J]，《扬州大学学报（高教研究
    版）》，2011 年第 6 期。

21. 彭湃，〈大学、政府与市场：高等教育三角关系模式探析——一个历史与
    比较的视角〉[J]，《高等教育研究》，2006 年第 9 期。

22. 邱海洋，〈来华留学生趋同化管理的困境与突破〉[J]，《神州学人》，2020
    年第 1 期。

23. 邵长斌、郑尚、于华龙、丹媛媛、田阿利，〈浅谈在华留学研究生科研能
    力的培养〉[J]，《当代教研论丛》，2018 年第 1 期。

24. 生建学，〈中国教育国际交流协会来华留学工作〉[J]，《世界教育信息》，
    2016 年第 24 期。

25. 苏洋，〈"一带一路"背景下来华留学博士生课程学习体验及其影响因
    素研究〉[J]，《比较教育研究》，2019 年第 9 期。

26. 苏洋，〈"一带一路"背景下来华留学博士生科研现状及其影响因素研
    究〉[J]，《高教探索》，2020 年第 2 期。

27. 孙志远、陈小红，〈来华留学研究生考试招生制度改革路径研究——基
    于中美比较的视角〉[J]，《教育探索》，2019 年第 3 期。

28. 谭清美、王军华，Jhony Choon Yeong Ng，〈来华留学研究生与国内研究
    生协同培养模式研究〉[J]，《学位与研究生教育》，2018 年第 12 期。

29. 王宾齐，〈关于政府、大学和社会三角关系的定量研究假设——对伯顿·

克拉克 "三角协调模式" 的物理学解析〉[J]，《黑龙江高教研究》，2011年第 5 期。

30. 王传毅、陈晨，〈"一带一路" 沿线国家学生来华读研的影响因素——基于宏观数据的分析〉[J]，《高校教育管理》，2018 年第 3 期。

31. 王军，〈来华留学研究生教育现状分析〉[J]，《中国高教研究》，2006 年第 6 期。

32. 汪丽琴、郑刚，〈师范院校来华留学研究生教育发展现状及其改善——基于 2004-2012 年师范院校来华留学生数据分析〉[J]，《教育学术月刊》，2014 年第 9 期。

33. 王英杰，〈大学学术权力和行政权力冲突解析——一个文化的视角〉[J]，《北京大学教育评论》，2007 年第 1 期。

34. 王英杰，〈广义国际化与世界一流大学建设〉[J]，《比较教育研究》，2018年第 7 期。

35. 张健、张宪，〈浅析高校来华留学生教育管理模式的发展趋势〉[J]，《东北财经大学学报》，2002 年第 5 期。

36. 张意忠、李旖，〈学术活动视角下文科研究生科研能力培养的调查与思考〉[J]，《研究生教育研究》，2014 年第 6 期。

37. 《中国学位与研究生教育发展战略报告》编写组，〈中国学位与研究生教育发展战略报告（2002-2010）〉[J]，《学位与研究生教育》，2002 年第 6 期。

38. 朱萍、巩雪，〈来华留学研究生学术能力影响因素分析及应对策略〉[J]，《江苏高教》，2016 年第 5 期。

39. 庄晓媛，〈地方高校来华留学研究生培养问题及对策——以 F 校为例〉[J]，《教育探索》，2020 年第 1 期。

40. 周满生，〈"一带一路" 与扩大教育对外开放〉[J]，《比较教育研究》，2015 年第 6 期。

（四）学位论文

1. 巴图吉日嘎勒，《"多支点" 外交视阈下蒙古国国际教育交流与合作研究》[D]，吉林大学博士论文，2018 年。

2. 陈玥，《美国公立研究型大学博士生教育质量保障研究——基于质量三部曲理论的视角》[D]，北京师范大学，2015 年。

3. 马丽华，《高校来华留学生奖学金管理研究》[D]，云南财经大学，2016 年。

4. 潘武玲，《我国研究生教育质量评价体系研究》[D]，华东师范大学，2004 年。

5. 田京，《美国公立研究型大学国际研究生学术适应研究——以威斯康星大学麦迪逊分校为例》[D]，北京师范大学，2017 年。

6. 涂新（AMARTUVSHIN CHINZUL），《中国高校来华留学生奖学金项目优化管理》[D]，华中农业大学，2019 年。

7. 王彩霞，《博士研究生科研能力评价指标体系及评价方法研究》[D]，西南交通大学，2003 年。

8. 徐宽乐，《农林高校来华留学研究生教育现状与对策研究》[D]，南京农业大学，2010 年。

9. 张吟，《来华留学生奖学金政策研究——以江苏省茉莉花奖学金为例》[D]，南京师范大学，2017 年。

10. 宗晓蕾，《研究型大学博士留学生教育质量探究——以 H 大学人文社会科学为例》[D]，华东师范大学，2015 年。

（五）政府报告

1. 教育部国际合作与交流司，《1999 来华留学生简明统计》[Z]，北京：教育部国际合作与交流司，2000 年。

2. 教育部国际合作与交流司，《2012 来华留学生简明统计》[Z]，北京：教育部国际合作与交流司，2013 年。

3. 教育部国际合作与交流司，《2013 来华留学生简明统计》[Z]，北京：教育部国际合作与交流司，2014 年。

4. 教育部国际合作与交流司，《2016 来华留学生简明统计》[Z]，北京：教育部国际合作与交流司，2017 年。

5. 教育部国际合作与交流司，《2017 来华留学生简明统计》[Z]，北京：教育部国际合作与交流司，2018 年。

6. 教育部国际合作与交流司，《2018 来华留学生简明统计》[Z]，北京：教育部国际合作与交流司，2018 年。

（六）报纸

1. 马昌前、陈文华，《论高等地址教育如何服务"一带一路"战略》[N]，中国矿业报，2015-01-20（B03）。

2. 瞿振元，《"一带一路"建设与国家教育新使命》[N]，光明日报，2015-08-13（11）。

（七）中文网站

1. 北京市教育委员会，北京市教育委员会北京市财政局关于印发《北京市外国留学生"一带一路"奖学金项目管理办法（试行)》的通知。[EB/OL]. http://jw.beijing.gov.cn/xxgk/zfxxgkml/zfgkzcwj/zwgkxzgfxwj/202001/t20200107_1563004.html. 2019-09-10.

2. 安徽农业大学，我校接受教育部委托承担 2015／2016 学年"中蒙交流专项奖学金"项目。[EB/OL]. http://gjjl.ahau.edu.cn/info/1020/1864.htm. 2020-01-21.

3. 国家留学基金委员会，机构简介。[EB/OL]. https://www.csc.edu.cn/about. 2019-12-26.

4. 国家留学基金委员会，机构设置。[EB/OL]. https://www.csc.edu.cn/about/jigoushezhi. 2019-12-26.

5. 国务院，国务院批转教育部 2003-2007 年教育振兴行动计划的通知。[EB/OL]. http://www.gov.cn/gongbao/content/2004/content_62725.htm. 2019-12-26.

6. 国务院，中共中央办公厅、国务院办公厅印发《关于做好新时期教育对外开放工作的若干意见》。[EB/OL]. http://www.gov.cn/home/2016-04-29/content_5069311.htm. 2019-12-26.

7. 国务院，中共中央、国务院印发《中国教育现代化 2035》。[EB/OL]. http://www.gov.cn/xinwen/2019-02-23/content_5367987.htm. 2019-12-26.

8. 湖北工业大学，我校通过全国高等学校来华留学质量认证。[EB/OL]. https://sie.hbut.edu.cn/info/1040/2111.htm. 2019-12-26.

9. 兰州大学, 2018 年 "一带一路" 高校联盟生态文明主题论坛在兰州大学举办。[EB/OL]. http://www.chinanews.com/sh/2017/09-20/8336219.shtml. 2020-02-21.

10. 孔子新汉学计划, 孔子新汉学计划项目说明。[EB/OL]. http://ccsp. chinese.cn/articlc/2014-07/02/content_543202.htm. 2019-12-26.

11. 孔子学院 / 课堂, 关于孔子学院 / 课堂。[EB/OL]. http://www.hanban. org/confuciousinstitutes/node_10961.htm. 2020-02-29.

12. 清华大学, 国际学生培养发展概况。[EB/OL]. https://www.tsinghua.edu. cn/publish/newthu/newthu_cnt/education/edu-3-1.html. 2020-03-02.

13. 人民网, 习近平: 今后 5 年将向印尼提供 1000 个奖学金名额。[EB/OL]. http://politics.people.com.cn/n/2013/1003/c1024-23100980.html. 2020-01-21.

14. 人民网, 习近平: 中方决定提供 600 亿美元支持保对非 "十大合作机会"。[EB/OL]. http://fj.people.com.cn/n/2015/1204/c350394-27249905.html. 2019-12-26.

15. 人民网, 教育部与甘肃省政府签署开展 "一带一路" 教育行动合作备忘录。[EB/OL]. http://gs.people.com.cn/n2/2016/0922/c183283-29040677.html. 2019-12-26.

16. 人民网, 中国为埃及硕士和博士生提供 100 个奖学金名额。[EB/OL]. http://politics.people.com.cn/n/2013/1003/c1024-23100980.html. 2020-01-21.

17. 新华网, 习近平提战略构想: "一带一路" 打开 "筑梦空间"。[EB/OL]. http://www.xinhuanet.com/politics/2014-08/11/c_1112013039.htm. 2019-06-23.

18. 新华网, "一带一路" 是什么? 包括哪些国家? 只是架桥修路? [EB/OL]. http://www.xinhuanet.com/politics/2017-05/08/c_129594081.htm. 2019-06-26.

19. 新华网, 中蒙关于建立全面战略伙伴关系的联合宣言。[EB/OL]. http:// www.xinhuanet.com//world/2014-08/22/c_1112179283.htm. 2020-01-21.

20. 新华网, 中蒙签署交流专项奖学金项目备忘录。[EB/OL]. http://www. xinhuanet.com//world/2015-04/21/c_1115043971.htm. 2020-01-21.

21. 新京报, 清华回应 "国际生免笔试": 通行做法。[EB/OL]. https://weibo.

com/ttarticle/p/show?id=2309351000884076347226993294&u=1323527941&m=4076439386965958&cu=3655689037. 2020-03-02.

22. 新浪教育网，英国留学生签证政策或将出现重大调整。[EB/OL]. http://edu.sina.com.cn/a/2016-11-13/doc-ifxxsmic6101371.shtml. 2019-05-29.

23. 央视网，我国将设"丝绸之路"奖学金，每年向沿线国家提供不少于3000 个名额。[EB/OL]. http://jkw.mof.gov.cn/zhengwuxinxi/zhengcefabu/201501/t20150121_1182625.html. 2019-09-10.

24. 中国教育国际教育交流协会，关于协会-概况。[EB/OL]. http://www.ceaie.edu.cn/guanyuxiehui/14.html. 2019-12-27.

25. 中国教育国际教育交流协会，试点认证学校名单。[EB/OL]. http://www.ceaie.edu.cn/sdrzxxmd/179.html. 2019-12-27.

26. 中国国际教育交流协会，中国国际教育展。[EB/OL]. https://www.chinaeducationexpo.com. 2019-12-26.

27. 中国教育和科研计算机网，关于建立全国来华留学管理干部培训制度暨2004 年培训计划的通知。[EB/OL]. http://www.moe.gov.cn/srcsite/A20/moe_850/201810/t20181012_351302.html. 2019-12-26.

28. 中国留学网，传统教育展。[EB/OL]. http://studyinchina.cscse.edu.cn/publish/portal19/tab826/info1378.htm. 2019-12-26.

29. 中国留学网，留学中国教育展（1999-2013）。[EB/OL]. http://studyinchina.cscse.edu.cn/publish/portal19/tab843/info1317.htm. 2019-12-26.

30. 中国新闻网，"一带一路"高校联盟新增 22 名成员。[EB/OL]. http://www.chinanews.com/sh/2017/09-20/8336219.shtml. 2010-02-21.

31. 中华人民共和国财政部，关于完善中国政府奖学金资助体系和提高资助标准的通知。[EB/OL]. http://jkw.mof.gov.cn/zhengwuxinxi/zhengcefabu/201501/t20150121_1182625.html. 2019-09-10.

32. 中华人民共和国国务院新闻办公室，教育部：将设"丝路"中国政府奖学金。[EB/OL]. http://www.scio.gov.cn/ztk/wh/slxy/31200/Document/1486603/1486603.htm. 2019-12-26.

33. 中华人民共和国教育部，1998 年全国教育事业发展统计公报。[EB/OL].

http://www.moe.gov.cn/s78/A03/ghs_left/s182/moe_633/tnull_842.html. 2019-12-31.

34. 中华人民共和国教育部，2007 年来华留学生人数突破 19 万 2008 年中国政府奖学金将大幅度增加。[EB/OL]. http://www.moe.gov.cn/jyb_xwfb/gzdt_gzdt/moe_1485/tnull_32735.html. 2019-12-26.

35. 中华人民共和国教育部，2017 年全国教育事业发展统计公报。[EB/OL]. http://www.moe.gov.cn/jyb_sjzl/sjzl_fztjgb/201807/t20180719_343508.html. 2019-12-31.

36. 中华人民共和国教育部，2018 来华留学统计。[EB/OL]. http://www.moe.gov.cn/jyb_Bwfb/gzdt_gzdt/s5987/201904/t20190412_377692.html. 2019-05-12.

37. 中华人民共和国教育部，47 所中外大学成立"一带一路"高校联盟。[EB/OL]. http://www.moe.gov.cn/jyb_xwfb/s5147/201510/t20151019_214089.html. 2020-02-20.

38. 中华人民共和国教育部，高等院校接受外国留学生管理规定。[EB/OL]. http://old.moe.gov.cn/publicfiles/business/htmlfiles/moe/moe_621/201001/xxgk_81859.html. 2019-06-26.

39. 中华人民共和国教育部，国家中长期教育改革和发展规划纲要（2010-2020 年）。[EB/OL]. http://old.moe.gov.cn/publicfiles/business/htmlfiles/moe/info_list/201407/xxgk_171904.html?authkey=gwbux. 2019-12-26.

40. 中华人民共和国教育部，国务院关于印发统筹世界一流大学和一流学科建设总体方案的通知。[EB/OL]. http://www.moe.gov.cn/jyb_xxgk/moe_1777/moe_1778/201511/t20151105_217823.html. 2019-07-01.

41. 中华人民共和国教育部，国务院学位委员会关于在部分普通高等院校试行《关于普通高等院校授予来华留学生我国学位试行办法》的通知。[EB/OL]. http://www.moe.gov.cn/srcsite/A22/s7065/199110/t19911024_61088.html. 2019-12-21.

42. 中华人民共和国教育部，教育部等五部门关于印发《2015-2017 年留学工作行动计划》的通知。[EB/OL]. http://gjjlhzc.bzmc.edu.cn/info/2215/4343.htm. 2019-12-27.

43. 中华人民共和国教育部，教育部关于印发《来华留学生高等教育质量规范（试行）》的通知。[EB/OL]. http://www.moe.gov.cn/srcsite/A20/moe_850/201810/t20181012_351302.html. 2019-12-26.

44. 中华人民共和国教育部，教育部关于印发《留学中国计划的通知》的通知。[EB/OL]. http://www.moe.gov.cn/srcsite/A20/moe_850/201009/t20100921_108815.html. 2019-12-26.

45. 中华人民共和国教育部，教育部关于印发《推进共建"一带一路"教育行动》的通知。[EB/OL]. http://www.moe.edu.cn/srcsite/A20/s7068/201608/t20160811_274679.html. 2019-06-26.

46. 中华人民共和国教育部，来华留学工作向高层次高质量发展。[EB/OL]. http://www.moe.gov.cn/jyb_xwfb/gzdt_gzdt/s5987/201803/t20180329_331772.html. 2019-06-29.

47. 中华人民共和国教育部，学校招收和培养国际学生管理办法。[EB/OL]. http://www.moe.gov.cn/srcsite/A02/s5911/moe_621/201705/t20170516_304735.html. 2019-09-21.

48. 中华人民共和国教育部，"一带一路"下，人才红利怎么挖。[EB/OL]. http://www.moe.gov.cn/jyb_xwfb/moe_2082/zl_2017n/2017_zl38/201707/t20170731_310371.html. 2019-06-22.

49. 中华人民共和国教育部，与 46 个国家和地区学历学位互认！"一带一路"教育在行动。[EB/OL]. http://www.moe.gov.cn/s78/A20/moe_863/201706/t20170620_307369.html. 2019-12-26.

50. 中华人民共和国教育部，中厄签署教育合作协议。[EB/OL]. http://old.moe.gov.cn/publicfiles/business/htmlfiles/moe/moe_1485/201501/182897.html. 2020-01-21.

51. 中华人民共和国教育部，自费来华留学收费标准。[EB/OL]. http://www.moe.gov.cn/s78/A20/gjs_left/moe_850/tnull_1196.html. 2020-2-26.

52. 中华人民共和国中央人民政府，中华人民共和国版图。[EB/OL]. http://www.gov.cn/test/2005-06/15/content_18252.htm. 2019-06-28.

53. 中华人民共和国中央人民政府，中华人民共和国与各国建立外交关系日期简表。[EB/OL]. http://www.gov.cn/guoqing/2017-06/14/content_5202420.

htm. 2019-12-31.

54. 中华人民共和国商务部, 国家发展改革委、外交部、商务部联合发布《推动共建丝绸之路经济带和 21 世纪海上丝绸之路的愿景与行动》。[EB/OL]. http://www.mofcom.gov.cn/article/resume/n/201504/20150400929655.shtml. 2019-06-26.

55. 中华人民共和国商务部综合司, 《推动共建丝绸之路经济带和 21 世纪海上丝绸之路的愿景与行动》发布。[EB/OL]. http://zhs.mofcom.gov.cn/article/xxfb/201503/20150300926644.shtml. 2019-06-26.

二、英文文献

(一) 期刊论文

1. Gong, S. Y., Huo, W. W., Wu, M.G., Huang, Y., Gong, J. Y. Wang, D. The impact of the Belt and Road Initiative on the Expansion of China's Higher Education in Overseas Markets along the Route. Thunderbird International Business Review, 2020, 62 (3).

2. Hooley, G. J, E., Lynch J. Modelling the Student University Choice Process through the Use of Conjoint Measurement Techniques. European Research, 1981, 09 (4).

3. Kenneth McNeil. Understanding Organizational Power: Building on the Weberian Legacy. Administrative Science Quarterly, 1978, 23 (3): 65-90.

4. Kuroda, C. The New Sphere of International Student Education in Chinese Higher Education: A Focus on English-Medium Degree Programs. Journal of Studies in International Education, 2014, 18 (5).

5. Lin, L. What Are Student education and educational related needs?. Marketing and research today, 1997, 25 (3).

6. Ma, J. N., Zhao, K. International student education in China: characteristics, challenges, and future trends. Journal of Studies in International Education, 2018, 18 (5).

7. Sarwar-Aalam, M. D., Wang, D., Rafique, K. Chinese One Belt-one Road Scholarship Initiative and Its Impact on Sustainable Development of the

Education Industry [A]. In C. ACM International Conference Proceeding Series [C], 2019.

8. Soutar, G. N., Turner. J. P. Students' Preference for University: A Conjoint Analysis. The International journal of educational management, 2002, 16 (1).

（二）政策报告

1. CGS Task Force on the Doctor of Philosophy Degree. (1990). The Doctor of Philosophy Degree: A Policy Statement. Washington, D.C.: Council of Graduate Schools.

（三）英文网站

1. Institute of International Education. Open doors 2019 Report on International Education Exchange [EB/OL]. https://p.widencdn.net/6tpaeo/Open-Doors-Annual-Data-Release-2019-11-17-Print. 2019-12-31.

2. Kerrie Kennedy. Germany surpasses international student target three years early. PIE News. [EB/OL]. https://thepienews.com/news/germany-surpasses-international-student-target-three-years-early/. 2019-06-03.

3. OECD. Education at a Glance 2017. [EB/OL]. http://www.oecd.org/educat-ion/education-at-a-glance/. 2019-12-11.

4. QS Top Universities. 2018 QS World University Ranking. [EB/OL]. https://www.topuniversities.com/university-rankings/world-university-rankings/2018. 2019-06-28.

5. Reem Nafie. What Germany is doing right to edge past the competition. PIE News. [EB/OL]. https://thepienews.com/analysis/germany-edge-past-com-petition-international-students/.2019-06-03.

6. Sara Custer. German coalition treaty aims for 350,000 foreign students by 2020. PIE News. [EB/OL]. https://thepienews.com/news/german-coalition-treaty-aims-350000-international-students-2020/.2019-06-03.

7. The Guardian. Get a job or get out: the tough reality for international students. [EB/OL]. https://www.theguardian.com/education/2015/jul/02/get-a-job-or-get-out-the-tough-reality-for-international-students. 2019-05-29.

8. The White House Office of the Press Secretary. Executive Order Protecting the Nation from Foreign Terrorist Entry into the United States. [EB/OL]. https://www.whitehouse.gov/presidential-actions/executive-order-protecting-nation-foreign-terrorist-entry-united-states/. 2019-05-25.

9. The White House Office of the Press Secretary. President Donald J. Trump Backs RAISE Act. [EB/OL]. https://www.whitehouse.gov/briefings-statements/president-donald-j-trump-backs-raise-act/. 2019-05-28.

10. The White House Office of the Press Secretary. Presidential Executive Order on Buy American and Hire American. [EB/OL]. https://www.whitehouse.gov/briefings-statements/background-briefing-buy-american-hire-american-executive-order/. 2019-05-28.

11. USA Today. Sens. Cotton and Perdue: Our immigration plan is pro-worker and pro-growth. [EB/OL]. https://www.usatoday.com/story/opinion/2017/08/08/cotton-and-perdue-our-immigration-plan-pro-worker-pro-growth-and-popular-column/543524001/. 2019-06-28.

（四）蒙语网站

1. Cctv.com МОНГОЛ. БНХАУ-ЫН ЗАСГИЙН ГАЗРЫН ТЭТГЭЛЭГ ЗАРЛАГДЛАА /МАГИСТР, ДОКТОР/ [EB/OL]. http://mn.cctv.com/2017/02/27/ARTICmZSykrC2iouUaT2eKRi170227.shtml. 2020-01-21.

2. Ikon. mn. БНХАУ-ын Засгийн газрын тэтгэлэгт хөтөлбөр зарлагдлаа [EB/OL]. https://ikon.mn/n/18eq. 2020-01-21.

3. БОЛОВСРОЛ, СОЁЛ, ШИНЖЛЭХ УХААН, СПОРТЫН ЯАМ. БҮГД НАЙРАМДАХ ХЯТАД АРД УЛСЫН ЗАСГИЙН ГАЗРЫН ТЭТГЭЛЭГТ ХӨТӨЛБӨР ЗАРЛАГДЛАА [EB/OL]. https://mecss.gov.mn/news/1335/. 2020-01-21.

4. БНХАУ-ын засгийн газрын тэтгэлэгт хөтөлбөрийн хүрээнд магистр болон докторын сургалтад суралцуулах сонгон шалгаруулалт зарлагдлаа/ 2020 он/ [EB/OL]. https://mecss.gov.mn/news/2118/. 2020-01-21.

附　录

附录一：改革开放以来涉及来华留学博士生教育相关法律及政策一览表

序号	颁布／批准时间	名　称	颁布／批准机构	主　题
01	1979 年 5 月 4 日	外国留学生工作试行条例（修订稿）	教育部、外交部、文化部、公安部	综合管理
02	1980 年 2 月 12 日	中华人民共和国学位条例	经第五届全国人民代表大会常务委员会第十三次会议于 1981 年 1 月 1 日起实施	学位授予
03	1985 年 5 月 27 日	中共中央关于教育体制改革的决定	中共中央	教育涉外
04	1985 年 10 月 14 日	外国留学生管理办法	经国务院批转，原国家教委、外交部、文化部、公安部和财政部联合颁布	综合管理
05	1985 年 11 月 22 日	中华人民共和国外国人入境出境管理法	第六届全国人大常委会第 13 次会议于 1985 年 11 月 22 日通过	出入境
06	1986 年 1 月 1 日	外国留学生来华学习的有关规定	国家教育委员会外事局	综合管理

07	1986 年 9 月 5 日	中华人民共和国治安管理处罚条例	第六届全国人民代表大会常务委员会第十七次会议于 1986 年 9 月 5 日通过	治安管理
08	1986 年 12 月 27 日	中华人民共和国外国人入境出境管理法实施细则	经国务院批准，由公安部、外交部于颁布	出入境
09	1989 年 6 月 13 日	关于招收自费外国来华留学生的有关规定	原国家教委	自费留学生
10	1991 年 10 月 24 日	关于在部分普通高等学校试行〈关于普通高等学校授予来华留学生我国学位试行办法〉的通知	国务院学位委员会	学位授予
11	1992 年 6 月 22 日	关于印发〈接受外国来华留学研究生试行办法〉的通知	原国家教委	研究生培养
12	1992 年 9 月 2 日	中国汉语水平考试(HSK)办法	原国家教委	汉语水平考试
13	1993 年 2 月 13 日	中国教育改革和发展纲要	中共中央、国务院	规划
14	1994 年 12 月 30 日	关于在外国来华留学生中执行〈普通高等教育学历证书管理暂行规定〉及其实施细则的通知	原国家教委	学籍
15	1995 年 12 月 26 日	关于外国留学生凭〈汉语水平证书〉注册入学的规定	原国家教委	入学
16	1996 年 5 月 1 日	外国人在中国就业管理规定	劳动部、外交部、公安部、外经贸部	就业
17	1998 年 2 月 24 日	关于调整自费来华留学生收费标准的通知	原国家教委、原国家计委	自费留学生
18	2000 年 1 月 31 日	高等学校接受外国留学生管理规定	教育部、公安部、外交部	综合管理
19	2000 年 3 月 21 日	关于执行〈高等学校接受外国留学生管理规定〉有关问题的通知	教育部	政策执行
20	2001 年 2 月 27 日	关于取消自费外国留学生数理化水平统一测试的通知	教育部国际合作与交流司	入学
21	2001 年 7 月 30 日	关于中国政府奖学金的管理规定	教育部国际合作与交流司	奖学金

22	2001 年 5 月 25 日	关于改革外国留学生学历证书管理办法的通知	教育部国际合作与交流司	学籍
23	2004 年 2 月 16 日	关于建立全国来华留学管理干部培训制度暨 2004 年培训计划的通知	教育部国际合作与交流司	干部培训
24	2005 年 5 月 28 日	关于启用全国来华留学生管理信息系统的通知	教育部办公厅	信息管理
25	2006 年 3 月 24 日	关于 2006 年推广来华留学生综合保险的通知	教育部国际合作与交流司	保险
26	2007 年 11 月 22 日	教育部办公厅关于试行普通高等学校外国留学生新生学籍和外国留学生学历证书电子注册的通知	教育部办公厅	学籍
27	2008 年 6 月 4 日	关于调整外国留学生奖学金生活费标准的通知	教育部、财政部	奖学金
28	2009 年 11 月 6 日	教育部关于规范我高等学校接受外国留学生有关工作的通知	教育部	招生
29	2010 年 6 月 28 日	教育部办公厅关于外国留学生可凭〈新汉语水平考试（HSK）成绩报告〉注册入学的通知	教育部办公厅	汉语水平考试
30	2010 年 7 月 29 日	国家中长期教育改革和发展规划纲要（2010-2020 年）	中共中央、国务院	规划
31	2010 年 9 月 21 日	教育部关于印发〈留学中国计划〉的通知	教育部	规划
32	2011 年 4 月 27 日	教育部办公厅关于进一步做好外国留学生学历证书管理和电子注册工作的通知	教育部办公厅	学籍
33	2012 年 6 月 30 日	中华人民共和国出境入境管理法	十一届全国人民代表大会常务委员会第二十七次会议通过	出入境
34	2013 年 7 月 12 日	中华人民共和国外国人入境出境管理条例	国务院第 15 次常务会议通过	出入境
35	2015 年 1 月 14 日	关于完善中国政府奖学金资助体系和提高资助标准的通知	教育部、财政部	奖学金
36	2015 年 7 月 1 日	教育部等五部门关于印发《2015-2017 年留学工作行动计划》的通知	教育部、外交部、财政部、公安部、人力资源社会保障部	规划

38	2016 年 4 月 29 日	关于做好新时期教育对外开放工作的若干意见	中共中央办公厅、国务院办公厅	教育开放
39	2016 年 7 月 13 日	教育部关于印发《推进共建"一带一路"教育行动》的通知	教育部	"一带一路"
40	2017 年 1 月 6 日	人力资源社会保障部 外交部 教育部关于允许优秀外籍高校毕业生在华就业有关事项的通知	人力资源社会保障部、外交部、教育部	就业
41	2017 年 3 月 20 日	学校招收和培养国际学生管理办法	教育部、外交部、公安部	综合管理
42	2018 年 9 月 3 日	教育部关于印发《来华留学生质量规范（试行）的通知》	教育部	质量保障
43	2019 年 2 月 23 日	中国教育现代化 2035	中共中央、国务院	规划
44	2019 年 2 月 23 日	《加快推进教育现代化实施方案（2018-2022 年）》	中共中央、国务院	规划
45	2020 年 6 月 23 日	教育部等八部门关于加快和扩大新时代教育对外开放的意见	教育部等	教育开放
46	2020 年 12 月 9 日	关于做好新时期教育对外开放工作的若干意见	中共中央、国务院	教育开放

附录二：针对中文授课型"一带一路"国家来华留学博士生的访谈提纲

一、留学动机

1. 您为什么选择来 B 大学学习？来华攻读博士学位的动机都有哪些？

2. 在攻读博士学位前，有留学中国的经历吗？

3. 您是否有中国官方提供的奖学金资助？如果有，是哪种类型？如何申请的？

4. 如果没有中国政府或学校提供的奖学金，您还会选择来中国吗？

二、招生与录取

1. 整个申请过程都经历了哪些环节（材料审核／笔试／面试……）？

2. 如果有中国官方提供的奖学金资助，申请时语言和学术能力需达到哪些标准？／如果属于个人自费来华留学，申请时语言和学术能力需达到哪些标准？

3. 您认为选拔与录取的过程中存在哪些问题？原因是什么？

三、语言水平&学术素养

1. 攻读博士学位前，是否有汉语基础？学习时长是多久？

2. 您认为自己的汉语水平如何？是否能够做到掌握熟练的日常交流、阅读和写作？是否达到攻读中文授课型博士生项目的标准？如果能／不能，原因是什么？

3. 您是否需要在导师和其他中国学生的帮助下大范围修改自己的学术论文？

4. 本科和硕士就读的专业是什么？入学前是否有专业基础？

四、导师与学术研究

1. 跟导师多久见一次面？您会经常主动联系导师吗？频率是多少？如果会／不会，原因是什么？

2. 导师是否会主动约见你进行学术指导？如果会／不会，原因是什么？

3. 会经常参加师门会吗？如果会／不好，原因是什么？在师门会上自己会主动发言和汇报吗？

4. 您是否参与过导师的课题？导师会要求您参与自己的课题吗？如果会／不会，原因是什么？

5. 您与导师的关系如何？您认为与导师的关系会对自己的学习和科研产生哪些影响？

6. 学校是否对中文项目留学生有发表论文的要求？导师会对你有这方面的要求吗？

7. 目前，您认为就读期间遇到的最大问题／障碍是什么？如何客服这些困难？

五、课程学习

1. 您能够理解和消化专业课的授课内容吗？大约多少？如果能／不太能够跟上课堂进度，原因是什么？您会为让留学生跟上课堂进度提出解决办法吗？如果有，办法有哪些？

2. 因为中国学生和留学生都在一起上课，任课老师是否因为课堂上有留学生而调整授课内容吗？如果有／没有，原因是什么？

3. 您在课堂上会主动与任课教师互动吗？会积极发言或参与小组讨论吗？

4. 除汉语和中国概况两门课外，中文授课型留学生的其他课程全部与中国学生一致，您认为这种安排合适吗？听课效果怎么样？如果没有，您希望应该在课程设置上进行哪些调整和改进？

5. 此外，您认为在课程学习方面面临的最大问题是什么？基于这些问题，都进行了哪些调整？

六、日常管理机制

1. 您认为学校／学部在对留学生日常管理方面存在哪些不足？这些不足会
   不会影响留学生的学习质量？
2. 您如何看待趋同化管理的问题？

附录三：针对来华留学博士生导师的访谈提纲

一、招生与录取

1. 您曾接收或培养过多少名中文授课型的"一带一路"来华留学博士留学生？对他们的整体印象如何？

2. 对于您招收的"一带一路"来华留学博士留学生，您是否曾经参与过招生与录取的过程？招收前是否已与留学生取得联系？

3. 您认为学校／院（系）为什么要招收这些"一带一路"国家来华留学生？

4. 您自己是否愿意招收"一带一路"国家来华留学博士生？原因是什么？

5. 您认为现阶段"一带一路"国家来华留学博士生招生制度存在哪些问题？出现这些问题的原因是什么？

6. 您认为当前中文授课型"一带一路"国家来华留学博士生的生源质量如何？如果好／不好，原因是什么？

7. 您认为招生时对来华留学博士生的语言、学术能力等要求应达到何等标准？

8. 您认为当前如何从招生与录取方面把控"一带一路"来华留学生生源质量？

9. 您认为我们应建立什么样的来华留学博士生招生制度？

二、学术指导

1. 您大约多久会跟留学博士生见一次面？留学博士生会经常主动联系您

吗？频率是多少？您觉得留学生主动／不主动联系导师的原因是什么？

2. 您会主动约见留学生并对其进行学术指导吗？如果会／不会，原因是什么？

3. 您的留学生博士会参加师门活动吗？您会要求留学博士生参加吗？如果会／不会，原因是什么？

4. 留学博士生会参与您的课题吗？您会要求留学博士生参与吗？如果会／不会，原因是什么？

5. 您认为留学生的汉语水平如何？这些学生的汉语水平是否达到攻读中文项目博士生的标准？如果没有，那您认为他们为什么能够来到中国大学攻读博士学位？

6. 您是否对留学博士生和中国学生提出了同样的毕业（论文发表、论文写作等方面）标准？如果不是，您对留学博士生的标准或要求大概是什么？

三、日常管理＆奖学金政策

1. 您认为学校／学部在对留学生日常管理方面存在哪些不足？这些不足会不会影响导师跟留学生的交流以及留学生的学习质量？如何解决这些问题？

2. 您如何看待绝大多数"一带一路"国家来华留学博士生都有中国政府或学校提供的奖学金？您认为奖学金会是极大影响留学生来华的原因吗？您认为日后奖学金分配上该作何调整？

四、总结

1. 您还期望接收"一带一路"中文授课型来华留学博士生吗？如果是／不是，原因是什么？

2. 通过跟留学生的切身接触，您认为当前"一带一路"国家来华留学博士生培养面临的最大问题是什么？该如何解决？

附录四：针对任课教师的访谈提纲

一、招生与录取

1. 您认为学校／院（系）为什么要招收这些"一带一路"国家来华留学生？

2. 您认为现阶段"一带一路"国家来华留学博士生招生制度存在哪些问题？出现这些问题的原因是什么？

3. 您认为当前中文授课型"一带一路"国家来华留学博士生的生源质量如何？如果好／不好，原因是什么？

4. 您认为招生时对来华留学博士生的语言、学术能力等要求应达到何等标准？

5. 您认为当前如何从招生与录取方面把控"一带一路"来华留学生生源质量？

6. 您认为我们应建立什么样的来华留学博士生招生制度？

二、课程学习

1. 除汉语和中国概况两门课外，中文授课型来华留学博士生的其他课程全部与本土学生一致，您认为这种安排合适吗？有没有收到好的教学效果？如果没有，您认为应该在课程设置上进行哪些调整和改进？

2. 因为中国学生和留学生都在一起上课，您会因为课堂上有留学生在听课而调整授课内容吗？如果有／没有，原因是什么？

3. 您会提前发送上课所需的阅读材料吗？课后是否对留学博士生有进一步的辅导？

4. 您会在课堂上跟留学博士生有互动吗？在组织学生小组讨论的时候是否有关照留学博士生的分组情况和参与度？

5. 您认为"一带一路"来华留学博士生的听课效果怎么样？平常会跟他们有沟通交流吗？

6. 如果留学博士生能／不太能够跟上课堂进度，您觉得原因是什么？您会为让留学生跟上课堂进度提出解决办法吗？如果有，办法有哪些？

7. 您觉得大多数"一带一路"国家来华留学博士生课程作业完成的如何？

8. 通过跟留学生的切身接触，您认为当前"一带一路"国家来华留学博士生培养面临的最大问题是什么？该如何解决？

附录五：针对来华留学博士生行政管理人员的访谈提纲

一、招生与录取

1. 现阶段关于"一带一路"国家来华留学博士生的录取流程是怎样的？

2. 学校对招收中文授课型"一带一路"国家来华留学博士生是否有明确的汉语＆英语水平标准？具体执行情况是怎样的？

3. 您认为学校／院（系）为什么要招收"一带一路"国家来华留学博士生？

4. 招收"一带一路"国家来华留学博士生，有没有对学校在管理和培养上造成一定的困扰？

5. 学校每年招收留学生会有一定的"指标"要求吗？

6. 您认为怎样才能招收到优质的"一带一路"国家来华留学博士生生源？

7. 您认为现阶段的"一带一路"国家来华留学博士生招生制度存在哪些问题？出现这些问题的原因是什么？

8. 您认为当前中文授课型"一带一路"国家来华留学博士生的生源质量如何？如果好／不好，原因是什么？

9. 您认为招生时对来华留学博士生的语言、学术能力等要求应达到何等标准？

10. 您认为当前如何从招生与录取方面把控"一带一路"来华留学生生源质量？

11. 您认为我们应建立什么样的来华留学博士生招生制度？

二、汉语水平

1. 您怎样看待汉语零基础的"一带一路"国家来华留学博士生学习 1-2 年时间汉语后便开展专业课学习?

2. 如果申请者没有 HSK 语言成绩或者汉语零基础,学习录取时会考虑接受吗?

三、奖学金政策

1. 您认为"一带一路"奖学金政策都带来了哪些影响?

2. 学校是否为招收"一带一路"国家来华留学博士生设立了专项奖学金?

3. 学校在留学博士生奖学金的管理和发放方面有没有采取一些措施?

四、管理制度

1. 您如何看待趋同化管理的问题?

2. 您认为当前学校在"一带一路"国家来华留学博士生管理方面都存在哪些问题?该如何改善?

3. 对于招生、培养和管理不同职责,学校各部门该如何分配?

4. 您如何看待"一带一路"国家来华留学博士生的毕业率问题?学校都有采取哪些措施?

后　记

"时光的河入海流，终于我们分头走。没有哪个港口，是永远的停留。

脑海之中有一个凤凰花开的路口，有我最珍惜的朋友。"

时间过得真快，长大后的日子再容不得细算，转眼间又到了凤凰花开的路口，而我也终于要挥挥手跟学生生涯说再见了。

字敲到这里，反而不知道该如何下笔。五月初将论文送外审后便迟迟没有填补这最后的部分，因为真到了随心所欲不需要搭建思路考虑框架结构认真拿捏措辞的时候，反而不知道该用怎样的话语为我的博士生涯画上一个句号。满满的不舍、感谢和各中心酸也不知该如何开口。

千言万语，一切尽在不言中。

2020 年，对全人类来说都是一个难以忘却、永远被历史铭记的一年。这一年，改变了很多人的人生，改变了很多家庭的生活，甚至对无数国家带来了巨大的影响。而在此之前，我无论如何也没有想到自己会在这样特殊的一个年份中结束学生生涯。犹记得今年年初，新冠疫情刚开始蔓延，我并未将其放在心上。为了赶论文进度，寒假我一直坚持到腊月二十七才坐上回家的高铁。彼时，当我到达火车站，百分之七八十的旅客已经戴上了口罩。到家没两天，病毒终于在农历新年前彻底爆发了。每天看着新闻里确诊人数呈指数增长，我开始坐立不安担心学校随时可能会禁止学生返校甚至会封校，终于在大年初二决定返回学校，并在初三一早踏上了回京的列车。返京的过程也是一波三折，在这里特别感谢赵冉老师（同时也是我的博士同学）及教育学部的相关负责领导和老师们，谢谢你们愿意承担风险同意我的返校申请，正是因为你们的理解和支持才能使我的博士论文在如此特殊的时期顺利完成。其实对于是否返校过年在家的那几天我纠结了很久，年前因为考虑到在家待不长想好好陪伴父母，回家时只带了一台笔记本电脑，论文相关的资料和书籍都留在了宿舍。我在家里辗转反侧思来想去，最后还是决定回京。一到昌平校园，我就被带去了隔离楼，在那里度过了 14 天的隔离生活。隔离结束后，我回到了自己的宿舍正式投入写作，开始了每天"宿舍—食堂"两点一线的生活。如果不是因为疫情，我可能并不会对昌平这座小小小小的校园留下如此深刻的印象并产生浓浓的深厚情感，这里可能也只是我博士延期生活的一个停靠点而已。但我确实在一种任外面如何喧嚣、里面却有条不紊、紧张而又平静的环境和状态中度过了博士论文最后的也是最关键的冲刺阶段。我真的是太喜欢昌平校园了，从学校的老师们到宿管阿姨、食堂工作的叔叔阿姨小姐姐们、保安队的师傅们以及京东便利店的小哥，谢谢你们陪伴我度过了近半年封闭的论文写作生活，在疫情期间给予了我们在校生无限的关怀和照顾：集中隔离的 14 天，学校和昌平物业的工作人员每天会为我们提供丰富的饭菜和矿泉水，校医院的老师带来了专业的指导并安排大家定时汇报体温（整个过程对学生全部免费，真的很惭愧给学校添麻烦了）；学校为了保障在校生的安全做了尽可能的一切，定期为我们发放口罩、送过免费的水果和健身器材，教育学部学工办的邱化民老师和赵爽老师也会定期来昌平探望我们；宿管阿姨每天追着我们测体温，帮助处理生活中遇到的各种问题；食堂打饭的叔叔阿姨和小姐姐们为我们提供可口的饭菜；保安队的师傅们都很友善，有时遇见会笑眯眯地拉着我聊天。从一月底到六月，我一步校门未曾踏出，但却在这"与世隔绝"的生活里体会到了关心、爱护以及浓浓的烟火气。老师们时常会担忧我们在人烟稀少却面临巨大写作压力的情况下心态崩溃甚至产生抑郁的倾向，但我却在这样的环境里越来越健康，几乎每天都过得充实饱满，会因为论文的压力而焦虑但却绝对不是压抑。特别感谢昌平校园的负责人赵强老师和网络中心的甄兴义老师，谢谢两位老师在我论文写作期间电脑遇到问题时给予的热心帮助和慷慨解囊。2020 年对我来说，注定也是永远难忘的一年，而这样的时光是与北师大昌平校园紧密相连。

千言万语，唯有感谢。

回顾完论文写作期间的这段特殊生活，终于要念叨念叨我的老师和同学们。首先要感谢我的两位导师王英杰教授和刘宝存教授。常言道，经师易求，人师难得。自己可能一生的好运都用在了遇到两位好导师！2016年秋天，我进入王门跟随老师开始博士阶段学习之时，先生已入古稀之年，所以我们私下里都会亲切地喊王老师为"爷爷"。在此之前，我从不敢想象自己能够有幸师从这样的学术大家。在与先生相处的三年中，我最喜欢和怀念的便是每周二早上与师兄姐弟妹们在老师办公室里的"闲谈"时光。所谓"闲谈"，其实是老师会问一下每个人的近况，大家提出阅读、写作和思考中遇到的问题并一起探讨的过程。我真的太爱跟爷爷的交谈了，经常会从老师的言语中得到启发甚至恍然大悟，叹服于老师的学识和如此有深度的见解，时长感慨自己思考问题的狭隘和浅薄。对于我的博士论文，王老师操了很多心，这个学期一直在定时督促和鼓励我，甚至亲自帮我改论文，预答辩和送审前更是给出了很多细心的修改意见。与此同时，谢谢王老师愿意一直以一种包容、宽和的心态让学生成长，当学生遇到困惑和面临选择时，也乐意给出宝贵的建议并伸出援助之手。老师做人的品格、看待事物的眼界以及学术的底蕴和厚度将成为我一生追逐的目标。这样的爷爷谁会不喜欢呢？永远都是温温柔柔和蔼可亲，同时又能够给予学生温暖和力量。

感谢我的导师刘宝存教授。2013年我本科毕业来北京读研究生，便拜在了刘老师门下正式开始了学术生涯。硕士毕业那年，我正是在刘老师的鼓励和推荐下得以有幸跟随王老师继续博士阶段的学习。由于老先生年事和身体的原因，很多时候无法亲力亲为，因此博士在读期间我参与的课题多是在刘老师的帮助下完成的，与此同时刘老师还不吝赐教给了我很多的学术指导。2017年我能够有幸获得去美国联合培养的机会，也是老师在其中发挥了巨大的作用，积极帮我引荐。在博士论文送审前，老师在那通长达40多分钟的电话里带着我把论文又重新"捋"了一遍，给了我一种类似醍醐灌顶的点播，让我的一些困惑和不确定得以解开和确定，也让我对修改后的论文送审更有信心。谢谢老师的"临门一脚"！谢谢老师总在我最需要的时候给予帮助和支持！谢谢老师这些年来对我的包容和理解！ 一直以来我都生活在大学的象牙塔里，从未独立踏入社会，有时容易情绪化甚至钻牛角尖，我非常非常感激老师能指出我为人处世、与人交往中的不足，而这其实并不是作为导师的分内之事。从2013年至今，我跟随导师读书已近七年时光，从二十出头到三十而立，我人生中最美好的年华和成长都是在老师身边度过的，所以这真的不是几句感谢就能够表达清楚。写到这里，我又有点哽咽止不住地想掉眼泪。往事种种，皆历历在目浮现于眼前。

其次，感谢北师大国际与比较教育研究院和院里的老师们。我的整个研究生生涯因为在比较院才感受到了最和谐的氛围和润物细无声的成长。我为自己能在这样的环境里度过整个研究生生涯而感到荣幸和开心。特别要感谢肖甦老师、高益民老师、马健生老师和林杰老师，谢谢老师们愿意成为我的访谈和研究对象，对我的博士论文的完成做出了巨大的贡献。还要谢谢所有曾经给我们上过课、给予过指导和帮助的老师们，谷贤林老师、滕珺老师、杨明全老师、孙进老师、王璐老师、姜英敏老师、黄宇老师、刘敏老师。我最爱听林杰老师和谷贤林老师的课，时常被老师们渊博的学识和真性情所感染。林杰老师有时很"古灵精怪"，课件准备的非常用心并且愿意跟学生深入地分享自己的想法和观点，这一点非常难得。谷老师课堂上时常旁征博引特别有魅力，能感觉到老师有时会沉浸在自己学术世界的乌托邦里，在他的课上也因此会感叹自己的渺小和知识储备远远不够。除此之外，还要特别感谢《比较教育研究》编辑部的老师们，曲恒昌老师、鲍东明老师、曾晓洁老师、张瑞芳老师和付燕老师，谢谢老师们这些年在学术论文写作与发表方面的指导和帮助。特别感谢曾晓洁老师和张瑞芳老师，硕士三年中我有一半的时光都是在编辑部勤工助学，两位老师给予了我很多鼓励，由此也与她们结下了深厚的情谊。这些年来，我不光蹭了刘宝存老师很多的饭，也蹭了曾老师很多顿好吃的。我跟曾老师逐渐形成了一种亦师亦友的关系，曾老师指导论文时总是能够一针见血，平常却是温柔和善，可可爱爱。

再次，谢谢我的同门和同学们。能够有幸进入王、刘两门学习，除了获得两位珍贵的"国宝级"导师外，我的同门们又成为我人生另外一笔财富。这么多年，一路走来多谢有你们的陪伴。师兄师姐们在我迷惑时总能提供帮助，不仅是学术上的联系更多还有生活中的相处。与你们在一起的时光，总能让我成长。张惠师姐、宋佳师姐、函颖师姐、梦琦师姐、玲玲师姐、胡瑞师姐、胡胡师姐、晓玲师姐、莫莫师姐、潇璘师姐、孙琪师姐、桂敏师姐、灵臆师姐，我亲爱的姐姐们总能给我惊喜；廖健师兄、尊伟师兄、李军师兄、腾腾师兄、培源师兄、王烁师兄、张伟师兄、继桥师兄、理想师兄，哥哥们也给予了我很多关爱和照顾。当我在师门里"资历渐长"，我也逐渐成为了别人的师姐，于是又收获了很多师弟师妹们。亚伦、金明、东影、肖军、娜姐、吴冬、瑞芳、世飞、赵婷、婵娟、婷钰、云菲、广旭、穆翎、秦辉等等，谢谢你们的信赖和支持。此外，谢谢琳琳和丽雯，我们从硕士就是同学，一路陪伴又成为博士班的同学，跟你们在一起的时光总是异常欢乐。谢谢秋红和红芳，我们是在本部读书时的室友，与你们相处的两年里我非常开心，大家住在一起时常能够有愉快的交流，相互包容。谢谢秦毛毛同学、王蓉同学和吕云震同学，很高兴能与你们成为同一专业一起学习的伙伴。毛毛真的是特别可爱，每次见到你都忍俊不禁；蓉蓉成为了我在博士延期期间昌平校园的室友，这一年里到底经历了什么只有我们彼此最了解，现在想来依然特别怀念论文冲刺阶段我们每天的相互打卡、监督、安慰和鼓励，找工作迷茫时的相互开导，能顺利完成博士论文我们都对彼此发挥了至关重要的作用，我会永远珍惜并记得这段时光；震震也是一个小可爱，傲娇的外表下有一颗热心肠，我们从硕士到博士，都见证了对方的成长。

最后，谢谢所有为我的博士论文做出贡献、帮助和努力的老师和同学们。谢谢北师大留学生招生处的陈娟老师、谢谢北师大留学生办公室的刘涛老师和赵成老师，谢谢北师大教育学部的赵娜老师，谢谢北师大教育学部胡定荣老师，谢谢所有愿意接受并参与我访谈的留学生们！谢谢你们，没有你们的慷慨热心，这篇博士论文也绝不可能如此顺利地完成。此外，还要感谢我远在美国的外籍导师 N'Dri Therese Assie-Lumumba 教授，谢谢您愿意接收我博士期间去康奈尔大学访学，从前期准备材料到我身在康村生活，您都给予了我巨大的帮助和关心。

最后的最后，谢谢我的爸爸妈妈，是你们给了我衣食无忧的生活，让我可以心无旁骛地完成博士学习。爸爸妈妈你们从来都是我最坚强的后盾，虽然我的开题、答辩、毕业典礼你们都不能亲临现场，但是你们永远都在身后默默支持和鼓励我。我为能够拥有这样的父母而自豪，我也会努力成为你们永远的骄傲。谢谢腾姐，我终于毕业了，以后再见面可以请你吃饭了哈哈。谢谢顾淙淋，你的陪伴、鼓励和支持都给予了我莫大的力量。还要谢谢我自己，谢谢自己的坚持、不服输和不放弃，虽然有时候也会哭鼻子，但我始终认为自己还是一个内心强大的人。

看过那么多留言和赠语，我始终还是最喜欢启功先生留赐的毕业箴言，因此也依然准备用先生的话作为后记的结尾：

> 入学初识门庭，毕业非同学成。
>
> 涉世或始今日，立身却在生平。

我的学生时代结束了，即将迈入另一个新阶段，后面还有很长的路要走，还有很多的东西要学习，还有很多的人要相处。愿我们都能够认真努力，不为过去而悔恨，热爱学习、工作和生活，在学术的世界里惬意人生。

苏洋

2020 年 6 月 10 日

北师大昌平校园三号宿舍楼